21世纪经济管理新形态教材·公共管理系列

社会保障学
理论、政策与实践

翟绍果 ◎ 主 编

许 琳 吴玉锋 任 行 ◎ 副主编

清华大学出版社

北京

内 容 简 介

天下苍生，社保为重。社会保障通过互助、共济、合作与共享追求公平、化解风险和提高福祉。本书由西北大学社会保障团队齐心协力精心打造，以"社保小故事—社保小理论—社保小内容—社保小讨论"为框架主线，共 10 章内容，从社会保障的原生画像与历史全貌、制度框架与体系内容、管理运营与服务递送、制度改革与发展趋势等方面讲述社会保障的前世今生和精彩故事，分享社会保障的思想光芒和体系内容，探讨社会保障的政策议题和热点话题。

本教材主要面向普通高等学校经济类、管理类、社会学类各专业本科生，也适用于社会保障专业、人力资源管理专业等本科生、研究生，以及从事人力资源管理、社会保障、社会工作等的在职人员和对社会保障有兴趣的其他人士。

本书封面贴有清华大学出版社防伪标签，无标签者不得销售。
版权所有，侵权必究。举报：010-62782989，beiqinquan@tup.tsinghua.edu.cn

图书在版编目（CIP）数据

社会保障学：理论、政策与实践/翟绍果主编. —北京：清华大学出版社，2022.8（2025.6重印）
21 世纪经济管理新形态教材. 公共管理系列
ISBN 978-7-302-61316-9

Ⅰ．①社… Ⅱ．①翟… Ⅲ．①社会保障－高等学校－教材 Ⅳ．①C913.7

中国版本图书馆 CIP 数据核字(2022)第 122347 号

责任编辑：左玉冰
封面设计：汉风唐韵
责任校对：王荣静
责任印制：沈　露

出版发行：清华大学出版社
网　　址：https://www.tup.com.cn, https://www.wqxuetang.com
地　　址：北京清华大学学研大厦 A 座　　邮　　编：100084
社 总 机：010-83470000　　邮　　购：010-62786544
投稿与读者服务：010-62776969，c-service@tup.tsinghua.edu.cn
质 量 反 馈：010-62772015，zhiliang@tup.tsinghua.edu.cn
课 件 下 载：https://www.tup.com.cn, 010-83470332

印 装 者：三河市龙大印装有限公司
经　　销：全国新华书店
开　　本：185mm×260mm　　印　张：17.25　　字　数：345 千字
版　　次：2022 年 10 月第 1 版　　印　次：2025 年 6 月第 2 次印刷
定　　价：59.00 元

产品编号：093814-01

序 言

与人类社会相伴产生的社会保障,自形成以来就发挥着保护弱者、促进社会成员融合等重要的社会功能。无论是正式的制度安排还是非正式的制度安排,社会保障现象都一直为全体社会成员所关注,人类一直努力探索更加理性和有效的社会保障制度,以期实现风险的化解及福祉的提高。因此,社会保障机制、体系、管理、服务与发展一直以来都作为社会保障需求者和提供者关注的核心被纳入社会保障的视野。本书即基于这样的思考,由西北大学社会保障团队倾力而作。

本书内容主要包括10章。第1章"合作秩序与国家公器:初识社会保障"、第2章"公民权利与国家治理:社会保障的前世今生"主要概述了社会保障学的基础知识,内容包括社会保障的概念、社会保障的结构、社会保障制度的产生及发展历程;第3章"扶危济贫与普适共济:作为兜底性保障的社会救助"、第4章"权责一致与风险共担:作为基础性保障的社会保险"、第5章"民生福祉与普惠共享:作为叠加性保障的社会福利"以及第6章"志愿公益与社会共助:作为补充性保障的慈善公益与保险年金"深入介绍了社会保障制度与社会保障体系,内容包括社会保险、社会救助、社会福利、社会优抚与慈善事业、福利年金与健康管理;第7章"制度规范与行为约束:社会保障经办管理与基金运营"、第8章"制度支持与服务可及:社会保障服务的需求与递送"主要介绍了与社会保障相关的管理内容与工作,内容包括社会保障管理监督、社会保障基金管理、社会保障服务、社会保障法律制度;第9章"制度形态与社保丛林:全球社会保障制度概览"、第10章"未来之路与价值选择:走向更加公平的社会保障"探讨了社会保障制度改革与社会保障发展趋势。本书通过构筑较为完整的社会保障知识体系,力图较为全面系统地阐述社会保障的基本理论、基本知识、实践现状与发展取向,为读者展示一幅社会保障发展的画卷。

本书定位是新形态教材,基于立体MOOC平台,实现"翻转式课堂",旨在探索启发式、探究式教学教材与线上MOOC讨论式、参与式教学形式相结合,将研究、启发、探索、讨论的"参与式理念"应用于纸质教材,与网络课堂教学促进融合,创设基于现代网络信息技术的立体化教学环境,实施多种模式相结合的教学方法。

本书由翟绍果提出章节框架,席恒、许琳、周明、雷晓康、翟绍果、朱楠、唐丽娜、吴玉锋、聂建亮、李东方、杨波、李东、任行、祝毅、厉旦等老师分别负责各章节内容撰写,陈兴怡、徐天舒、余澍等博士生,范昕、李帆帆、李娱佳、郅晓蓉、杨成东、信路芳、李京泽、董子越、邱杰、魏志飞、张佳忆等硕士生，以及费炀、贾鑫、谷怀涛等本科生协助老师完成相关资料整理与部分内容撰写，郑柳延、许珂等参与了文字校对，具体分工参见教材各章节标注。在各章作者完成初稿后，由翟绍果、任行集中进行统稿、修订并定稿。感谢各位参与本书编写工作成员的付出。真诚欢迎高校师生及读者提出批评意见，以期不断修订完善。

编著者
2022 年 2 月于西安

目 录

第1章 合作秩序与国家公器：初识社会保障 ·········· 1

    1.1 社保小故事："出入相友、守望相助、疾病相扶持" ·········· 1
    1.2 社保小理论：哲学社会科学的研究逻辑 ·········· 2
    1.3 何为社会保障：基于合作秩序的风险化解机制 ·········· 4
    本章回顾 ·········· 6
    思考题 ·········· 6
    即测即练 ·········· 6

第2章 公民权利与国家治理：社会保障的前世今生 ·········· 7

    2.1 社保小故事：拯救不列颠——从伊丽莎白到贝弗里奇 ·········· 7
    2.2 社会保障制度的萌芽：英国《济贫法》 ·········· 9
    2.3 现代社会保障制度的形成：德国《疾病社会保险法》 ·········· 12
    2.4 社会保障制度的发展：美国《社会保障法》 ·········· 14
    2.5 现代社会保障制度的成熟与完善：福利国家 ·········· 15
    2.6 社会保障制度的改革与完善：从社会建设到民生治理 ·········· 17
    2.7 社保小讨论："铁血宰相"的"温柔面"——德国社会保障制度的起源 ·········· 21
    本章回顾 ·········· 24
    思考题 ·········· 25
    即测即练 ·········· 25

第3章 扶危济贫与普适共济：作为兜底性保障的社会救助 ·········· 26

    3.1 社会救助小故事：从"收容遣送"到"街角曙光" ·········· 26
    3.2 社会救助小理论：从结构性贫困到赋权增能 ·········· 28
    3.3 社会救助项目的内容 ·········· 31
    3.4 社会救助的管理体系 ·········· 41
    3.5 社会救助小讨论：中国古代社会救助措施的形成发展 ·········· 47
    本章回顾 ·········· 50
    思考题 ·········· 51
    即测即练 ·········· 51

第4章 权责一致与风险共担：作为基础性保障的社会保险 ········· 52

    4.1   社会保险小故事：我们退休后靠什么养老？ ········· 52
    4.2   社会保险小理论：生命周期与合作收益 ········· 56
    4.3   老有所养：代际更替稳固安全的养老保险 ········· 61
    4.4   病有所医：化解疾病健康风险的医疗保险 ········· 66
    4.5   伤有所偿：分担因工伤残责任的工伤保险 ········· 83
    4.6   业有所属：分担失业风险的就业保障 ········· 89
    4.7   生有所保：分担生育风险的生育保险 ········· 95
    4.8   残有所助：分担失能风险的护理保险 ········· 98
    4.9   社会保险小讨论：数字时代的社会保险 ········· 103
    本章回顾 ········· 106
    思考题 ········· 107
    即测即练 ········· 107

第5章 民生福祉与普惠共享：作为叠加性保障的社会福利 ········· 108

    5.1   社会福利小故事：彩票基金去向何方 ········· 108
    5.2   社会福利小理论：内涵特征与模式分野 ········· 110
    5.3   面向全体公民的公共福利 ········· 114
    5.4   面向弱势群体的特殊福利 ········· 118
    5.5   面向劳动者的职业福利 ········· 129
    5.6   社会福利小讨论：如何避免公共福利的"面子工程" ········· 139
    本章回顾 ········· 142
    思考题 ········· 143
    即测即练 ········· 143

第6章 志愿公益与社会共助：作为补充性保障的慈善公益与保险年金 ········· 144

    6.1   慈善公益小故事：为什么会有"水滴筹"？ ········· 144
    6.2   慈善公益小理论：交往理性与公益行为 ········· 146
    6.3   慈善事业：社会资源的第三次分配 ········· 149
    6.4   年金保险：养老保险第三支柱的新模式 ········· 156
    6.5   养老金融：资本市场中养老资源的新整合 ········· 158
    6.6   慈善公益小讨论：如何更好地发展补充养老保险？ ········· 161
    本章回顾 ········· 163
    思考题 ········· 164
    即测即练 ········· 164

第 7 章 制度规范与行为约束：社会保障经办管理与基金运营 165

- 7.1 社保小故事：最多跑一次 165
- 7.2 社保小理论："委托—代理"与公共治理 167
- 7.3 社会保障的管理体制与经办体系 172
- 7.4 社会保障基金的投资运营与监管 183
- 7.5 社保小讨论：新经济、新业态与社会保障经办创新 191
- 本章回顾 192
- 思考题 193
- 即测即练 193

第 8 章 制度支持与服务可及：社会保障服务的需求与递送 194

- 8.1 社保小故事：三国老人话养老 194
- 8.2 社保小理论：社会网络–社会资源–社会资本–社会服务 195
- 8.3 全生命周期健康养老服务 197
- 8.4 公共健康治理与全民健康管理 204
- 8.5 化解失能困境的护理服务 215
- 8.6 社保小讨论：健康老龄化下医养护融合发展 220
- 本章回顾 222
- 思考题 223
- 即测即练 223

第 9 章 制度形态与社保丛林：全球社会保障制度概览 224

- 9.1 社保小故事：为什么世界上没有完全相同的两种社会保障制度？ 224
- 9.2 福利国家型的社会保障制度 226
- 9.3 社会保险型的社会保障制度 231
- 9.4 储蓄保险型的社会保障制度 234
- 9.5 典型国家社会保障制度改革与社会保障多元化发展 240
- 9.6 社保小讨论：各国社会保障制度对中国有何借鉴？ 249
- 本章回顾 252
- 思考题 253
- 即测即练 253

第 10 章 未来之路与价值选择：走向更加公平的社会保障 254

- 10.1 人类社会保障的基本理念与基本模式 254

10.2　全球视野下中国社会保障未来趋势 ··257
10.3　走向更加公平的社会保障 ··262
本章回顾 ··263
思考题 ···264
即测即练 ···264

参考文献 ···265

第 1 章

合作秩序与国家公器：初识社会保障[①]

> 理论是灰色的，而生活之树长青。
> ——约翰·沃尔夫冈·冯·歌德

社会保障在一定意义上说是人类合作秩序的建立和完善过程，并发展演变成为一种国家公器，通过社会成员的合作收益发挥着社会融合和社会建设的功能。从社会保障的发展演变来看，在人类合作秩序建立和完善过程中，社会保障成为社会成员之间达成合作秩序实现合作收益的制度平台，并通过不断扩展合作秩序，演变成为一类国家公器，发挥着政府管理和社会治理的重要功能。

1.1 社保小故事："出入相友、守望相助、疾病相扶持"

社会保障作为人类制度文明的重要产物，在人类历史上发挥着很重要的作用。在人类历史上，社会保障思想源远流长，中国古代也是这样。中国古代很早就形成了社会保障的互助共济、合作共享的思想。下面我们通过一个小故事来了解中国古代社会保障的一些智慧。

出入相友，守望相助，疾病相扶持

战国时候滕国的滕文公派遣自己的臣子毕战向孟子询问如何治理国家，孟子提出不仅要让臣民们接受统一的管理，更重要的是要让臣民们出入相友，守望相助，疾病相扶持，也就是说让大家出入劳作的时候相互伴随，抵御强盗时相互帮助，有疾病的时候能够相互照顾，这样的话老百姓就可以相互友爱、和睦相处。听了孟子的谏言以后，滕文公也得到了一个从孟子而响应善国之治的美誉。

资料来源：《孟子·滕文公上》。

虽然这个故事孟子强调的是封建制度下的社会秩序，但我们可以从中发现，保障、合作的智慧对于古人来说相当重要，对我们后人也有很大的启发。人们从古代开始就

[①] 本章撰写者：席恒，祝毅。

形成了一种相互合作、相互帮助的思想，古代人们的社会保障，其实是从家庭内的合作秩序和血缘关系的合作秩序不断向血缘关系以外的合作秩序扩大的。早先的社会保障往往在以血缘为基础的共同体内完成，氏族、部族等血缘共同体通过对弱者的帮助来实现共同体成员内部相互的支持和扶持。随着私有制的产生、社会交往的不断扩大以及生产方式的进步，社会保障的这种合作秩序从血缘关系的合作扩大到血缘关系以外的合作，血缘关系以外的合作实际上包括规章式的合作和市场活动当中契约式的合作以及政治活动当中协商式的合作，进而形成人类社会保障纷繁复杂的各种组织方式。通过这种规章、契约、协商的方式，人们的合作形态加以固化，社会保障的合作秩序得以形成。社会保障在一定意义上可以说是人类合作秩序建立和完善的过程。人类最早的社会保障形式就是在家庭或家族内部不断完善的。这一保障是基于人类的血缘关系的合作，以提供物质帮助和代际互助为主要的形式，具有典型的利他主义的特征。随着人类生产方式和生活方式的不断扩大，血缘关系的合作进一步扩大到血缘关系之外，以机构提供物质保障和精神帮助为主要方式。随着社会物质财富的不断增长和人类对物质生活的理性认知，许多基于公益心和道德情操的人愿意为他人提供更多的帮助，进而形成了一批以慈善为目的的社会公益组织，使得人类的合作秩序由家庭保障扩展到机构保障，完善了传统社会保障的形式和内容。合作秩序的维持经历了从非正式制度到正式制度安排的一种不断的制度化过程。人类社会保障制度正是在合作秩序的不断演进中，由非正式制度转变为正式制度，不断给弱者提供帮助，给所有公民提供福利。这种基于合作秩序的达成、合作收益的实现的保障方式是人类社会保障制度最本质的特征。

1.2 社保小理论：哲学社会科学的研究逻辑

哲学社会科学研究存在不同的研究范式，包括实证主义、结构主义、解释主义和解构主义范式，从表面上看不同的研究范式从不同的研究视角出发对研究问题进行思考，具有独特性，但在本质上不同研究范式所遵循的研究逻辑与研究过程则具有内在一致性。社会保障作为社会科学研究的一门学科，同样遵循社会科学研究的一般逻辑与过程。

1.2.1 社会保障研究的一般逻辑

社会保障作为一门应用性学科，遵从着社会科学的一般逻辑。社会科学是研究人们在社会活动中各种社会现象和内在规律的科学。在整个人类的活动中有一个逻辑链，每个个体在行动时都有共同的需求，有满足需求的动机，以及实现动机的各种行为。也就是说，从"动机"到"需求"再到"行为"，这是一个阶段。当行动者的社会行为发生后，通过社会关系和社会交往就会形成一定的社会结构，进而这种社会结构或者社会关系就会固化为一种社会制度。换言之，"需求—动机—行为—关系—结构"，或者"关系制度化"是整个社会科学研究的一般逻辑。

社会保障研究的一般逻辑是这样的：首先，社会保障是由一系列的（社会）现象所构成的。这种社会现象就表现为许多人或者不同群体的社会保障需求，也有满足需求的一种冲动；其次，对于个体而言，满足这种需求需要借助他人的力量，特别是社会的力量或国家的力量来加以完成；再次，国家对于社会保障的安排实际上是通过政策或者制度来实现的，这就表现为社会保障的制度或者政策，是一种制度化的过程。因此，就社会保障的研究过程而言，是从现象进入现象学，再到发生学，最终到逻辑学的研究，形成一个非常清晰的研究逻辑链条。在政策性研究方面，基于机理性的研究、政策性的研究或科普性的研究，我们能够了解一个具体的政策制定过程，以满足不同群体的需求。这就是社会保障研究的一般逻辑。

1.2.2 社会保障研究的一般过程

在社会现实当中，从现象学、发生学到逻辑学的机制性研究，是人们思考问题的一般过程。在应用性研究这方面，同样包括学理性研究、政策性研究和科普性研究这样一个应用政策研究的过程。如果把这一过程放在社会保障研究当中来看，也非常清晰。在现实中不同群体都有社会保障的需求，无论是工薪阶层、白领阶层还是自由职业者，每个人群都有各自的社会保障需求，这种社会保障需求往往就会表现为一种个体的差异性。我们对于不同群体社会保障需求的差异性研究，就是要寻求共性，了解一下每个群体社会保障需求的共性是什么、个性是什么，他在怎样的情况下有这样的需求，政府通过对不同需求的把握，就能在政策制定过程中找到一种比较清晰的研究机理。

在政策制定过程中，政策制定的对象往往都有它发生的一种机理。比如需要了解某些政策制定中政策本身的内涵是什么，需要我们从政策研究的角度来做些什么样的工作。因此需要对政策的机理做一个清晰的分析，而这种政策机理的分析一般来说要从政策诊断开始。首先要认识清楚待研究的问题是什么、需要运用的研究方法是什么，而后经由概念的操作化、科学的界定，进一步提出研究假设，并通过实证的研究加以检验，从而制定出相应的政策。

通过现实中的例子，可以更加清晰地认识这一逻辑链条。政策研究实际上也是从问题诊断开始，需要来界定和解决什么问题、解决问题的约束条件是什么、约束条件可能的选择方案或者说优选方案是什么等。科普研究实际上就是要告诉老百姓什么样的政策是必要的、什么样的政策是科学的。在不同的科学条件下，我们作为普通公众对于政策应该怎样去关注、应该如何去参与、如何进行利益诉求的表达。我们可以通过一个案例来对这一抽象的过程加以描述。

案例小讨论：延迟退休政策

最近几年有关延迟退休的话题大家都非常关注，主要是由于它和我们每个老百姓的贴身利益相关，同时也与国家的发展战略密切关联。我国自20世纪70年代实行计划生育政策以后，人口红利在逐步减弱，而目前我国的退休年龄却是由1978年《国务院关于工人退休、退职的暂行办法》规定，男性60周岁，女性满50周岁。

因此，这样的政策和现在的社会发展条件已经不相符合，在这种情况下，渐进式延迟退休年龄已经成为国家的一种政策关注。我们怎样去研究这个问题呢？首先需要界定什么是退休年龄、退休年龄的决定机制是什么，通过退休年龄的决定机制来制定相应的退休政策，这样就形成一个比较清晰的研究逻辑链条。如果我们不弄清楚退休年龄的决定机制，贸然地制订各种不同的退休方案，在现实当中操作起来都是有困难的。

1.3 何为社会保障：基于合作秩序的风险化解机制

社会保障制度的产生源于现代社会对于社会风险的深刻认识和由社会分工所产生的社会合作，因此，社会保障如何化解社会风险、现代社会又是如何在互助合作中有序运行，将是本节关注的主要内容。

1.3.1 社会生活中存在的风险及其化解

社会保障从理论上讲是基于合作秩序的风险化解机制。社会现实中存在各种各样的风险，自从20世纪70年代贝克尔提出"风险社会"以后，学界对于"风险"的关注就越来越多。社会保障的风险一般是基于收入匮乏或收入不足所导致的各类社会风险。在个体的整个生命过程当中，这种收入不足或收入匮乏会伴随我们的一生。例如，在幼年时期，家庭的收入不足或匮乏，就可能导致我们的健康风险；受教育时期，我们可能面临受教育过程中失学的风险；职业生涯过程中，我们还可能面临失业风险、工伤风险，以及伴随我们一生的疾病风险。在社会保障中一个非常重要的风险就是人们在年老以后的老年风险，这种风险伴随着人类始终。

如何化解社会现实中存在的这些风险？由于风险的形成机制不同，风险化解过程中介入的主体也有一些差异。一般而言，个体对于风险的化解能力往往是有限的。从人类大规模组织化生产以来，我们的风险化解往往是由其他主体来不断介入的。各种主体的介入帮助个体来化解风险就形成了一个合作秩序，最终实现一种在风险化解过程中的合作收益。这一合作秩序由内而外可能涉及这些不同的主体：首先，个体或者家庭是风险化解的第一道防线。因为只要通过自己个人的努力、劳动，不断积累收入和财富，进而我们风险化解的能力就会不断提高，但发挥的作用比较有限。其次，市场和商业的途径是风险化解的第二道防线。随着个人经济能力的提升，在有一定经济积累的基础上，我们可以借助市场和商业的途径来化解风险，但发挥的作用相对有限。再次，政府从政策角度形成风险化解的第三道防线。从某种意义上来说，现代社会保障其实是以政府为主导形成的风险化解机制。除此之外，社会组织或慈善组织是借助社会力量来化解风险的第四道防线，即借助公益的力量，通过慈善组织、社会组织、慈善活动、公益活动等社会力量，来帮助个体化解风险，最终形成一种风险的化解机制。

1.3.2 社会保障——基于合作秩序的风险化解机制

在人们风险化解的过程中，个人或家庭、商业或市场机构、政府（包括中央政府与地方政府）以及各类社会组织或慈善组织，都是在风险化解过程中不同的责任主体。基于不同主体的介入程度，在人类历史上形成了不同的社会保障方式。例如，最原始的社会保障更多是在家庭内部完成，更多是以家庭保障来实现。到目前为止，家庭仍然是人们最基本的社会细胞和最基本的社会单元。家庭社会保障是社会保障的最主要内容，主要是给家庭成员提供生活和物质上的帮助以及精神慰藉。伴随着社会风险的扩大，以家庭为主的社会风险化解或者防范机制其作用会趋微，因此有能力的个体通过商业保险等形式形成第二道风险化解机制，即通过商业保险的方式来购买不同的保险产品，从而实现对于个体风险的化解。从理论上讲，这两种风险化解机制都是一种私人的风险化解途径。从1883年俾斯麦在德国实行社会保险之后，政府开始介入个体的风险化解过程，形成了风险化解的第三道防线。政府的风险化解就是政府通过动员各种社会资源，用政策来引导不同主体介入个体的风险化解过程当中，以此形成的风险化解机制成为国家责任机制或政府责任机制。最后，伴随着社会文明的提高，各类社会组织或慈善组织也介入对个体风险化解机制的实现过程中。受市场或政府失灵的影响，对于某些政府顾及不到的群体的风险化解，慈善组织或社会组织可以发挥一定弥补作用。以上四类风险化解机制从理论上来讲，形成了不同的责任主体，它们之间相互合作、相互补充，达到对于个体社会风险进行防范或者化解的目的，最终形成一种人类比较文明的社会保障制度安排。

现代文明的社会保障制度主要体现为一种国家责任。国家通过在整个经济活动、社会活动和政治活动中，为每个个体社会风险化解提供物质、精神和政策等方面的支持，这是现代国家在个体风险化解过程中最主要的一种制度安排。国家责任的强化使现代文明中社会责任主体得到了更多的表达。现代社会保障的发展趋势，是由国家动员家庭或个人、市场和社会的力量,形成一个整体的合力,为个体的社会保障提供物质帮助、资源动员或者精神慰藉。这就是社会保障作为一种风险化解机制的基本内容。

本 章 回 顾

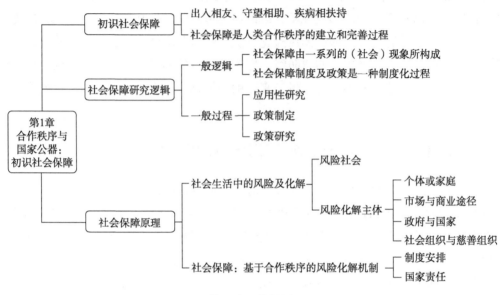

第 1 章思维导图

思 考 题

1. 我们为什么需要社会保障?
2. 社会保障研究的一般过程包括哪些方面?
3. 结合本章学习内容,谈谈你眼中社会保障的本质特征。
4. 如何理解作为合作秩序与国家公器的社会保障?

即 测 即 练

自学自测　扫描此码

第 2 章

公民权利与国家治理：社会保障的前世今生[①]

> 国以民为本，社稷亦为民而立[②]。
>
> ——宋·朱熹

社会保障是国家和社会通过立法实施的，以国民收入再分配为手段，对社会成员的基本生活权利提供安全保障的社会行为及其机制、制度和事业的总称。社会保障制度是工业革命和社会化大生产的产物，是社会发展和进步的产物，也是现代社会文明的标志。20世纪人类社会的重大发展之一就是社会保障制度的普及。

社会保障制度的前提是基于风险的存在，人的一生伴随着各种风险——老年风险、疾病风险、意外风险、自然灾害风险、贫困风险等。在工业革命之前，人类应对风险的方式主要有家庭保障、慈善救济、互助保障、国家救济等保障形式。但这些方式都存在局限性，比如自发性、不确定性、零星分散性，保障范围有限，分散风险的能力弱，等等。当这些传统的保障方式难以满足社会成员的基本生存需要时，就有了现代社会保障制度产生的必要性，而经济和社会的发展又为这种必要性转变为现实提供了可能。

从伊丽莎白济贫法的救助思想到俾斯麦时期疾病保险法的保险思想，再从罗斯福时期的美国社会保障法的保障思想到贝弗里奇报告的福利思想，乃至到撒切尔夫人的养老金制度改革，这些历史人物恰好与现代社会保障制度所经历的萌芽、形成、发展、繁荣、改革这样几个时期息息相关，在社会保障发展史上树立起了一座座里程碑，留下了不灭的印记。

2.1 社保小故事：拯救不列颠——从伊丽莎白到贝弗里奇

英国社会政策的发展是与英国现代化所产生的贫穷问题是紧紧联系在一起的。在英国，第一次由政府通过立法来解决社会问题是在都铎王朝末期。当时在英国已发生

---

① 本章撰写者：许琳，郅晓蓉。
② 参见：《四书章句集注》。

了生产力发展史上的首次革命，作为生产力的人开始从封建土地制度的关系中解放出来。这种革命一般被认为是英国现代化的开端。当然，这种开端绝非田园牧歌式的，它从一开始对劳动者就意味着凶残与痛苦。因圈地而被赶出家园的农民不得不背井离乡、四处流浪，而处于萌芽状态的工业部门又不可能大量地吸收这些人，于是就形成了一支庞大的失业大军。这支大军又由于玫瑰战争后被解散的贵族卫兵队和寺院被解散后大批僧侣的加入而变得更为可怕。这样一支动荡不安的穷困大军显然对统治阶级的安全构成了巨大的威胁，于是都铎王朝先后制定了一系列残酷的法律来迫害流浪者并设法阻止圈地。但结果证明这些措施收效甚微。一个重要的原因是，宗教改革后绝对君主制的兴起，使原来主要由教会承担的各种救济和社会福利等慈善事业不可避免地向政府转移，这是社会由传统向现代转型的一种趋势。任何政府想推脱这种责任都是不行的，都铎王朝的统治者终于也认识到了这一点，被迫通过另外的途径来解决这个问题。

1. 伊丽莎白济贫法[①]

1572年，都铎政府通过了强制征收济贫税的条例，每一教区须对其贫民负责，任何须由济贫税负担的人可以被遣送回原籍。1601年，伊丽莎白女王把已有的惯例用济贫法的形式固定下来，由官方划出一条贫困救济线，同时努力为失业者提供工作，对贫穷人家的小孩进行就业训练，对老年人、患病者和孤儿则进行收容。对于官方认为懒惰而不值得救助的穷人，仍然规定用残酷的手段惩罚他们。

2. "福利国家之父"——贝弗里奇[②]

2022年是著名的《贝弗里奇报告》发表80周年的纪念年。1941年，受丘吉尔政府的委托，威廉·亨利·贝弗里奇（William Henry Beveridge，1879—1963）领导了一个专门委员会，开始了对战后重建中的若干问题的研究。1942年，一份名为《社会保险及相关服务》(Social Insurance and Allied Services)的研究报告（史称《贝弗里奇报告》）问世。《贝弗里奇报告》较全面地总结了英国战前社会中存在的各种问题，分析了已有的社会保障和福利制度的成就与弊端。在此基础上，提出了建立战后新型社会保障和福利制度的一整套方案。

贝弗里奇生于印度的一个英国法官家庭。青年时期，他毕业于牛津大学，取得了数学和古典研究的学位。此后，他在汤因比会馆（Toynbee Hall）里从事对伦敦东区贫困社会状况的研究。这种早期的研究对他终生同情穷人打下了基础。

贝弗里奇生活在处于动荡和转型时期的英国。经过近200年的工业化发展以后，英国在20世纪后半叶已成为世界列强之一。但是，工业化的发展给社会带来的消极后

[①] 陈晓律. 英国福利制度的由来与发展[M]. 南京：南京大学出版社，1996：11-12.
[②] 关信平. 西方"福利国家之父"——贝弗里奇——兼论《贝弗里奇报告》的诞生和影响[J]. 社会学研究，1993(6)：71-79.

果也从那时起逐渐显示出来。19世纪上半叶,英国维多利亚时代的繁荣掩盖了许多社会问题,但从70年代开始,由于经济危机和经济发展的减弱,各种社会问题一下子就凸显出来。从19世纪下半叶起,许多有识之士都看到,资本主义工业化的发展虽然给资本家带来了巨大的财富,但却没有使广大劳动人民摆脱贫困。相反,工业化的生产方式和生活方式还使劳动人民的生活充满了更多的风险和不稳定。尤其是在工业大城市里,失业、疾病、工伤和年老时时威胁着劳动者的正常谋生。在这种情况下,欧洲的工人阶级在具有革命精神的知识分子的号召下纷纷组织起来,从经济和政治上和资产阶级展开了抗争。

《贝弗里奇报告》的发表是英国乃至整个西欧现代经济和社会发展史上的一个重要的转折点,尽管"福利国家"的概念并不是由贝弗里奇本人提出来的,但由于他在起草《贝弗里奇报告》中的贡献而被后人公认为西方"福利国家之父"。

福利国家是福利经济学理论的重要实践,英国是世界上最早全面建成"福利国家"的国家。经历了工业革命社会思想观念的变革,以及经济大危机和第二次世界大战,英国于1948年7月宣布建成面向全体公民的"从摇篮到坟墓"的"福利国家",意味着英国的"福利国家"制度进入全面发展阶段。

"福利国家"的建立对英国的发展起初起到了积极作用,但是也有消极影响,如何正确对待公平与效率的关系也成了一个重要议题。英国福利型社会保障制度建立的理论基础是福利经济学。这种高福利型的社会保障制度一旦福利超过经济所能承担的程度,对于效率便有所损失,这也就意味着制度出现问题,需要进行改革。

2.2 社会保障制度的萌芽:英国《济贫法》

在现代社会保障制度产生之前,最早出现的是济贫制度。英国圈地运动迫使众多农民背井离乡,沦为流浪汉,全社会的失业和贫困问题日益严重。英国政府为了维护其统治,保证社会稳定,不得不考虑对贫民救济的问题。英国伊丽莎白一世在1601年颁布了《济贫法》,史称旧《济贫法》或《伊丽莎白济贫法》。国家的救济保障与社会的救助活动相互结合和补充,并逐步走上立法化的道路。该法将已有的宗教或社会救助活动惯例用法律的形式固定下来,首次由官方划定一条贫困线,对有需要的孤、老、病人进行收容,同时,为失业者、贫民小孩提供有限的帮助。

2.2.1 《济贫法》的具体内容

《济贫法》的具体内容为:第一,全国普遍设立收容贫民的济贫院,强调对贫民实施救济是每个济贫区的责任,并通过委任贫民救济官的方式建立起全国范围的地方济贫行政体系。第二,建立贫民救济院、贫民习艺所、教养院,对丧失劳动能力的穷人

（包括老人和病残的人）实行救济，组织有劳动能力的贫民和孤儿通过劳动和习艺而自立，对具有劳动能力却逃避劳动的懒人进行惩罚。第三，征收济贫税，并确定了从富裕地区征税补贴贫困地区的转移支付方式。第四，对无劳动能力的老弱病残者，通过院内收容和院外救助两种方式进行救助。第五，对失依儿童，以孤儿院收养、家庭补助、家庭寄养等方式进行抚养。

从内容及其实施效果看，旧《济贫法》具有以下特点：一方面，旧《济贫法》兼有强迫劳动与福利救济双重性质。在强迫劳动和福利救济的双重措施之间，更多的是强调对不劳动者的惩罚，而对有需求者的帮助却相对忽略。另一方面，旧《济贫法》的基础是社会权利的不平等。由于历史的局限，其立法基础是封建专制制度，它更多地体现了封建统治者的利益，在法典中附加了很多带有侮辱性的惩戒条款，甚至惩戒多于救济。

由此可见，这种保障形式是与前工业化社会结构及当时的生产力发展水平相适应的。在西方社会由农业社会向工业社会的过渡时期，济贫制度是一种主要的社会保障模式。

到 1834 年，英国政府又颁布了著名的《济贫法修正案》（史称新《济贫法》）。其主要原则是：首先保障公民生存的义务，首次强调了需要救济是公民的一项权利，认为救济不是消极行动，国家和社会对公民救济是其应尽的义务，是一项积极的福利举措。其次新《济贫法》是对旧《济贫法》的修订，使得社会慈善救济事业转化为以国家为责任主体的政府救济，确立了国家承担社会保障责任的使命，把社会救济第一次以国家立法的形式确定下来，从而使社会救济成为一种制度。它为欧洲其他国家建立类似的社会保障制度提供了制度借鉴。其他欧洲国家在土地革命后，也都实行了与英国类似的贫民救济计划，如瑞士、丹麦、挪威、法国也先后颁布了济贫法。

英国济贫法制度大事年表见表 2-1。

表 2-1 英国济贫法制度大事年表

年份	济贫法制度相关大事件
1349	英国国王颁布诏书，规定禁止雇工随意出走，禁止行乞，不得随意施舍，所有超过规定的罚金将用于贫民救济
1536	英国颁布《亨利济贫法》，开始推行对身体健全的流民进行惩罚和对值得救济的贫民进行救济的济贫法制度
1597	英国政府成立一个委员会，对贫民进行调查，先后颁布《济贫法》《无赖、流民和身体健壮的乞丐惩治法》和《防止品行不端的流民成为士兵与海员法》，对以往各类相关救济制度进行规范
1601	英国颁布《伊丽莎白济贫法》，标志着英国济贫法制度最终确立
1647	英国颁布《改善现状给贫民以工作机会并惩罚城镇和郊区的流民及破坏秩序者法令》
1662	英国颁布《更好地向英国贫民提供救济法》（又叫《定居法》），对居民迁移权利和迁移管理作出具体规定

续表

年份	济贫法制度相关大事件
1782	英国议会通过《吉尔伯特法》，放宽了接受救济的条件，扩大贫民救济的范围
1834	英国议会通过《济贫法修正案》，即著名的新《济贫法》，确立新的济贫院内救济原则，建立济贫法委员会，各地开始建立济贫院
1844	英国颁布《禁止院外救济法》，重申禁止对身体健全者提供院外救济，但允许对多种特殊情况者提供院外救济；同年，英国开始在济贫院中指派医疗官员
1905	英国成立皇家济贫法委员会，对济贫法制度进行调查，并提出改革建议；同年，英国颁布实施《失业工人法》，开始对失业者提供救济
1909	英国颁布实施《劳动介绍所法》，对失业者提供职业介绍
1919	英国颁布实施《健康部法》，建立健康部，原由地方政府事务部负责的济贫法制度管理事务交由健康部管理
1925	英国实施《寡妇、孤儿和老年人缴费养老金法》和临时贫民救济条例
1926	英国颁布实施《济贫法监督局法》，加强健康部对济贫法的管理
1929	英国颁布实施《地方政府法》，建立公共救济局
1937	英国颁布《寡妇、孤儿和老年人自愿缴费养老金法》
1942	《贝弗里奇报告》发表，推动了英国新型国民救助制度的建立
1944	英国政府发表《国民保健制度白皮书》，提出建立国民保健制度
1945	英国颁布《家庭补助法》，建立起针对儿童的社会保障制度
1946	英国通过《国民保险法》，建立国民保险制度
1948	英国颁布实施《国民救助法》，标志着英国济贫法制度的结束

资料来源：丁建定. 英国济贫法制度史[M]. 北京：人民出版社，2014：368-374.

2.2.2 《济贫法》的历史意义

在西方社会由农业社会向工业社会的过渡时期，济贫制度是一种主要的社会保障模式。1601 年《伊丽莎白济贫法》被看作是现代社会保障制度萌芽，其原因是：一是政府首次以立法的方式对全国的贫民实施生活救济制度；二是其救济经费的一部分来源于富有阶层，即国家强制征收的济贫税。这种为缓解贫困问题而立法建立的社会保障制度是一种初级形式。

欧洲的济贫法采取了由政府出面强迫贫民劳动与救济相结合的原则，使社会团体实施的慈善救济转化为以国家为责任主体的政府救济，是国家对全国范围内的普遍慈善济贫。国家被推进了承担社会保障责任的历史阶段，并为社会保障制度确立了国家承担最终责任的原则。

《济贫法》的颁布使社会保障开始逐步走上立法化的道路，标志着国家开始通过立法的形式来介入济贫事务，1601 年英国颁布的《济贫法》被学者们认为是现代社会保障制度的萌芽形态，是政府介入社会救济的开始，而成为社会保障发展史上的一个里程碑。

2.3 现代社会保障制度的形成：德国《疾病社会保险法》

真正现代意义上的社会保障制度，是伴随着工业革命后生产社会化的发展和市场经济的建立而产生并不断发展起来的。1883 年，德国俾斯麦政府颁布《疾病社会保险法》，其涉及的内容已经具备了社会保障的含义和特征，因而被视为现代社会保障制度产生的标志。

2.3.1 《疾病社会保险法》的颁布

欧洲是现代社会保障制度的发源地，而德国是世界上最早建立社会保障制度的国家。这与德国当时特定的社会历史条件是紧密相关的。德国的社会保障制度是为了满足政治斗争的需要自上而下产生的，是国家统一、社会安定的需要。同时，也是顺应历史潮流，为调和无产阶级和资产阶级的冲突，巩固政治统治而建立的。从历史背景看：其一，19 世纪下半叶，德国国内经济萧条，人们生活贫困，阶级关系复杂，社会矛盾激化，社会主义思想在工人中传播，无产阶级力量强大，工人运动日益高涨，工人强烈要求政府实施保护劳工的政策，迫使当局考虑工人的保障问题，成为社会保障制度出台的催化剂；其二，新历史学派盛行，它强调劳资合作，实行社会政策，主张国家干预经济生活的管理，负起文明和福利的职责，这种主张对当时的统治者的影响极大，从而为社会保障制度的产生奠定了理论基础；其三，面对如此复杂的社会环境，被称为"铁血宰相"的俾斯麦很清楚地看到，要取得对内对外政策的胜利，必须安抚好工人，他选择的政策是"胡萝卜加大棒"，强调安抚与镇压同样重要。一方面，他通过 1878 年颁布的反社会主义法令，对工人运动及其工人阶级政党进行血腥镇压；另一方面，他认为：镇压不是唯一的途径，还应同时积极改进工人的福利，改革社会的弊端。俾斯麦政府希望通过社会保险立法来安抚工人，以缓和社会矛盾。

在"社会改革"的旗号下，德国于 1883 年制定并颁布了世界上第一部《疾病社会保险法》。1884 年颁布了《工伤事故保险法》，1889 年颁布了《老年、残疾、死亡保险法》。并于 1911 年将上述三个法律确定为德意志帝国统一的法律文本，另增《遗属及职员保险法》，而成为著名的《社会保险法典》，史称"帝国社会保险法典"。1923 年和 1927 年，德国又先后制定了《帝国矿工保险法》《职业介绍和失业保险法》。

2.3.2 社会保险制度诞生

以 1883 年德国颁布《疾病社会保险法》为起点，一系列单项的社会保险法令的颁布，标志着世界上第一个完整的社会保险体系的建立，社会保险制度由此诞生。从此，社会保障进入国家立法阶段，力图通过国家直接干预和调节社会再分配，通过实行社会保障制度来消除社会问题，缓和社会矛盾。社会保险制度的产生成为现代社会保障制度产生的标志。

19世纪末德国三大保险法的内容比较见表2-2。

表2-2　19世纪末德国三大保险法的内容比较

项　　目	《疾病社会保险法》	《工伤事故保险法》	《老年、残疾、死亡保险法》
保险对象	符合法律规定的工厂劳动者，年收入不超过2 000马克	符合法律规定的工业劳动者，年收入低于2 000马克	年收入低于2 000马克的所有工资劳动者与雇员
财政来源	费用由雇主承担30%，雇工承担70%，国家给予一定的补贴	费用全部由雇主承担	费用由雇主及雇工各负担一半，国家给予补贴，参保者服兵役期间的保费由国家承担
资格条件	患病	因工伤害，但不包括故意受伤害	老年津贴领取者需达到70岁，并缴费1 200周（30年），参加津贴领取者也须缴费200周（5年）
津贴标准	津贴标准为工资的50%，从生病后的第3天开始领取，领取最高时限为13周	工伤事故保险津贴标准为工资的2/3，需护理者的标准为全额工资，领取时限为14周，工伤致死者的家属可领取死者工资的20%	基本津贴为50马克，由国家补贴，固定津贴为60马克，其余依据缴费期限和工资等级确定
组织管理	由各种疾病保险基金组织管理，雇工因承担绝大部分费用而在疾病保险管理机构中发挥决定作用	工伤事故保险由企业协会管理，雇主在工伤保险管理中发挥决定作用	养老保险由国家统一管理

资料来源：刘芳，毕可影. 社会保障制度史[M]. 上海：上海交通大学出版社，2018：42-43.

从德国最初推出的社会保险法案看，它为当今大多数国家实行的投保资助型社会保险制度奠定了基础，提供了基本原则——补偿原则，劳动者因风险失去的收入必须获得一定程度的补偿；以缴费为条件的保险原则；社会保险实行强制推行的投保原则；雇主、雇员、国家三方分摊社会保险费的原则；雇主负担工伤社会保险的全部资金来源；社会保险制度只覆盖从事经济活动的劳动者；劳动者必须达到一定的劳动年限；享受社会保险待遇需具备一定的条件。这些原则为以后很多国家建立和发展社会保险制度奠定了基础；在全社会范围内推行社会保障，使之第一次被确定为正式的公共社会保障计划。

上述原则归纳起来显示了四个方面的特点：一是强调劳动的重要性，劳动者的劳动权利受宪法保护。二是保障对象不是全体国民或需救济的贫困者，而是劳动者。三是强调权利与义务相对应，即缴纳保险费与所得待遇标准是相联系的。四是强调国家立法强制实施，体现法律的强制性。

继德国之后，英国、法国、西班牙、罗马尼亚、瑞典、丹麦等欧洲国家也相继颁布了社会保险法令，社会保险制度在欧洲得到广泛推行。随后，社会保险又向美洲、大洋洲、亚洲发展。

2.3.3 社会保险制度产生的意义

社会保险制度适应了工业化社会的需要，对工业社会劳动者可能遭遇到的种种社会风险用制度化的手段加以化解，对于解除劳动者的后顾之忧和稳定社会发展发挥了积极的作用。社会保险制度具有以下显著特征：强调权利与义务的结合，其根本目的是解除社会成员的后顾之忧，保障水平是基本保障型，保障过程是规范化、强制性的，等等。

社会保险制度的出现是现代社会保障制度诞生的标志，第一，社会保险属于制度化的社会保障机制，从而完成了由济贫时代的不确定性、临时性到稳定性、经常性的转变；第二，由雇员、雇主共同供款和国家资助建立起来的社会保险制度，真正确立了社会责任与风险的共同分担机制；第三，受保障者无须以牺牲人格尊严和接受惩戒为受益条件，免去了济贫制度下的经济状况调查和济贫院的冷落。①

从济贫时代的社会救济，到工业化社会的社会保险，正是社会保险提供的制度化保障、建立了责任和风险共担机制，使该制度具有可持续性，凸显了保障者和被保障者的平等地位，社会保障制度完成了一次质的飞跃。以社会保险制度的产生为起点，现代社会保障制度从此诞生了。

2.4 社会保障制度的发展：美国《社会保障法》

社会保障制度进入发展阶段的标志是1935年美国通过了历史上第一部社会保障法案。

2.4.1 社会保障法案出台的背景

20世纪30年代，资本主义世界发生了严重的经济危机。经济危机沉重打击了美国的经济，1929年美国经济进入最为严重的萧条，到1933年达到顶点。企业破产，银行倒闭，工厂停工，失业人口猛增，人民生活水平下降到最低点，恐慌席卷全国。到1933年失业工人达1 500万，占全国工人总数的1/3；1/6的家庭靠救济金度日。125万失业工人举行示威游行，向国会提出立即救济失业工人和制定社会保险法等要求。美国社会保障法就是这样在工人阶级斗争的逼迫下出台的。

为稳定资本主义经济，风靡一时的主张国家干预、实现充分就业的凯恩斯主义应运而生。资本主义国家陆续进入国家干预经济的时代。国家不仅把经济干预和调节的范围扩大到再生产的许多领域，而且扩大到国民收入再分配领域，实行社会保障制度

---

① 郑功成. 社会保障学[M]. 北京：中国劳动社会保障出版社，2005：52-53.

就是国家干预国民收入再分配的一种形式。

2.4.2 《社会保障法》的内容

罗斯福在 1933 年以绝对优势击败胡佛，成为美国总统。罗斯福上任后，对内积极推行以救济、改革和复兴为主要内容的"罗斯福新政"。罗斯福新政体现了凯恩斯主义，加强政府对经济领域的干预，实行赤字财政，大力发展公共事业来刺激经济。其主要手段就是刺激总需求。建立社会保障制度为退休人口和贫困人口提供收入是增加总需求的重要方法，因而社会保障制度成为新政的一个重要组成部分。1935 年，在罗斯福的领导和主持下，美国通过了历史上第一部《社会保障法》，在历史上第一次提出"社会保障"的概念，在美国建立了社会保障制度。该法确定了联邦政府有责任向老年人、遗属、儿童、残疾人等贫困对象提供福利援助和康复服务，建立以解决老年和失业问题为主体的全国性的社会保障体系。

这一社会保障制度包括五个保障项目：老年社会保险，失业社会保险，盲人救济金，老年人救济金，未成年人救济金。其制度内容既有社会保险，又有社会救助。

美国社会保障法案有以下几个特点：第一，强调社会保障制度的整体性，当年德国建立的是单项社会保险项目，而此时美国则是整体建成了包括社会保险和社会救助的"一揽子"社会保障制度。第二，以老年保障为主体，对于在职雇员的医疗保险更多的是交由商业保险来解决。第三，方案着眼于解决贫穷问题。为此，政府严格规定并调整贫穷线标准，还承担其所需的全部经费。第四，在管理上，美国社会保障制度采取统一集中和分散管理相结合的灵活方式。如老年保险和对穷人的援助计划，由联邦政府集中管理；工伤和失业保险，则由各州因地制宜地安排。第五，美国建立的以社会保险和社会救助为核心的社会保障制度，其目的是提高个人消费能力，刺激社会总需求，它是在反经济危机的背景下建立的，更多地把社会保障制度作为政府调控经济的手段。

2.4.3 《社会保障法》出台的历史意义

建立社会保障制度为退休人口和贫困人口提供收入是增加总需求的重要方法，因而社会保障制度成为罗斯福新政的一个重要组成部分。它奠定了美国当代社会保障体系的基本框架和基础，标志着现代社会保障制度由社会保险制度朝着综合性社会保障制度发展迈出了一大步。

2.5 现代社会保障制度的成熟与完善：福利国家

社会保障制度进入成熟和完善阶段的标志是"普遍福利"政策的广泛实施和"福

利国家"的纷纷出现。

2.5.1 福利国家产生的背景

1. 第二次世界大战后经济的大发展

第二次世界大战后资本主义各国的经济发展进入一个"黄金时期"。在这一阶段，各国政府把政策的重点由原来的"一切为了战争"转向恢复本国经济、治愈战争创伤，战后的和平也为各国大力发展国民经济创造了良好的外部环境。发达国家迅速发展起来的经济和以前所未有的速度积累起来的社会财富，为战后发达国家构建福利国家奠定了雄厚的物质基础。

2. 贝弗里奇报告的影响

在英国，被称为"福利国家之父"的贝弗里奇，在第二次世界大战期间就开始着手勾画战后英国社会保障的蓝图，并于1942年11月提出《社会保险及相关服务》的研究报告。报告继承了新历史学派有关福利国家的思想，指出贫困、疾病、愚昧、肮脏和懒惰是影响英国社会进步、经济发展和人民生活的五大障碍，并提出政府要统一管理社会保障工作、通过社会保障实现国民收入再分配的建议。

贝弗里奇报告设计了一整套从"摇篮到坟墓"的社会福利制度，提出国家为每个公民提供九种社会保险待遇，提供全方位的医疗和康复服务，并根据个人经济状况提供国民救助。社会福利制度的基本结构由三部分组成：满足国民基本需要的社会保险；对特殊情况国民的社会救助；超过基本生存需要的自愿保险。社会保险和社会救助应由国家组织，超出了最低生活的需要，可以通过参加私人举办的自愿保险计划去解决。

报告提出了建立从"摇篮到坟墓"的社会福利制度的四个基本原则：一是普遍性原则，即社会保障应满足全体居民不同的社会保障需求；二是保障基本生活原则，即社会保障的待遇水平为基本满足全体居民的生活和工作需要；三是统一原则，即社会保障的缴费标准、待遇支付和行政管理必须统一；四是权利与义务对等原则，即享受社会保障必须以劳动和缴纳社会保险费为条件。这一报告在战后成为英国工党政府社会立法的白皮书。这份报告对英国、对西方乃至世界社会保障产生了深远影响。

2.5.2 福利国家的建成

英国在《贝弗里奇报告》原则的基础上，重新设计其社会保险制度，英国政府以实现充分就业和社会福利为纲领，先后通过了《家庭补助法》《国民保险法》《国民健康服务法》《工业伤害保险法》《国民救助法》等一系列重要立法。此后，英国的社会保障在原有基础上全面发展，1948年，英国首相艾德礼宣布英国第一个建成了福利国家。什么是"福利国家"呢？按照英国工党在1945年竞选宣言中所表述的就是：使公民普遍地享有福利，使国家承担起保障公民福利的责任。英国建成的是一个包括了社会保险制度、国民卫生保健服务、住房保障制度和国民救济制度在内的"从摇篮到坟墓"的全面保障的社会福利制度。在此影响下，西欧国家、北欧国家、北美洲国家、大洋洲发达国家和地区，也均先后宣布实施"普遍福利"的政策，并宣布建成福利国家。社会保障进入繁荣和完善阶段。

1952年，国际劳工组织（International Labour Organization，ILO）制定并通过了《社会保障（最低标准）公约》，对劳工的医疗服务、收入扶持、伤残保护、老年保护、遗属收入扶持、生育保护、儿童抚养责任保护、失业保护、工伤保护等九个方面的最低保障标准做了规定，表明社会保障制度已经是一个全球化的事业。

2.5.3 社会保障制度成熟阶段的规律

一是国家主管的社会保障项目得到了长足的发展，国家政权在社会经济生活中占据决定性的地位。政府的社会保障支出大幅度增长。

二是社会保障计划不同程度地向全民化、普及化方向发展。社会保障由为少数确实贫困的弱势群体提供急需的援助，变为向社会每个成员提供预防意外损失的手段，生活质量向更高的层次发展，除了保证每个人在任何情况下都能体面地生活外，还包括教育、健康、居民住宅和城市环境等诸多方面的内容。

三是社会保障的项目也在逐渐增多，保障范围不断拓宽，保障水平不断提高。世界上保障项目从1940年的135种扩展到1979年的近500项。从保障的层次上看，也逐渐从救济型、保险型向福利型转化。特别是在社会保障历史悠久的欧洲国家，更是推行普遍的福利政策，形成了福利国家，社会保障达到了很高的水平，极大地提高了社会成员的生活质量。

四是社会保障的管理更趋于法制化和规范化。

五是实行社会保障制度的区域不断扩大，从欧洲扩大到美洲，再到亚洲，乃至全世界，社会保障成为世界范围内普遍实行的社会经济制度和社会政策。尤其是发达国家社会保障的发展完成了从全面保障到福利国家的跨越。

2.6 社会保障制度的改革与完善：从社会建设到民生治理

全球社会保障改革把社会保障制度作为一种社会建设的政策工具，体现在社会投资、社会发展等方面，随着制度的不断发展，社会保障逐渐成为一种民生治理的工具。社会保障发展在不同时期，制度的宗旨有所不同。以初期的社会保障制度实践为例，英国的济贫制度最初的宗旨是维护统治，安定社会；德国社会保险制度建立的初衷是安抚工人，缓和劳资关系，实现统治者对内对外的政治目标。社会保障在发展的进程中，理念有所变化。获得社会保障已经不再是国家对弱势群体居高临下的恩赐、慈悲、怜悯，而是一种正义的要求，是公民的一种基本权利。此外，社会保障制度已成为国家治理的重要手段之一。社会保障在许多国家成了国家治理体系的支柱性制度安排。

2.6.1　全球社会保障制度改革的背景

1. 经济增长速度放慢

进入20世纪70年代中期以后，发达国家的经济发展因两次石油危机引发了经济危机，而这一时期的经济萧条又是以经济发展停滞与通货膨胀并存为特征的，进入滞胀阶段，经济萧条给整个资本主义世界在经济、社会以及政治方面带来了极大的冲击。失业率和财政赤字大幅上升，也直接使得社会保障制度陷入困境。原本制度设计的社会保障财务平衡机制被打破，人们不得不寻求新的解决平衡财务的办法。

2. 人口老龄化

人口老龄化是社会保障财务支出增加的直接原因。随着经济社会的发展、医疗技术水平的提高，全球人均寿命不断延长。人口由高出生率、高死亡率、低增长率向低出生率、低死亡率、低增长率转变。老少抚养比不断提高，老年负担系数持续走高。20世纪中叶，发达国家已相继步入老龄化社会。人口老龄化成为当代世界人口转变的重要特征。人口老龄化导致整个社会的老年赡养比快速提高，不仅使养老保险和医疗保险支付压力的增大，而且老年贫困问题越发突出，对老年福利和老年社会救助的需求也在增大，对政府财政、对社会保障制度的可持续发展都带来了巨大的压力与挑战。

3. 对福利国家的批评

普遍化、高水平、多项目、全民化的"普遍福利"政策和"福利国家"，在为人民带来福利和福音的同时，也产生了一些副作用，表现在以下几方面：第一，社会福利扩张过快，巨额的社会保障开支使国家不堪重负，成为政府财政的沉重负担。第二，维持高福利支出必然带来税收的增加，而高税收的副作用影响了资本投资的积极性和高收入者的储蓄意愿，以至影响国内新技术的使用及固定资产的更新，引起科技人才的外流，最终影响经济的发展。第三，福利费的扩张，扩大了劳动成本，使一国的国际竞争力下降。第四，财政赤字和通货膨胀反过来促使物价上涨，影响了民众的生活。第五，高标准的社会保障削弱了国民的奋斗精神，影响了经济的正常增长，导致效率损失。

4. 覆盖面过小造成社会保障不足

社会保障制度建立初期，社会救助和社会福利主要面向处于弱势地位的社会成员，而社会保险的保障对象多为正规部门的就业者。随着社会保障事业的发展，国家财政用于社会保障支出的比例不断提高，人们开始认识到社会保障公平性问题。许多国家受《贝弗里奇报告》的普遍性原则影响，开始着手扩大社会保险覆盖面，将非正规部门就业者、公职人员等相继纳入社会保险体系中。

20世纪70年代末，随着经济增速的放缓、人口老龄化以及对福利国家的批评，以撒切尔夫人对英国养老金制度进行私有化改革为起点，社会保障制度进入改革阶段。

2.6.2 全球社会保障制度改革的主要内容

为了摆脱社会保障发展的困境，西方发达国家从20世纪70年代末进入社会保障的改革和调整时期。该阶段，以英国保守党政府1979年率先改革社会保障制度为标志。一些发达国家开始着手对社会保障进行调整和改革，重点是"开源节流""增收节支"，有的国家对原有的制度进行参数调整，有的国家则是对原有制度进行改革。

1. 参数调整

参数调整是对原有制度中的个别指标进行修改。如为了应对人口老龄化带来的支付危机，实施现收现付社会保障制度的国家，着力调整原有筹资比例和给付水平，通过"开源节流"，以缓解社会保障基金入不敷出的压力。

在"开源"方面，有的国家提高缴费率，扩大缴费对象；或者提高缴费上限，扩大缴费基数；或者开征新的税种，如征收社会保障收入所得税，增加收费项目；或增加缴费年限，希腊、法国等国分别将享受全额养老金的额缴费年限从35年提高到40年，以扩大社会保障基金来源。

在"节流"方面，一些国家通过修改计发基数、严格待遇领取资格、调整社会保障条件以缩小保障范围、延迟退休年龄、提高领取养老金的年龄等手段，减少社会保障支出。德国将退休年龄延长至65岁，英国也提出将女性退休年龄由60岁逐渐延长至65岁；许多国家都改变了原来单一缴费的做法，引入个人缴费机制，提高个人在医疗等方面的自付比例，以此抑制社会保障基金支出的过快增长。

2. 制度变革

制度变革是指抛弃原有制度，在社会保障筹资、给付、财政责任等方面建立新的模式。

1）实行社会保障制度的"私营化"和"资本化"

所谓私营化，就是改变社会保障全部由国家包下来的办法，政府尽量缩小干预社会保障的范围和项目，把这些项目交由私营机构、非政府组织、工人合作社和其他社会团体承担。英国、丹麦、比利时、德国、瑞典等国家都相继采取了这些措施。它还包括让私人企业在社会保障管理中发挥作用；鼓励发展商业性保险；提倡企业自办保险，等等。所谓"资本化"，主要是为了解决养老金的资金储备问题，即基金投资以实现保值增值。

2）补充保障制度的发展

一些国家开始尝试建立多层次多支柱的保障体系，推出强制性企业年金和自愿性个人养老储蓄，用于补充国家提供的基础保障，提高待遇水平。建立国家基本保险、企业补充保险和个人商业性储蓄保险等多层次的社会保险体系成为改革的趋势。一方面，鼓励、支持、推动发展各种非公有的社会养老资源和方式，使养老责任在国家、企业、个人和家庭等行为体之间分摊，以减轻政府的财政压力；另一方面，使养老模式更加灵活，以适应非全职就业、兼职就业、小微就业等灵活就业方式的不断涌现，从而更好地化解老龄化、全球化和信息化时代产生的各种新风险，应对新挑战，确保养老保障的可持续。

2.6.3 全球社会保障制度改革的发展趋势

对中等收入国家，特别是新兴工业化国家而言，近些年社会保障领域发展趋势是福利扩张，即拓展既有的社会保障体系，加大在健康、教育、就业、养老、住房等领域的投入，扩大社会保障的覆盖面，从而拉动内需、提振经济。2000 年之后，很多中等收入国家都实现了相对较高的经济增长率，拓宽了国家的财政空间和收入基础，为大力拓展社会保障覆盖范围创造了条件。从 2000 年起，阿根廷、巴西、印度、中国、印度尼西亚、墨西哥、南非等国均对各自的社会保障制度进行了大力拓展。中国、巴西等国成为中等收入国家社会保障制度扩张的主要推动力。中国的社会保障制度改革成为世界社会保障制度改革的重要组成部分，也为世界社会保障制度的发展作出了贡献，国际社会保障协会（International Social Security Association，ISSA）第 32 届全球大会将"社会保障杰出成就奖"（2014—2016）授予中国政府①。

从世界范围看，21 世纪的社会保障面临以下几方面挑战：一是不利的人口因素困扰着社会保障的发展；二是科学技术的进步带来的生产组织及生产关系的挑战；三是 21 世纪的社会保障与人权的关系处理。基于此，全球社会保障的发展趋势如下：一是社会保障的地位逐步提高；二是世界的养老有重归家庭的可能性或者企业将不再有退休金制度；三是世界经济的一体化；四是社会保障制度的选择多样化；五是社会保

---

① 中华人民共和国人力资源和社会保障部. 中国政府获"国际社会保障协会社会保障杰出成就奖"[EB/OL]. (2016-11-18). http://www.mohrss.gov.cn/SYrlzyhshbzb/dongtaixinwen/buneiyaowen/201611/t20161118_259793.html.

制度不断实现法制化;六是部分社会福利设施出现私有化倾向①。

社会建设与人民幸福安康息息相关,我们只有在经济发展的基础上,更加注重社会建设,着力保障和改善民生,扩大公共服务,完善社会管理,才能促进社会公平正义,努力使全体人民学有所教、劳有所得、病有所医、老有所养、住有所居,推动和谐社会的建设。

2.7 社保小讨论:"铁血宰相"的"温柔面"
——德国社会保障制度的起源②

在西欧地区,社会保障有着悠久的历史传统。早期的行会、基督教会都有疾病保障和救助的济贫扶弱功能。但国家层面社会保障制度的出台,则是工业化社会时代的产物。

在实行国家社会保障制度方面,德国是先行者。19世纪80年代,俾斯麦统治时期的德国政府勇开先河,率先推出国家社会保障制度。19世纪80年代,无论在工业化规模上还是在社会对现代化的保险需要上,德国都无法与工业先驱英国相比,缘何它能率先推出国家社会保障制度?

德国率先推出国家社会保障制度,是工业化大前提下多种因素综合作用的结果,其原因根植于德国的社会阶级状况、历史传统和政治动因之中。

1. 社会阶级状况

社会内部特定的阶级构成是德国能率先推出国家社会保障制度的一个重要原因。19世纪下半期的德国,社会阶级关系复杂,封建的、资产阶级的和社会主义的诸种因素并存。在各阶级中,人数最少但势力最大者是普鲁士的容克地主。他们属于传统统治者,政治上有压制资产阶级参政要求、保持自己垄断统治地位的欲望。为此,他们极力美化自己主宰的政权,于是便有了容克国家把"无产阶级的乞食袋当作旗帜来挥舞",借以"拉拢人民"的情况。典型的例子是,在60年代的普鲁士"宪法冲突"中,俾斯麦拉拢工人运动领导人拉萨尔,以实行普鲁士国家社会政策为许诺,争取工人阶级来对付资产阶级自由派。此外,性情温和的资产阶级宁愿忍受容克地主的政治统治,以防背后的无产阶级在革命中崛起而损及他们的利益。德国工人阶级的思想状况同样有利于容克地主推行自己的政策,非现代思想难以在工人之中消除。马克思在谈到德国工人的思想状况时曾指出:"这里的工人从小就受到官僚主义的训诫,相信权威,相信上级机关。"

---

① 侯文若. 现代社会保障制度[M]. 北京:中国经济出版社,1994:380-390.
② 邢来顺. 德国社会保障制度的起源[J]. 经济社会史评论,2011(1):23-34.

德意志帝国之所以能自上而下地顺利推行国家社会保障制度，还受益于普鲁士家长制的君主社会主义传统，以及与社会保障相关的发达的社会保险经历。普鲁士一直有着君主社会主义的传统，弗里德里希二世就是一个样板。他曾亲自解放了波莫瑞王室领地上的农奴，取消了西里西亚和东普鲁士的农奴制，并明令禁止容克地主驱逐领地上的农奴。所有这些作为，使他获得了"乞丐之王"的美誉。19世纪初的施泰因-哈登贝格改革，用颁布敕令的方式自上而下地解放农奴，进一步加深了普鲁士国家思想中的"父爱政治"色彩。它使人们相信，"作为'乞丐之王'的一国之父要对他的区区臣民的幸福负责"。这种君主社会主义思想对威廉一世和俾斯麦都有一定影响。威廉一世在1881年有关"事故保险法案"的"理由书"中明显流露出这种意向："国家应当比从前更关心那些急需帮助的人们。这不仅是一种举国涵濡的人道主义和基督教义务……必须通过立法措施而获得的明显和直接好处中使这些阶级重新认识国家：它不是专门设计用来保护上层阶级社会的机构，而是为他们自己的需要和利益服务的机构。"俾斯麦在1882年的一次讲话中也表明了这样的立场："在经济斗争中站在弱者一边是我效忠的这一王朝的传统……我当今的主人受激于保护我们同胞中贫苦阶级的崇高志向……并相信他们会期待着其所属国家的未来。"

2. 历史传统

社会保障作为一种互助形式，在德国有着久远的历史。从很早的时候起，德国就存在一些慈善组织，如北方的共济会、南方对农场工人的教区疾病救济制度等。在普鲁士，早在17世纪就已存在矿工疾病保险组织。这种组织起初是自愿的。1766年，普鲁士政府开始在采矿业中实行强迫疾病、意外事故和残废等保险。19世纪中期，强迫保险以法令的形式实行。1845年规定，地方政府有权强迫雇主、雇工和工厂技工加入行会，然后通过行会强制实行疾病等保险。1854年，政府又颁布法令，强迫在矿山、采盐等行业中建立雇主和工人联合管理下的地区性疾病保险组织，结果，这类社团在普鲁士境内大量出现。

解决现实社会问题的压力是德国政府推行国家社会保障制度的重要原因。国家的迅速工业化，一方面使社会物质财富以前所未有的速度迅速增长，另一方面则是使处于社会下层的工人群体在物质生活方面处境艰难。在工业化面前，作为弱势群体的工人在失去劳动能力、患病、失业和衰老时，处于一种举目无助的悲惨境地。

3. 政治动因

俾斯麦政府之所以不遗余力地推行国家社会保障制度，还有更重要的现实政治动因。首先，打击社会民主党，摧垮社会主义运动，是俾斯麦政府实行社会保障政策最重要的政治动机。1875年哥达大会上拉萨尔派和爱森纳赫派合并后，德国社会民主党势力迅速壮大。俾斯麦为了阻止这种危及现存制度的社会主义运动的发展，采取了"蜜糕加鞭子"的政策，一方面颁布"非常法"，严厉镇压社会主义运动，企图从组织上摧垮社会民主党，另一方面试图通过实行社会保障制度等温和手段，拉拢工人，从思想上"挖掉社会民主党的根"。俾斯麦在帝国议会为自己的社会政策辩护时说得更直接：只要"给健康工人以劳动权，保证他病有所医，老有所养"，"那些先生们（社会主义者）就会成为鸟的空鸣"。其次，俾斯麦政府实行社会保障制度是考虑到维护国家统一和安全的需要。俾斯麦指出："国家社会保险制度，可以通过安慰数百万德国劳工精神和身体上遭受的痛苦，加强帝国的力量。"

从历史的角度看，近代德国国家社会保障制度的建立，无论对德国本身还是对其他资本主义国家，都产生了重大的影响。

社会保障制度的萌芽发生在17世纪的英国，英国也是最早发生工业革命的国家，为什么现代社会保障制度的诞生地却不是在经济发达的英国，而是在经济相对落后的德国呢？

思考问题1：怎么认识现代社会保障制度产生的条件，以及影响它产生的因素有哪些？

实施社会保障是进行社会化大生产、保障社会安定的客观要求，同时也是社会经济发展的必然结果。现代社会保障制度的产生基于两个前提，是经济条件和社会条件综合作用的结果。第一，社会保障产生的经济条件：①现代社会保障制度是工业化发展的必然产物；②家庭结构的变化也对社会保障提出了迫切需求；③劳动力再生产必须社会化，社会保障制度是生活社会化的客观要求；④市场经济发展的周期性要求实行社会保障；⑤人们对提高生活质量需求不断提升的要求；⑥社会生产力的发展，财富的大量增加，社会保障为其提供了物质基础。第二，社会保障产生的社会条件：工人阶级的觉醒及工人阶级的坚决斗争、社会主义运动的兴起以及马克思主义思想的影响等多种因素，是把社会保障制度产生的可能性变为现实性的决定性因素。第三，社会保障制度不仅是经济发展的结果，而且是包括社会、经济、历史文化、政治等在内的多因素综合作用的结果。①社会因素决定社会保障制度的有无；②经济因素决定社会保障水平的高低；③历史文化传统因素打造了各国社会保障制度的特色；④政治因素决定社会保障制度建立及改革节奏的快慢。

思考问题2：怎么认识社会保障的功能？

社会保障是一个国家政治、经济制度的重要组成部分，从社会、经济、政治三方面理解社会保障的功能。第一，社会性功能：①社会补偿功能；②社会稳定功能；③社会公平功能。第二，经济性功能：①国民收入再分配功能；②平衡需求功能；③保护和配置劳动力功能；④调节投融资功能。第三，政治性功能：社会保障是一国执政党必须承担的政府职能之一。①调节各利益集团、群体或社会阶层利益的必要手段；②缓和社会矛盾；③巩固执政党的执政地位，提高执政党的执政水平；④党派斗争、政党政治、民主选举的重要议题。

本章回顾

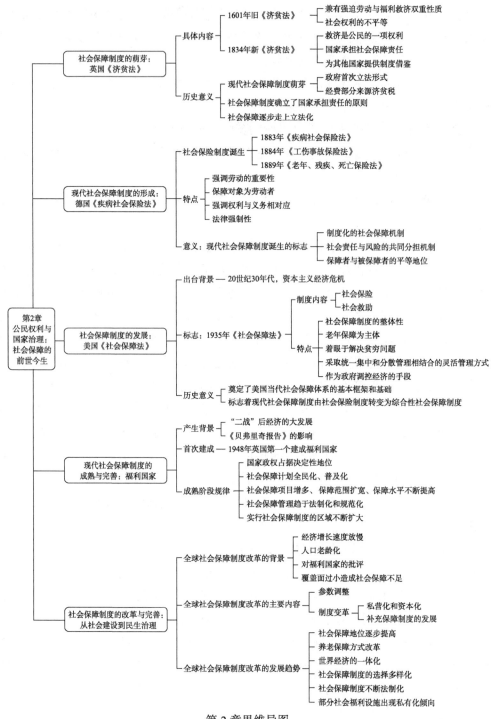

第 2 章思维导图

思 考 题

1. 社会保障的发展主要受哪些因素的影响？
2. 社会保障发展经历了哪些阶段？
3. 为什么说社会保险的出现是现代社会保障制度建立的标志？
4. 全球社会保障制度改革的发展趋势有哪些？
5. 如何理解从公民权利到国家治理的社会保障变迁？

即 测 即 练

自学自测　扫描此码

第 3 章

扶危济贫与普适共济：
作为兜底性保障的社会救助[①]

> 矜寡孤独废疾者，皆有所养。
>
> ——《礼记·大道之行也》

社会救助是国家对于遭受灾害、失去劳动能力的公民以及低收入公民给予救助，以维持其最低生活水平的一项社会保障制度。可以说，社会救助是现代社会保障体系的第一块基石，是政府为承担责任而采取的长期性的、积极的救贫措施，其目标是扶危济贫，救助社会脆弱群体，其对象是社会低收入人群和困难人群，其意义在于保障社会弱势群体的利益，保障公民的基本生活权益，满足社会成员的最低需要，从而促进社会公平与社会和谐发展。纵观全世界各国救助实践，社会救助的政策目标经历了一个从扶危济贫到普适共济的演化过程。

3.1 社会救助小故事：从"收容遣送"到"街角曙光"

本节从"孙志刚事件"到"街角曙光"两则社会救助小故事，来纵观我国社会救助政策实践的转型与发展。

故事一 孙志刚事件[②]

2003年3月17日晚上，任职于广州某公司的湖北青年孙志刚在前往网吧的路上，因缺少暂住证，被警察送至广州市"三无"人员（即无身份证、无暂居证、无用工证明的外来人员）收容遣送中转站收容。在这里，孙志刚受到工作人员的野蛮殴打，于3月20日死于这家收容人员救治站。后来调查还披露了救治站内发生的令人吃惊的死亡现象：2002年10月—12月，这个救治站有相当数量的人员死亡，3个月的死亡人数为58人。一石激起千层浪，孙志刚事件引发了我国对收容遣送制度的大讨论。

[①] 本章撰写者：吴玉锋，唐丽娜，杨成东，谷怀涛。
[②] 被收容者孙志刚之死[EB/OL]. http://news.sohu.com/20060831/n245101127_1.shtml.

故事二 街角曙光①

2014年6月,广东省东莞市救助管理站联合东莞市大众社会工作服务中心启动"街角曙光"流浪乞讨外展救助项目,该项目打破原有的站内服务和普通街面救助服务形式,首次引入专业社工实施街面救助。有别于一般的"街面救助","街角社工"不仅通过开展定期的外展巡查,了解流浪乞讨人员的生存现状,为他们提供生活上的救助,还采取个案工作、小组工作、社区工作等专业方法,为流浪乞讨人员提供权益维护、心理咨询、行为矫治等服务。同时对流浪乞讨人员进行专业的个案建档跟进,实施分类救助,根据不同类型的流浪乞讨人员设计了针对性的服务接入流程。经过一年的项目摸索和实施,市救助管理站引入社工专业服务,与多部门联动,初步建立了一套完整的、专业的救助介入程序,推动社会工作与救助管理工作的有机融合,形成了"以机构为依托、以政府资源为主导、以社会资源为补充"全新的社会救助方式,让东莞市社会救助事业走上发展的"快车道",为流浪乞讨人员带去了曙光,促进了城市的文明进步。

从孙志刚事件到广东东莞的街角曙光,两则小故事反映了我国地方政府对流浪乞讨人员的救助过程与结果。两则小故事都发生在我国广东省,但时间相差10年。透过这两则故事,可以总结出10多年来我国社会救助制度的转型与发展。

孙志刚事件发生的背景是1982年5月国务院发布施行的《城市流浪乞讨人员收容遣送办法》。收容遣送是民政、公安部门为防止因人口流动带来的城市治安问题而对符合条件的人员予以收容并遣送回原户口所在地的一种行政强制措施。收容遣送制度的本来目的是通过强制性手段对那些盲目流入城市而成为流浪乞讨的人员进行"救济、教育和安置"。但在后来的执行过程中,这一制度的本来目的发生了变异:制度初衷是救助流浪乞讨人员,但各地规定了诸多的强制措施,甚至出现暴力虐待流浪乞讨人员的犯罪行为。个别救助站不但没有履行政府救助流浪乞讨人员的责任,反而蜕变为一个执法犯法的黑势力。

孙志刚事件引起我国对收容遣送制度的反思和改进。2003年6月20日,温家宝签署国务院令出台《城市生活无着的流浪乞讨人员救助管理办法》(以下简称《救助管理办法》),我国沿用了21年之久的"收容遣送办法"废止,社会新型救助制度正式建立。对比"收容遣送"制度可以很明确地看到,新施行的《救助管理办法》明显多了对于受助人员人身安全和人权的保障,更具有人性化和可执行化。《救助管理办法》的制定标志着我国对城市流浪乞讨人员救助工作机制的完善,同时也是在旧制度格局下进行的重大变革,是向新制度格局的转型。

当然,流浪乞讨人员救助只是社会救助的一个独特内容,从对流浪乞讨人员救助

---

① 东莞:"街角曙光"点亮流浪者归家路[EB/OL]. (2016-03-24). http://www.cncn.org.cn/content/2016-03/145878377826583.html.

的侧面可以反观我国社会救助体系近些年来的发展。随着我国经济体制改革的深化，不断有一些新的社会成员进入贫困群体行列，这使得原有的以解决眼前问题为导向的社会救助制度必须作出改变。我国新型社会救助体系建立了以最低生活保障和灾害救助制度为基础，以医疗、教育、住房、司法等专项救助为辅助，以社会互助为补充的社会救助体系。这一新型体系的救助主体更加多元化，救助客体更加全面化，救助手段更加专业化，救助内容更加多样化。

3.2 社会救助小理论：从结构性贫困到赋权增能

本章开篇从两则小故事观察到我国社会救助制度实践的转型与发展，救助实践变化的背后蕴含着救助理论的演变。对贫困原因的认识不同，贫困救助实践的重点就不同。本节通过梳理结构性贫困理论、文化性贫困理论、可行能力贫困理论和赋权增能理论来认识贫困救助理论的演化。

3.2.1 结构性贫困理论

在结构性贫困理论中，美国经济学家纳克斯的"贫困恶性循环理论"最为代表。他认为发展中国家长期贫困是因为经济中存在若干互相作用的"恶性循环"，可从供给和需求两个方面进行论证[①]。

从供给方面看，发展中国家经济不发达，人均收入水平低，人们不得不把大部分收入用于生活消费，很少用于储蓄，从而导致了储蓄水平、储蓄能力低；储蓄能力低造成资本形成不足，资本形成不足又会导致生产规模难以扩大，生产效率难以提高；生产率低造成低产出，低产出又造成低收入。周而复始，形成"低收入—低储蓄—低资本形成—低生产率—低产出—低收入"的恶性循环。

从需求方面看，发展中国家经济落后，人均收入水平低下，购买力和消费能力较低；低购买力导致投资引诱不足；投资引诱不足又会造成资本形成不足；资本形成不足又会使得生产规模难以扩大，生产率难以提高；低生产率又带来低产出和低收入水平。这样，形成"低收入—低购买力—低投资引诱—低资本形成—低生产效率—低产出—低收入"的恶性循环[②]。

贫困恶性循环理论认为，正是由于这两个恶性循环的存在，发展中国家长期以来难以摆脱贫困陷阱。要想打破这种恶性循环，必须采取平衡增长的方式，增加储蓄的同时扩大投资。在许多行业同时进行大规模的投资，形成各行业之间的相互需求，扩

---

① 参见：李纪恒. 贫困地区发展论[M]. 北京：中共中央党校出版社，1997.
② 李晓宁，高晓春. 突破贫困恶性循环的"怪圈"[J]. 西北农林科技大学学报（社会科学版），2001(1)：75-78.

大市场容量,实现资本形成,从而使恶性循环转为良性循环。但贫困恶性循环理论具有很强的局限性。首先,其混同了储蓄水平和储蓄率,经济增长的启动力量来自储蓄比率而非储蓄水平。其次,其贫困国家缺乏储蓄能力的观点不符合事实,市场容量不足的说法也具有一定的片面性。此外,发展中国家的储蓄率不高,不能只归咎于收入水平,还应当考虑到社会、政治以及其他制度方面的因素妨碍了对储蓄的刺激。

遵循结构性贫困理论所开展的反贫困政策设计,往往是简单的查漏补缺思路,侧重于物质性的资金救助。长此以往,贫困者领取救助成为一种习惯,失业者不再渴望拥有一份谋生的职业,反贫困政策出现"钝化现象"。结构性贫困取向面对种种失败的反贫困策略已经感到束手无策。

3.2.2 文化性贫困理论

反思结构性贫困对于反贫困策略失败的现象,需要从文化视角来解释贫困发生的原因。美国人类学家刘易斯认为,穷人因为贫困而在居住等方面具有独特性,并形成独特的生活方式,进而促进了穷人间的集体互动,从而使得穷人与其他人在社会生活中相对隔离,这就产生一种脱离社会主流文化的贫困亚文化。处于贫困亚文化之中的人有独特的文化观念和生活方式,这种亚文化通过"圈内"交往而得到加强,并且被制度化,进而维持着贫困的生活。在这种环境中长成的下一代会自然地习得贫困文化,于是贫困文化发生代际传递,塑造着在贫困环境中个体的特点和人格,使得他们即使遇到摆脱贫困的机会也难以走出贫困。

文化性贫困理论对反贫困工作的开展具有以下两个方面的启示:一是要重视贫困文化的正功能,文化扶贫要有"破"有"立"、破立结合。虽然贫困文化中安于现状、消极认命等负功能属性,对贫困群体产生了"自我设限"作用,扼杀了贫困群体行动的欲望和潜能,使贫困群体丧失锐意革新的勇气和能力。但贫困文化作为一种亚文化并不直接与社会的基本价值观、信仰、规范相对立,且贫困文化中的吃苦耐劳、勤俭节约、相互同情支持、良心自觉意识、善于接受正确的规劝等是贫困文化中的积极成分,应该得到大力倡导和弘扬,不应该被一味地抛弃或改造。二是要重视贫困文化的代际传递机制,加大力度促进子代贫困群体的文化脱贫。生活在贫困境况中的人们,从小就受到贫困文化的熏陶,缺少向上的动力和较高的成就动机,导致他们在社会流动和受教育上的机会较少、层次较低,从而削弱了他们的就业竞争力,使其只能从事低收入职业,最终陷入更深层次的贫困。这表明贫困文化能够通过培养自己的传承载体复制和滋生贫困。因此,要加强对贫困群体中子代的教育和培养,用现代科学知识丰富他们的头脑,使他们掌握摆脱贫困的知识和技能,阻止贫困文化的代际传递,破坏贫困文化复制贫困的功能[①]。

---

① 方清云. 贫困文化理论对文化扶贫的启示及对策建议[J]. 广西民族研究,2012(4):158-162.

3.2.3 可行能力贫困理论

诺贝尔经济学奖获得者阿马蒂亚·森长期研究世界饥荒和贫困问题，提出了"可行能力"（capability）的概念①。他认为自由是人类发展的最高目标及追求，而贫困则是限制人自由发展的最主要因素，也是人类缺乏自由而导致的结果。具体来说，自由是享受人们所珍视生活包括免受饥饿、免受疾病威胁、学习及参与政治等的可行能力，可行能力则是衡量人们是否实现自由的重要标准，也是人们有可能实现的、各种可能的功能性活动组合。阿马蒂亚·森认为其包括功能和能力两方面内容，并且这两者具有内在联系，功能是能力大小的外在表象，能力是实现功能的内在动力，体现人们自由度强弱和选择机会的多寡。基于此，阿马蒂亚·森提出五种工具性自由：政治自由；经济条件；社会机会；透明性保证；防护性保障。

政治自由是指公民有权决定由何人执政，以何种原则执政，还包括公民监督和批评当局，拥有政治表达和出版言论不受审查的自由，能够选择和参加不同政党团体的自由，即公民拥有政治参与权、公共事务管理权、表决权等权利。阿马蒂亚·森强调，政治自由可以防止饥荒，因为资源匮乏并不是造成饥荒的根本原因，饥荒的产生与资源的分配具有本质联系。民主国家或民主政府不会发生饥荒，因为"赢取选票"的压力促使他们采取措施防止饥荒或其他灾难的产生。经济条件是指人们各自享有的基于消费、生产或交易目的而使用经济资源的机会和便利性。一个人在经济方面所能具有的权益，将取决于拥有的可资运用的资源和交换条件，它反映在经济资源总量的提升和人际的分配上。特别是在发展进程中对新增利益和必要的代价分配关涉到个人发展的先天资源禀赋和选择机会。社会机会是指社会在教育、医疗保健等方面所做的安排，这些安排不仅直接影响到个人有多大的实质自由去选择更好的生活方式，同时还限制这个人参与政治活动的程度、范围及个人从事经济活动的能力。透明性保证是指满足人们对信息公开、透明的要求。人们希望信息是公开的、明确的，信誉是不可侵犯的，它不仅为自由市场机制的正常运行提供有效的支持，而且还为人们提供了一种约束公共权力运行、防止权力腐败的工具。防护性保障是指提供一个社会安全网，使社会中的弱势群体不至于陷入悲惨的生活境地。阿马蒂亚·森认为，一个经济体系无论运行得多么好，总会有一些人由于物质条件的变化而对他们的生活产生不利的变化，从而陷入贫苦悲惨的境地，所以需要这样一种防护性保障来提供社会安全，以改变个人不幸的悲惨遭遇。

3.2.4 赋权增能理论

赋权是赋予个人或群体权利或权威的过程，是把平等的权利通过法律、制度赋予

---

① 参见：阿马蒂亚·森. 以自由看待发展[M]. 于真，任赜，译. 北京：中国人民大学出版社，2002.

对象并使之具有维护自身应有权利的能力。在现实生活中，由于社会利益的分化和制度安排等原因，处于社会底层或社会边缘的弱势群体总是缺乏维权和实现自我利益主张的权利和能力。赋权与"去权"和"无权"密切相关。"去权"是指受外部要素制约，某些个体或人群未能享受其应有的社会资源。"去权"可以概括为三个层面：贫困者相较于他人无法获得生计必需资源的社会层面"去权"，无明确纲领和发言权的政治层面"去权"，以及贫困者屈从于权威、自觉毫无价值且已内化的心理层面"去权"。而赋权增能理论则侧重于个人、组织或社区从内部挖掘潜能，从外界获得力量，强调把贫困者看作是具有多种能力和潜力的个人、家庭或群体，以贫困者的特殊能力、资源和需求为前提，为贫困者增权。增权可以在三个层面上进行建设：一是个体层面的增权，指增强个体得以控制自身的生活能力以及对所处环境的融合与影响的能力；二是人际关系层面的增权，指增加一定的社会资源与社会资本；三是社会参与层次的增权，指向对社会决策的影响，表达自己的利益诉求和参与社会资源的分配，争取社会公正和社会平等待遇[①]。从一定意义上说，增权就是一个持续的能力培养和建设的过程，透过这一过程，人们变得具有足够的能力去参与影响他们生活的事件和机构，并且努力地加以改变。

赋权增能是应对经济剥夺和社会排斥的重要策略，它强调要立足于受助者的压迫情境、无力感和无权感，协助受助者重新获得或行使自己的权利，从而促成个人和社会层面的改变。因此，若把赋权增能作为一种减贫路径，关键在于重视贫困群体的能力发展、权利意识觉醒和参与行动构建。这就意味着，首先要增强贫困群体对权利的可及性和其权利意识的自觉性。这需要国家和政府通过建立正式制度和规范为其提供保障和行动指南，唤醒贫困群体对权利意识和主体意识的自我觉醒与自我感知。其次要提升贫困群体的发展能力。通过帮助贫困群体构建社会支持网络，增进社会资本，提升知识水平和就业技能，增强可持续生计能力，实现其自我发展。最后要激发贫困群体主动参与反贫困的积极性和自主脱贫的内生动力，防止"福利陷阱"和"贫困陷阱"，缓解扶贫政策和扶贫资源撤出或者减弱可能产生的返贫风险[②]。

3.3 社会救助项目的内容

社会救助项目的内容主要包括基本生活救助、专项分类救助和灾害救助。

3.3.1 基本生活救助

1. 基本生活救助概述

基本生活救助是社会救助制度中的重要内容，其目的是维持贫困人口最起码的生

---

① 参见：何雪松. 社会工作理论[M]. 上海：上海人民出版社，2007.
② 向德平，罗珍珍. 反贫困社会工作的发展：专业取向、价值意蕴与实践进路[J]. 社会工作，2020(6)：4-13，108.

活条件，达到保障全体公民基本生存权利的目标。

1）贫困的概念

贫困是一个模糊概念，它随时间和空间以及人们的思想观念的变化而变化。贫困问题是全球性社会问题，不论是发展中国家还是发达国家，都存在着贫困问题，只不过发展中国家的贫困人口规模比后者更大，贫困程度更深。世界上从社会保障和社会救助的角度去研究贫困问题，从英国的布什和朗特里的早期著作算起，迄今已经有100年左右的历史了。在国际上，有两个确定的"贫困"的概念：一是"起码生活水平"，二是"相对剥夺"。"起码生活水平"是19世纪末和20世纪初欧洲国家和美国等的官方政策中普遍采用的概念，它是根据学术界关于维持人体健康所必需的营养标准而确定的一个界限；"相对剥夺"则是在"起码生活水平"这种概念存在着估算方法缺陷的条件下，由英国著名学者彼德·汤森在1979年提出的，是在家庭还不能负担一些额外的支出的基础上提出来的。汤森认为："当某些个人、家庭和群体没有足够的资源去获取他们所需的那个社会公认的、一般都能够享受到的饮食、生活条件、舒适和参加某些活动的机会，那么就可以说他们处于贫困状态。他们由于缺少资源而被排斥在一般的生活方式、常规及活动之外。"

在这样理解的基础上，贫困是一个被侵占、被剥夺的过程。在这一过程中，人们逐渐地不知不觉地被排斥在社会生活的主流之外。贫困现象涉及经济、社会、文化、心理、生理等多方面的问题。在现代社会，贫困不仅是指缺少维持人的生存所必需的最起码的物质条件，而且还包括缺少获得这些条件的机会。综上，贫困是指在一定环境条件下，人们在长时期内无法获得足够的收入来维持生理上要求的、社会文化可接受的和社会公认的基本生活水准的状态。社会保障制度主要解决的是经济方面的贫困问题。

2）贫困的分类

贫困首先可以分为绝对贫困和相对贫困。绝对贫困是指在特定的社会生产方式和生活条件下，个人和家庭的收入达不到维持其最基本的生存需要的状态，从而陷入生存困境，绝对贫困是以维持人的生理机能的最低需要为标准加以限定的。相对贫困是指在同一时期，由于不同地区之间、各个社会阶层之间、各阶层内部不同成员之间的收入差别而产生的低于社会认定的某种水平的状况。相对贫困的出发点是人们之间收入的比较和差距。只要存在收入差距，生活在消费水平低层的人口就总会存在。

根据贫困发生的原因，可以把贫困分为区域性贫困和阶层性贫困。区域性贫困是指由于地区发展的不平衡导致的贫困，主要是当地社会成员普遍面临着缺乏食物保障的生活危机，从而需要普遍救助。阶层性贫困也称结构性贫困，是指由于各种原因造成部分社会成员收入过低或无收入而难以维持其自身及家庭成员的基本生活的贫困现象。

1993年，汤森在对贫困问题作出深入研究之后，在传统的绝对贫困和相对贫困的"二分法"基础上，又增加了第三个层次——基本贫困。据国际劳工组织的定义，人的基本需求包括两个方面：首先是家庭个人消费的最低要求：足够的食物、栖身之地和衣着，以及某些家具和设备；其次是由社区普遍提供的必不可少的服务：清洁的饮水、卫生的环境、公共交通和保健、教育和文化设施。当人的基本需求得不到满足，就是基本贫困。他们的物质条件已能满足生理上的需要，但在衣食住行方面，常常会出现捉襟见肘的情况，生活不稳定。

2. 基本生活救助的标准

基于各国的实践，均以政府按照维持当地最低生活所需要的费用等来确定救助标准，具体表现为贫困线。

1）贫困线的定义

因为贫困定义本身的模糊性，所以无法直接定量贫困线，所以一般都是用一个或若干个与贫困高度相关又可观察、可测量和可比较的社会、经济指标来表示贫困的程度。世界银行的《1990年世界发展报告》中提出："家庭的收入和人均支出是衡量生活水准的合适尺度。"

依据绝对贫困、基本贫困和相对贫困的概念，可以把贫困线划分为三条界线：生存线、温饱线和发展线。生存线是基本贫困的下限，是满足最起码的生理需求的最低费用，低于此线则会陷入绝对贫困状态，甚至威胁生命；温饱线是相对贫困的下限，是满足最基本的生活需求的最低费用，低于此线则会陷入基本贫困状态，仍然不得温饱；发展线是脱离贫困的下限，是达到基本上能自给有余的最低费用，高于此线则有可能获得发展机会，有望脱离贫困。

2）贫困线的确定方法

（1）市场菜篮子法。市场菜篮子法又称"标准预算法"，它是最古老、最传统的确定贫困线的办法，最早是英国学者朗特里在研究英国约克郡的贫困问题时使用的。市场菜篮子法首先要求确定一张生活必需品的清单，内容包括维持为社会所公认的最起码的生活水准的必需品的种类和数量，然后根据市场价格来计算拥有这些生活必需品需要多少现金，以此确定的现金金额就是贫困线，亦即最低生活保障线。

市场菜篮子法直观明了、通俗易懂，便于公众参与，能够保证最起码的生活水平。但是在市场菜篮子法的发展历程中，也存在着许多争议。其一，究竟谁来决定"生活必需品"包括哪些。其二，无论哪种方法都不可能"纯客观"，不可能不受价值观念的影响。其三，即使最终确定了，制定的贫困线标准也偏低，且限制了受助者的生活方式，使他们的自由选择极少。

（2）恩格尔系数法。恩格尔系数法是国际上常用的一种测定贫困线的方法。19世纪末，德国的研究者恩格尔在比较了不同收入水平的家庭的消费模式后，得出一个结论,他发现收入较低的家庭花在生活必需品(食物)上的支出占他们消费总支出的比例更大。随着收入的增加,人们更多的支出是用于购买非必需品。在研究中,恩格尔绘出的表示食品消费支出占消费总支出的比例的曲线,就是著名的"恩格尔曲线"(Engle's curve),其用百分比表示就是恩格尔系数。恩格尔发现的食品支出与收入的增长成反比这一著名的论断,称为"恩格尔定律"(Engle's law)。一般认为,采用恩格尔系数划分贫富的标准是:恩格尔系数大于 60%为贫困;50%~60%之间为温饱;40%~50%之间为小康;20%~40%之间为富有;小于等于 20%为最富有。

恩格尔系数法的优点是显而易见的:简便易行,便于操作;可以与社会平均生活水平挂钩。但其不足之处也很明显。首先,固定的标准不可取,50%或 60%并不能表明人们的真正生活水平,这就导致了一定的随意性;其次,恩格尔系数法需要在社会消费指数的调查基础上作出,相对比较复杂。有学者提出,恩格尔系数法在中国并不一定完全适用。中国普通居民的消费习惯,使得其在食品消费上的开支要大得多,一般在 50%左右甚至更高,如果简单地用恩格尔系数 60%或 50%为贫困的标准去套,就会与实际情况大相径庭。因此,应该从实际调查中得出适用于本国或本地区的恩格尔系数,这样才有可能正确地运用恩格尔系数法。

(3)生活形态法。生活形态法产生于 20 世纪 60 年代,这种方法主要从相对贫困的角度来定义和度量贫困,从生活形态入手,提出一系列与人们的生活方式和消费行为等方面有关的问题,然后根据被调查者回答,从中选择出若干"遗缺指标",再根据这些遗缺指标来确定哪些人属于贫困者。它是英国学者汤森创造的一种度量贫困的新方法,最早被称为"遗缺指标法",其理念是:"贫困只有本着相对遗缺的概念才有可能被客观且一致地界定。"在研究贫困的定义和度量时,"相对遗缺"是指社会上一般认为或风俗习惯认为应该享有的食物、基本设施、服务与活动的缺乏与不足。人们常常因遗缺而不能享有作为一个社会成员应该享有的生活条件。假如他们缺乏或不能享有这些生活条件,甚至因此而丧失成为社会一员的身份,他们就是贫困的。汤森提出了一整套包括"物质遗缺"和"社会遗缺"两个方面 13 组 77 个指标的庞大体系。物质遗缺包括饮食遗缺、衣着遗缺、住宅遗缺、家庭设备遗缺、环境遗缺、场所遗缺和工作遗缺;社会遗缺包括缺乏就业权利、家庭活动遗缺、缺乏与社区的整合、缺乏正式的社会参与、休闲遗缺和教育遗缺。

生活形态法是从一个不同的角度观察问题,比较符合人们观察事物的一般思路,即先从人们生活的外部形态入手,确定哪些人属于贫困者,然后再来分析他们(遗缺)的需求以及消费和收入,所以能够沟通主观和客观,使贫困的含义扩大到社会方面,可以有效地比较人们的生活状况,从而为解决包含相对静态的绝对贫困问题在内的、动态的相对贫困问题开辟了一条新的思路。生活形态法引起的争论也是很激烈的,人们对汤森所说的"客观的社会观察"提出质疑。同时,虽然生活方式可以反映一个家庭的收入或拥有的资源的多少，但它们之间有没有直接的联系不能一概而论。

（4）国际贫困线标准。经济合作与发展组织在1976年组织了对其成员国的一次大规模调查后提出了一个贫困标准，即以一个国家或地区社会中位收入或平均收入的50%作为这个国家或地区的贫困线，这就是后来被广泛运用的国际贫困标准法。国际贫困标准实际上是一种收入比例法，是以相对贫困的概念作为自己的理论基础的。

国际贫困标准简单明了、容易操作，能够很好地进行国家和地区之间的比较，其优点是明显的。但是，其收入比例数50%这个确定值是经济合作与发展组织以其成员国（都是西方发达国家）的社会救助标准为基础计算出来的，它能否名副其实地在全世界推行，尤其是能否符合第三世界（譬如中国）的实际情况，显然还存在疑问。

3. 基本生活救助的形式

生活救助一般采取现金救助、实物救助和混合救助等形式。

1）现金救助

现金救助是国家以发放现金的形式，由被救助者根据自己的实际困难安排使用，帮助社会成员解除生活困难。此种救助手段源于古代的赈灾救荒。现金救助又分为一般性救助和专项救助。一般性救助是指向救助对象提供统一的现金补助，如英国的收入补助计划、比利时和法国的最低生活保障线制度。专项补助是指根据救助对象各自不同的特点提供不同种类的现金补助，如澳大利亚、新西兰的绝大部分社会救助项目，德国和荷兰的失业补助，意大利的最低养老金等。

2）实物救助

实物救助是指根据实际情况和需要，由国家财政拨专款购置受助者基本所需物品或将社会捐赠的物资为救助对象提供援助的一种救助方式。实物救助的特征是不直接给被救助者发放现金，而是根据其实际情况和需要，用社会救助经费，购买一般生存资料和部分生产资料，无偿发放给被救助者。救助物资包括粮食、房屋、衣被、食品、餐具、建房材料、医药以及中小农具、化肥、种子、役畜等。

3）混合救助

混合救助包括现金救助、实物救助以及服务、精神慰藉、提供机会等多种救助形式的综合。其中现金救助和实物救助作为传统的救助形式依然占据主导地位，服务救助、精神慰藉等主要针对特定人群展开。

4. 我国的基本生活救助

从结构上来看，我国的基本生活救助制度包括三大类：①最低生活保障制度。最低生活保障制度，是指以保障居民基本生活为目的，科学、合理地确定最低生活保障标准，然后对其家庭成员人均收入低于最低生活保障标准的给予差额补助。这项制度是世界上绝大多数市场经济国家普遍实行的以保障全体公民基本生存权利为目的的社会救助制度，它根据维持最起码的生活需求的标准设立一条最低生活保障线，每个公民当他的收入水平低于最低生活保障线而生活发生困难时，有权利得到国家和社会按照法定的程序和标准提供的现金和实物救助。最低生活保障制度作为一种解决贫困问题的补救机制，是现代化国家社会保障制度体系中必不可少的基本组成部分，是社会保障体系中的最后一道"安全网"。我国居民最低生活保障制度自20世纪90年代建立到现在，发展相对完善，满足了贫困居民的生活需要。②农村五保供养制度。农村五保供养是我国农村社会救助制度的重要组成部分，最早开始于农业生产合作社时期。它是指对农村村民中无法定抚（赡）养人、无劳动能力、无生活来源的老人、残疾人、未成年人在吃、穿、住、医、葬（教）等方面给予生活照料和物质帮助的制度安排。③流浪乞讨人员救助。流浪乞讨人员救助是指向在城市生活无着落的流浪乞讨人员，即自身无力解决食宿、无亲友投靠、不享受城市最低生活保障或者农村五保供养、正在城市流浪乞讨度日的人提供的一项基本生活专项救助。流浪乞讨人员救助包括五项基本内容的救助：符合卫生标准的食物、符合基本条件的住处、站内突发急病的救治、帮助与其亲属或者所在单位联系、为无力支付交通费的受助人员提供乘车凭证。

3.3.2 专项分类救助

1. 医疗救助

医疗救助是政府为贫困人口中因病且无经济能力进行治疗的人提供某些或全部医疗健康服务，以改善其健康状况的一项社会救助项目。从各国实践来看，医疗救助的对象一般需具备三个条件：必须是贫困户；必须是疾病患者；无力支付医疗费用者。各地区一般依据当地政府财政能力来设定医疗救助水平，不同地区的经济发展水平特别是财政收入水平导致了医疗救助水平的差异。目前世界各国采取的医疗救助的主要方式有：①医疗费减免。医疗费减免是指对医疗救助对象的医疗费用进行一定比例的减免或全免。②专款救助。专款救助是指国家或地区财政部门设立医疗救助专项资金，专款专用。③互助互济。互助互济是指各行业、工会等社会组织运用单位福利费、工会经费、个人缴费的一定比例建立医疗互助基金，对内部成员进行医疗救助。④慈善救助。慈善救助是指由社会或者慈善组织为贫困患者组织义诊、义捐和无偿医治活动。

2. 教育救助

教育救助是国家和社会为保障适龄人口获得公平的教育机会而对贫困地区和贫困家庭子女提供援助的一种社会救助。根据救助对象的不同，教育救助通常分为两种：对贫困家庭子女的教育救助和对贫困地区整体的教育救助。具体救助方式包括：①助学金。助学金是各国普遍采用的教育救助方式，通常由学校或者政府以学期、学年或月为单位进行发放。②困难补助。困难补助属于临时性救助措施，可细分为教科书补助、生活补助、交通补助等。③奖学金。奖学金主要针对高等教育阶段的困难学生，一般由学校、企业或政府根据学生成绩进行选择性发放。④助学贷款。助学贷款是由金融机构或政府为贫困大学生提供贷款，待其毕业后进行偿还的救助方式。⑤勤工助学。勤工助学由学校给符合劳动年龄的困难大学生介绍校内或校外的勤工助学岗位，使其通过劳动获取一定报酬。⑥学费减免。学费减免是指依据学生的困难程度，实施部分或全部学费减免。

我国教育救助制度实施的政策依据主要是《民政部、教育部关于进一步做好城乡特殊困难未成年人教育救助工作的通知》以及各省区市地方政府颁布的政策文件。教育救助的主要对象包括城乡困难家庭义务教育阶段的在校生、当年被省级招生机构统一录取的高等院校的特困家庭学生、因重大疾病或意外灾祸造成家庭暂时困难的城乡在校学生、城市适龄孤儿等。

3. 住房救助

住房救助是政府直接投资建造或以优惠政策鼓励投资方建造住房，并以较低价格向低收入家庭出售、出租或直接提供住房的救助制度。纵观世界各国住房救助制度，主要有以下特点：①法律明确居住权是公民权利的重要组成部分，是政府职能的基本体现；②法律明确政府在解决低收入居民居住问题中的责任以及解决住房问题的手段和措施；③政府设立专门机构负责住房救助政策的制定和实施；④把住房救助资金列入财政预算，投入专项资金保证住房救助政策的实施。

我国目前在城镇逐步推行以经济适用房、廉租房等为主要内容的住房保障制度。对低收入住房困难家庭逐步实施廉租住房制度，对中低收入住房困难家庭实施经济适用房制度。在农村对特困户、分散供养的五保户、无劳动能力残疾户、特困优抚对象、因受自然灾害影响或其他不可抗力导致房屋倒塌或损坏的住房贫困户，采取资金补助、政策优惠、社会帮扶等形式予以救助。

4. 就业救助

就业救助是在家计调查的基础上，由国家为有劳动能力并处于失业状态的贫困者参与劳动市场而实施的一系列措施。就业救助的形式多样，发达国家就业救助通常采取强制性快速就业、培训和财政激励三种形式，而发展中国家通常采用以工代赈、小额信贷和培训的措施。①强制性快速就业。强制性快速就业假设被救助者的懒惰和工作精神的缺乏是导致其陷入贫困的最重要原因。强制性快速就业政策要求有劳动能力的被救助者必须接受救助机构提供的工作，拒绝接受工作者会伴有惩罚措施，如救助金的丧失和减少。②培训。培训模式假设失业是由劳动者缺乏市场所需的技能所导致的，因而培训更多的是为受助者提供技能方面的训练、指导和实习等，帮助其找到工作，摆脱贫困。③财政激励。财政激励模式是通过改变社会救助金的支付结构，保证被救助者就业后的总收入一定会高于不工作依赖救助时的收入。财政激励措施被广泛应用于英、美等国家的工作补助金和收入豁免政策中。④以工代赈。以工代赈是指政府投资建设基础设施工程，受助者参加工程建设获得劳务报酬，以此取代直接发放救助金，这是发展中国家就业救助制度中最常见的形式。⑤小额信贷。小额信贷是为低收入和贫困群体服务的小规模金融服务，旨在为贫困农户或微型企业提供自我就业和自我发展机会。

5. 司法救助

司法救助也称法律援助，是在国家和社会共担责任的前提下，律师、公证员、基层法律工作者等法律服务人员为经济困难或特殊案件当事人基于减免收费提供诉讼、非诉讼法律帮助的一项法律救济制度。承担法律援助职责的机构一般是县级以上人民政府司法行政部门设立的法律援助中心，主要承担本行政区域的法律援助职责，代表政府管理、组织、实施本辖区的法律援助工作，为公民提供无偿法律服务。法律援助的特点包括四个方面：①政府性。政府是法律援助的责任主体，政府通过设立法律援助机构、提供法律援助经费、制定法律援助相关法律，履行对公民法律援助的义务或责任。②专业性。法律援助是律师等法律专业人员运用法律知识、办案经验和技能为弱势群体提供法律咨询、诉讼代理、刑事辩护、文书撰写等法律服务，这些服务是其他非专业人员无法代替的。③无偿性和优惠性。受援人无须承担任何义务，无须向法律援助机构缴纳服务费用，所需经费全部由政府承担。

我国的法律援助产生于 20 世纪 90 年代中期，它的出现具有深刻的社会基础和法制背景。社会主义法律体系的不断健全，使越来越多的社会关系纳入法律调整的轨道，人们的政治、经济、文化和社会生活与法律的联系日益紧密。享受平等的法律保障权利，成为改革开放条件下公民和法人平等地从事社会、经济和文化的活动，实现法律关系的必然要求。与此同时，律师制度伴随着改革开放的逐渐深化和与市场经济相适应的法制的逐步健全而处在不断的渐进改革之中。10 多年的律师体制改革虽有效满足了随着市场经济发展而日益增长的法律服务需求，但逐渐暴露出一些经济困难的公民请不起律师，没有经济能力维护自己合法权益的问题。在此背景下，1994 年司法部提出建立并实施法律援助制度，已具备开展法律援助工作基础的北京、广州、武汉等大中城市立即率先行动，拉开了法律援助工作试点的序幕。1995 年，司法部印发《关于 1995 年全国司法行政工作要点》，将探索建立法律援助制度的途径和办法作为继续深化司法行政工作改革的一个重要组成部分。但这一阶段的法律援助只是一些大中城市的新鲜事物，在相当程度上还多是律师个人和少数律师事务所的道义行为，缺乏统一有效的管理，法律援助的对象、标准、范围等方面没有统一的规范。1996 年 6 月，司法部下发《司法部关于迅速建立法律援助机构开展法律援助工作的通知》，建立全国范围内的法律援助制度进入全面启动阶段。2003 年 9 月，国务院颁布实施了《法律援助条例》，由此，我国法律援助制度从初创时期进入制度化、规范化发展时期，法律援助制度体系基本形成，由政府承担法律援助责任的原则得以正式确立。

改革开放40多年来，我国政府逐步构建了以医疗救助、教育救助、住房救助、就业救助、司法救助为主要内容，覆盖城乡的专项社会救助体系，凸显了政府在维护公民基本生活安全方面的责任，在保障困难群众基本生活权益、维护基层社会稳定方面发挥了重要作用，成为我国社会保障体系的重要组成部分。

3.3.3 灾害救助

1. 灾害救助的含义

古希腊一位哲学家曾说过："人类一半的活动是在灾害和危机当中度过的。"灾害是地球表层孕灾环境、致灾因子、承灾体综合作用的产物。我国有句古话叫"天灾人祸"，说的就是灾害发生的两个主要原因——自然变异和人为影响，这也是灾害的主要类型。从科学意义上讲，灾害有自然灾害、社会灾害和天文灾害三种。①自然灾害是指不以人的意志为转移的因自然因素导致的灾害，包括气象类灾害、水文类灾害、地质类灾害、生物类灾害。气象类灾害：旱灾、暴雨、台风、霜冻等；水文类灾害：洪水、河决等；地质类灾害：地震、滑坡、水土流失、火山等；生物类灾害：病虫害、疾疫等。②社会灾害是指大自然之外的破坏力对人类社会的损害，包括政治类灾害、经济类灾害和文化类灾害。政治类灾害：战争、犯罪、社会动乱等；经济类灾害：人口爆炸、能源危机、环境污染、交通事故、火灾等；文化类灾害：科技落后等。③天文灾害主要指地外灾害和宇宙灾害，如陨石撞击、太阳风、新星爆发等。自然灾害危害面广、破坏性大，如大地震发生后，往往引起人们恐惧、慌乱、悲哀、绝望甚至心理变态，加上灾害对经济的破坏和对环境的危害，往往引起社会动荡不安。所以需要进行灾害救助，及时采取措施缓解、降低这种影响和不安。

灾害有多种多样，这里所讲的灾害救助主要指自然灾害救助。从这个含义上讲，灾害救助是指国家和社会依法向因遭受自然灾害袭击而造成生活贫困的社会成员提供一定的物质帮助，以保证其维持最低生活水平，帮助灾民确立自行生存能力的一项救助制度。这里可以看出灾害救助主要指自然灾害救助。灾害救助是世界各国社会救助制度中一项经常的重要内容。灾害发生后，灾民的生活需要政府和社会予以救助，灾后的重建也需要政府和社会的帮助与扶持。

2. 灾害救助的体系

灾害管理已经成为国际性的问题，世界各国都在致力于建设完善的灾害管理和救助体系，以期能最大限度地减少国家经济损失和民众的人身伤亡。按照国际通行规则，灾害救助行动必须有系统的预案和完善开放的救灾工作体制。预案的作用在于，当灾情出现后，灾害应急救助机制能够自动地调动政府与社会的力量运作起来，降低灾害带来的损失。工作体制包括一系列工作制度、组织结构和工作作风等。

1）灾前应急准备

自然灾害救助应急准备方案的内容应该包括：自然灾害救助应急组织指挥体系及其职责；自然灾害救助应急队伍；自然灾害救助应急资金、物资、设备；自然灾害的预警预报和灾情信息的报告、处理；自然灾害救助应急响应的等级和相应措施；灾后应急救助和居民住房恢复重建措施。

此外，国家应该建立自然灾害救助物资储备制度，制定国家自然灾害救助物资储备规划和储备库规划，根据当地居民人口数量和分布等情况，利用公园、广场、体育场馆等公共设施，统筹规划设立应急避难场所，并设置明显标志。加强自然灾害救助人员的队伍建设和业务培训，相关部门和机构应当设立专职或者兼职的自然灾害信息员。

2）灾害应急救助机制

灾害应急救助机制是指自然灾害的预测预警、应急响应、紧急救援、保障措施、后期处置等各系统的综合，包括：自然灾害的信息监测、报告与发布，指挥协调与紧急处置，信息发布及新闻报道，物资、资金和社会动员保障，应急队伍的培训和演习，以及民众宣传和国际协调等各项工作。灾害应急救助机制就是针对灾害发生的非程序化和非规范化特点，政府建立的一套灾害应对和救助方式。具体包括以下几方面。

（1）立即向社会发布政府应对措施和公众防范措施。

（2）紧急转移安置受灾人员。

（3）紧急调拨、运输自然灾害救助应急资金和物资，及时向受灾人员提供食品、饮用水、衣被、取暖、临时住所、医疗防疫等应急救助，保障受灾人员基本生活。

（4）抚慰受灾人员，处理遇难人员善后事宜。

（5）组织受灾人员开展自救互救。

（6）分析评估灾情趋势和灾区需求，采取相应的自然灾害救助措施。

（7）组织自然灾害救助捐赠活动。

灾害应急救助的重点是要充分发挥抗灾救灾整合协调作用，强化灾害管理部门间的信息沟通和协调工作，健全部门间应对灾害的联动工作机制，明确各部门的工作职责、时限要求和工作措施，形成灾害管理的合力，更好地开展救灾工作。当灾情出现后，灾害应急救助机制就能够自动地调动政府与社会的力量运作起来，降低灾害带来的损失。就世界范围内灾害紧急救助的发展趋势而言，建立一套成熟的应急救助机制是所有发达国家已经基本实现的目标，而一些发展中国家则因为各方面条件的落后而在灾害救助上比较落后，因而造成灾民生活困难和恢复重建缓慢。我国正处于经济发展的高速阶段，建立这样一套灾害应急救助体系是势所必然。

3）灾后救助机制

自然灾害危险消除后，在确保安全的前提下，国家和社会对受灾人员进行过渡性安置。根据安置地点和安置方式的不同，可以分为就地安置与异地安置、政府安置与自行安置。就地安置应当选择在交通便利、便于恢复生产和生活的地点，并避开可能发生次生自然灾害的区域，尽量不占用或者少占用耕地，同时鼓励并组织受灾群众自救互救，恢复重建。

3. 我国的灾害救助

我国关于灾害救助的思想源远流长。几千年的灾害管理实践为我们留下了许多流芳百世的经典的防灾工程，如都江堰、郑国渠、白渠等一批优秀的防灾减灾工程至今仍发挥着作用，充分显示了我们祖先在灾害管理领域的卓越才能。早在先秦时候，儒家就主张灾害救助应包括储粮备荒和抗灾等内容。中华人民共和国成立后，中央政府就确定了统一的救灾领导体制，成立了中央救灾委员会，统一领导、组织和协调灾害救助事务。1978年以后，根据新时期的需要，我国确定了新的自然灾害管理体制，其基本领导体制是：党政统一领导，部门分工负责，灾害分级管理。进入21世纪以来，我国的灾害管理体制进一步得到健全，尤其是2018年3月组建应急管理部，将相关职责充分整合，实行专门管理，注重政策保障，灾害管理领域的法律、法规体系得到完善，灾害管理的领导和协调机制进一步加强，自然灾害救助的国际合作进一步深入，我国的灾害救助工作迈上了新台阶。

3.4 社会救助的管理体系

社会救助管理是由国家和政府以及社会组织根据国家的政策与法规，通过一定的机构与程序，采取一定的方式、方法和手段，对各种社会救助事务进行计划、组织、协调、控制与监督的过程。其主要包含社会救助筹资、社会救助运行、社会救助评估、社会救助监管四个方面[1]。

3.4.1 社会救助筹资

社会救助筹资是社会救助的主体对实现社会救助所必需的资金所开展的筹集活动，主要涉及救助资金的来源渠道和筹措方式。社会救助资金的筹集过程是社会救助制度运行的起点和基础。因此，社会救助筹资是社会救助制度有效运行和发挥社会救助功能的前提，是实现社会救助政策目标的物质保证。社会救助筹资的能力和水平决定着社会救助的范围、水平和有效性。

---

[1] 参见：林闽钢. 社会救助通论[M]. 北京：科学出版社，2017.

1. 社会救助的资金来源

社会救助的资金来源在各个国家存在不同程度的差异。但一般来说，更为强调政府的责任，主要是由政府出资，只有少数一些国家的资金主要来源于社会。归纳起来，社会救助的资金来源主要有以下几种：①政府财政负担大部分或全部的社会救助支出。如荷兰社会救助支出的90%由国家负担；日本、英国、爱尔兰等国则100%由国家负担。②政府和社会共担社会救助支出。如德国，政府和慈善机构负责救助资金的1/3，另外2/3的开支则采取一种"社会自治"的形式，由具有法人地位的各种社会保险管理机构承担。③由政府通过公共援助计划对公民实施生活救助，同时社会团体也通过各种基金对贫困家庭给予一定的经济补助。这种形式的典型代表国家是新加坡。我国社会救助资金以政府财政拨款为主，社会捐赠、福利彩票发行等各种形式的社会募捐也是社会救助资金的重要辅助来源。

2. 各级政府的社会救助筹资责任

从世界各国社会救助筹资实践来看，可将各级政府在社会救助筹资中的责任划分归纳为以下三种类型。

第一，中央政府全责型，典型代表有英国、捷克共和国等国。在全部由中央政府负担的情况下，中央政府经费负担的办法主要有两种，一种是中央政府以一种类似实报实销的方式，对所有收入低于贫困线的家庭提供社会救助；另一种则是中央政府将救助预算拨付地方，由地方政府根据具体情况向困难户提供救助。

第二，中央政府和地方政府共责型，典型代表有比利时、荷兰等国。在许多国家，特别是实行联邦制的国家，社会救助的筹资责任通常由地方政府和中央政府分摊。这种模式是一种相对比较流行的模式。这种模式中的关键问题是如何根据各地财力的不同，确定比较合理的分摊比例。许多国家的各级政府根据其财政能力就政府间的转移支付达成协议，以保证社会救助预算资金到位。

第三，地方政府全责型，典型代表有挪威等国。此模式的优点十分突出：一方面，地方政府可根据各自的实际情况进行救助，资金使用率高，能够发挥社会救助拥有的功能；另一方面，救助资金的管理更为有效，弹性比较大。但在许多情况下，在需要社会救助的人群较密集的地区，地方政府的筹资能力反倒比较有限，因此单纯由地方出资的安排，往往会导致社会救助资源与社会救助需要之间的不均等分配。此外，各地救助标准不一样，需要救助的情形也各不相同，脱离了社会救助的公平原则和宗旨[①]。

3.4.2 社会救助运行

社会救助作用的发挥，离不开特定的社会救助运行机制。社会救助运行机制是社

[①] 关信平，郑飞北，肖萌. 社会救助筹资及经费管理模式的国际比较[J]. 社会保障研究，2009(1)：98-110.

会救助中各主体、各要素之间相互联系、相互作用的具体方式。社会救助运行机制包含社会救助的识别机制、帮扶机制和管理机制。识别机制通过具体的标准和程序识别救助对象，决定哪些群体或个体成为社会救助对象；帮扶机制根据社会救助具体需求，决定采取哪种措施对致贫原因进行干预；管理机制设计对社会救助对象的动态管理，决定社会救助资源如何配置更有效[①]。

1. 社会救助的识别机制

社会救助对象根据遭遇的困难性质，可分为常规救助对象和非常规救助对象。因此，社会救助识别机制也分为常规对象的识别机制和非常规对象的识别机制。

常规对象包括生活救助对象和专项救助对象，主要依靠家庭经济状况核对来识别。《社会救助暂行办法》规定：县级以上人民政府民政部门应当建立申请和已获得社会救助家庭经济状况信息核对平台，为审核认定社会救助对象提供依据。民政部门相继出台具体的家庭经济状况核对办法，对核对范围、核对内容、核对方式以及核对程序等提出具体要求。民政部门还会同公安部门、银保监会、证监会等建立社会救助信息查询比对机制，核查比对家庭财产信息。在最低生活保障认定核对基础上，家庭经济状况核对逐步扩大到申请医疗救助、教育救助、住房救助等的认定。

非常规救助对象主要是面临突发性、紧迫性和临时性困难问题的群众，其识别主要靠"救急难"机制。"救急难"机制包括依申请受理和主动发现受理，主动发现受理是这一工作机制的特色。民政部门在发现或接到有关救助线索后，主动核查情况，对符合条件的对象积极协助其申请救助。

2. 社会救助的帮扶机制

社会救助的帮扶根据需求层次和供给措施，可分为输血式救助和造血式救助。因此，社会救助的帮扶机制分为输血机制和造血机制。

社会救助的输血机制主要是生活救助，体现为资金和实物等直接救助。资金救助和实物救助长期以来一直是社会救助的主要供给形式。《社会救助暂行办法》规定：对批准获得最低生活保障的家庭、特困供养人员和对受灾人员，给予基本生活保障。其中，对最低生活保障对象主要是现金救助，对特困供养人员以现金救助为主、实物救助为辅，对受灾人员以实物救助为主、现金救助为辅。国家发改委牵头建立生活保障标准与物价上涨挂钩联动机制，旨在保障生活困难人员以免因物价大幅上涨而导致生活水平下降。

社会救助的造血机制是生活救助之上的各类专项救助，其主要依靠部门协调机制和"一门受理、协同办理"机制来具体实施。《社会救助暂行办法》确立了政府领导、

---

① 孙远太. 社会救助运行机制的功能障碍与改进路径[J]. 中国行政管理，2016(10)：40-44.

民政部门牵头、有关部门配合的社会救助工作协调机制。社会救助的"一门受理、协同办理"由民政部门牵头，教育、住房、人社等职能部门配合，实现生活救助和专项救助的对接，体现社会救助由生活救助向综合救助的转型。

3. 社会救助的管理机制

社会救助的动态管理旨在使救助对象有进有出、救助水平有升有降。这一原则性规定的落实，有赖于建立具体激励机制。社会救助的激励机制可分为正激励机制和负激励机制。

社会救助的正激励机制就是促进救助对象退出的方式和手段，主要体现为与就业相关的政策内容，对最低生活保障家庭中有劳动能力的失业成员，国家给予就业救助，并确保此类家庭至少有一人就业。就业救助的形式包括各类现金补贴、免费就业服务、公益性岗位安置等。除就业救助外，一些地方进一步制定了就业激励措施。如北京市规定最低生活保障对象通过就业脱离最低生活保障范围，半年之内仍然可以领取最低生活保障金；成都市规定最低生活保障对象实现就业或自主创业，可以申请就业激励补助；东莞市规定最低生活保障对象实现就业后给予最长 2 年的就业补助。

社会救助的负激励机制是对社会救助对象不当行为的惩罚措施。社会救助对最低生活保障家庭中应就业未就业成员，连续 3 次拒绝接受介绍工作，减发或者停发其本人的最低生活保障金。基于对社会救助"养懒汉"的担忧，救助对象在享受社会救助待遇期间，其行为受到严格限制，如不能使用高档消费品、不能超额炒股、不能养高档宠物等，否则取消社会救助待遇。社会救助还对"骗保"行为作出惩罚规定，对采取虚报、隐瞒、伪造等手段的"骗保"行为，收回所享受的社会救助资金和实物，同时给予一定的罚款。

3.4.3 社会救助评估

社会救助评估是指评估主体通过科学地设定社会救助统计指标，对社会救助的效益、效率与有效性进行有效的判断与评价，主要包括对产出量测量、成本测量、结果测量、服务质量测量、公民满意度测量、政策的社会负面效应测量等方面进行评估。社会救助评估包括社会救助对象确定的评估、社会救助实施过程的评估和社会救助实施效果的评估。

1. 社会救助对象确定的评估

社会救助对象确定合理与否关系到社会福利资源能否得到合理的分配，需要救助的社会群体能否得到应有的、足以改变其生存状况的福利资源。因此，评价社会救助绩效，首先要评估社会救助对象的确定标准是否合理，社会救助资源是否在最需要救助的人群之间分配。

2. 社会救助实施过程的评估

对社会救助实施过程进行评估的一般指标为领取率，即社会救助率，它是指社会救助项目的实际领取人数与符合资格条件的人数的比例。领取率指标是对政府贫困救助覆盖面的反映，理论上的社会救助率应为100%，所有符合社会救助申请条件的社会成员都应得到相应的援助。领取率指标可反映出社会救助制度的覆盖面。领取率越高，说明这一制度覆盖的贫困家庭及其成员越广泛。

3. 社会救助实施效果的评估

社会救助实施效果的评估指标主要包括以下三个：一是贫困率和脱贫率。贫困率是全体居民中处于贫困线以下的人口比例。通过比较某时间段前后的贫困率，可说明在此时间段内社会救助制度是否有效地起到帮助困难群体摆脱生存危机的作用。贫困率反映一个地区的整体贫困状况，贫困率降低幅度越大，说明社会救助的扶贫效果越明显。脱贫率是一定时期内的脱贫人口占该时期贫困总人口的比例，相对于贫困率来说，脱贫率在反映社会救助的实施效果上更具直观性。二是恩格尔系数。如果说贫困率与脱贫率的变化反映的是贫困群体走出贫困线、摆脱贫困的情况，那么贫困人群的恩格尔系数则可反映其摆脱贫困后生活改善与提高的程度。恩格尔系数小，说明贫困者在摆脱生存危机的基础上，生活质量与生活水平也得到提升。三是公众满意度。公众满意度是衡量政府绩效的终极指标，政府的各项行为都应该以公众满意度为导向，根据民意与社会实际需要进行合理规制。社会救助制度安排是否合理，能否满足社会困难群体的各项需要，在社会救助工作中，救助对象是否得到充分尊重，是否体现人文关怀，是否有利于社会公正与社会融合目标的实现等，以上工作评价都要由公众满意程度来反映。公众满意度的调查对象既应包括社会救助范围外的公民大众，又应包括接受救助的社会成员。通过公众感觉和受益者评价进行多层面的评估分析，有利于全面地观察社会救助制度的运行及其存在的问题，使救助效果评估更具客观性和全面性[1]。

3.4.4 社会救助监管

社会救助监管是指由国家行政管理部门、专职监督部门、利害关系者及其他相关主体对社会救助管理行为过程及结果实行监察和督守，使其遵守国家有关法规和政策的要求，确保社会救助目标的顺利实现。从理论和实践来看，社会救助的监管基本上是以行政监督为主导，专门监督和社会监督为补充，因此社会救助监管主体可划分为国家机关的监管和社会的监管[2]。

---

[1] 魏珊珊. 农村地区社会救助绩效评估指标研究[J]. 山东工商学院学报，2010, 24(2)：88-91.

[2] 参见：林闽钢. 社会救助通论[M]. 北京：科学出版社，2017.

1. 国家机关的监管

一是国家权力机关的监管。其主要是人民代表大会及其常务委员会对社会救助的监管，包括两方面：一是法律监管，主要是对有关涉及行政部门，以及有关社会救助的行政法规、规章和规范性文件的合法性进行监管，并对社会救助的法律法规的实施情况进行监管。二是工作监管，主要是人民代表大会及其常务委员会全体或部分组成人员对社会救助日常工作进行考察、调研、监督、检查。

二是国家行政机关的监管。其主要是各级人民政府对社会救助的监管，主要包括：制定与社会救助监管有关的行政法规、行政规章、地方性规章和有关规范性文件；采取听取汇报、述职报告等形式，对所属的民政劳动保障行政部门、财税部门的社会救助及其基本征缴、管理和运作、支付工作进行监督；各级政府法制部门对上述机关的规范性文件进行备案以及合法性检查。

三是国家司法机关的监管。其主要是检察机关和审判机关的监管。检察机关监管的方式是对在社会救助方面的违法犯罪行为提起公诉，尤其是对国家机关及其工作人员在履行职务过程中的违法犯罪行为提起公诉；对有关单位的有关违法行为发出检察建议书；受理举报、控告，接受当事人抗诉申请并决定是否提起抗诉。审判机关的监管主要是法院对违反社会救助法律法规的行为进行审判。

四是经济管理部门的监管。其主要有以下几种形式：①财政监管。通常是财政部门对社会救助资金管理部门遵守财政法规和财务会计制度情况，以及对社会救助管理机构的经费预算的监管。②审计监管。它是由专门从事审计业务的部门对社会救助资金的财政收支、基金运营的效益和违反财经法纪的行为所进行的经济监督。③金融监管。金融监管是指国家金融管理部门对社会救助资金管理部门的金融活动是否符合国家金融政策所进行的经济监督。

五是各级监察机关的监管。各级监察机关有责任对相关部门履行实施情况进行监督，严肃查处社会救助中的贪污、挤占、挪用等违纪违规行为，依纪依法追究相关单位和人员的责任。

2. 社会的监管

一是社会组织的监管。其主要是各民主党派、人民政协和社会团体对社会救助的监管。它们通过多种形式、多种途径积极地开展监督工作，是社会救助监管的重要力量。

二是公众的监管。公众对社会救助进行监管的方式除了举报、投诉之外，还可以就其自身在社会救助方面的权利和受到的侵害提议复议、诉讼，以维护自己的合法权益。

三是新闻舆论的监管。新闻媒体通过如实报道，或发表评论，或通过民意测验等方式造成社会舆论，从而引起社会和有关政府部门关注，对有违法违纪行为的社会救助管理机构或工作人员施加社会压力，实现舆论监督的目的。

3.5 社会救助小讨论：中国古代社会救助措施的形成发展

随着私有制产生和贫富分化、阶级的形成，国家产生，作为阶级统治的机器，国家首先代表统治阶级的利益，用暴力来维持统治阶级的统治地位和生活条件，镇压被统治阶级的反抗。但是国家还有另一个重要的职能，就是处理全社会的公共事务，管理和协调社会生产的运行。为了稳定社会秩序，国家虽然不能像原先的氏族制度那样为全体居民提供全面的社会保障，但却需要对老年人和鳏寡孤独等无助群体以及贫困无以自存的居民实行不同形式的社会救济。《周礼·地官》中说："以保息六养万民：一曰慈幼，二曰养老，三曰振穷，四曰恤贫，五曰宽疾，六曰安富。"这充分表明了中国古代国家十分重视社会救济的功能。

3.5.1 中国古代社会救助措施的形成发展

1. 关于对鳏寡孤独的救济

进入阶级社会以后，在贫富分化的情况下，由于家庭贫困和无依无靠而生活困难的老人逐渐增多，但尊老敬老的传统在民间社区中长期相传。《管子·问篇》载："问乡之贫人，何族之别也"；"余子父母存，不养而出离者几何人？"反映了春秋时代已出现许多孤苦伶仃老人的实际情况。沿至秦汉时代，基层乡官尚设有职掌教化的三老，由乡里中有威望的老人担任。汉代制度，每年秋天地方官吏要统计户口，"年始七十者，授之以王杖，哺之以糜粥"（《后汉书·礼仪志》）。汉文帝初即位时，下令县道，"年八十以上，赐米人月一石，肉二十斤，酒五斗。其九十以上，又赐帛人二匹，絮三斤"（《汉书·文帝纪》）。武帝、宣帝多次赐鳏寡孤独布帛粟米，元帝还派人巡查存问鳏寡孤独失职的地方官吏。

北魏孝文帝多次廪赐老无所养者，太和二十一年（497年）诏"可敕司州洛阳之民，年七十已上无子孙，六十以上无期亲，贫不能自存者，给以衣食；及不满六十而有废痼之疾，无大功之亲，穷困无以自疗者，皆于别坊遣医救护，给医师四人，豫请药物以疗之"（《魏书·高祖本纪》）。宋英宗时，京城置有东西南北四福院，以廪老疾孤穷乞丐，"日廪三百人，岁出内藏钱五百万给其费"（《宋史·食货志·振恤》）。神宗熙宁年间，又诏诸州"凡鳏、寡、孤、独、癃老、疾废、贫乏不能自存应居养者，以户绝屋居之；无，则居以官屋，以户绝财产充其费，不限月。依乞丐法给米豆；不足，则给以常平息钱"（《宋史·食货志·振恤》）。明太祖洪武十九年（1386年）诏"有司存问高年。贫民年八十以上，月给米五斗，酒三斗，肉五斤；九十以上，岁加帛一匹，絮一斤；有田产者罢给米"（《明史·太祖本纪》）。清代每逢孟春望日、孟冬朔日，京师和府、州、县还按照古老习惯，举行乡饮酒礼，"年高德劭者上列，纯谨者肩随"，但目的是劝勉"为臣尽忠,为子尽孝,长幼有序,兄友弟恭,内睦宗族,外和乡党"(《清史稿·礼志》),这与古代尊老养老传统原有的质朴意义已经有所不同。

2. 关于对贫民的赈济

中国历代封建统治者在赈济贫民方面也有许多举措。如汉代有些皇帝常以郡国公田假贫民耕种,并赈贷种食,随后又下令所贷种食无须回收。宋代没人的户绝田,原先都由官府出售。宋仁宗时,枢密使韩琦奏请把没人的户绝田募人佃种,把田租贮存起来,用于救济州县郭内之老幼贫疾不能自存者,称为广惠仓。元世祖忽必烈采用汉法统治,多次下令发官仓赈济饥民,甚至还发给官钞。如至元十四年(1277年)赈东平、济南等郡饥民米 21 617 石、粟 28 613 石、钞 130 定;次年赈奉圣州及彰德等处饥民米 80 890 石、粟 36 040 石、钞 24 880 定有奇(《新元史·食货十三》)。明太祖设养济院收养无依无靠的贫民,诏谕户部:"自今凡岁饥,先发仓庾以贷,然后闻,著为令。"(《明史·食货二·赋役》)他在位 30 余年,用于赈济贫民的布钞数百万、米百余万石。清代府州县俱建常平仓,乡村设社仓,市镇设义仓。康熙帝令常平仓留本州备赈,义仓、社仓留本村镇备赈,又多次令截漕粮赈济灾民。

3. 关于宗族间的救助

中国古代主张同宗子孙摈弃亲疏,对族内之人一视同仁,把族内养老、慈幼和济贫当作一种责任。东汉崔寔的《四民月令》提到春天要"振赡匮乏,务先九族,自亲者始。无或蕴财,忍人之穷";到了秋冬要"存问九族孤寡老病不能自存者,分厚彻重,以救其寒";"同宗有贫窭久丧不堪葬者,则纠合宗人,共与举之"。种暠"悉以赈恤宗族及邑里之贫者"(《后汉书·种暠列传》)。廖扶"知岁荒,乃聚谷数千斛,悉用给宗族姻亲,又敛葬遭疫死亡不能自收者"(《后汉书·方术列传》)。北宋范仲淹在杭州任知州时,在苏州吴县和长洲置 40 余顷,将所得租米用来赡养宗族,供给衣食及婚嫁丧葬之用。元代浙江龙泉汤氏族人子女婚嫁入学和没有收入的老人也都给予钱帛资助。宋元以后,家族和宗族制度有了新的发展。南方各地的许多家族和宗族大都置有族田,以其收入来开支家族和宗族活动的各项费用,如祭祀、备荒、办学、救济贫困族人等。

3.5.2 中国古代社会救助措施的启示

早在两千多年前,孔子就提出"天下大同"的中国梦。他设想的大同社会视救助他人为己任,主张各有所归的大同理想。他说:"大道之行也,天下为公,选贤与能,讲信修睦。故人不独亲其亲,不独子其子,使老有所终,壮有所用,幼有所长,矜寡孤独废疾者,皆有所养;男有分,女有归。货恶其弃于地也,不必藏于己;力恶其不出于身也,不必为己。是故谋闭而不兴,盗窃乱贼而不作,故外户而不闭,是谓大同。"(《礼记·礼运》)中华人民共和国成立以来,尤其是改革开放以来,我国社会救助从理念到实践都实现了质的飞跃，基本建立了以基本生活救助、专项分类救助、临时应急救助为主体，社会力量参与为补充的社会救助体系。但目前，我国社会救助还存在着保障标准不完善、救助对象确定不规范、动态管理不到位等问题。那么，中国古代丰富的社会救济思想和救济措施能够为完善我国当前的社会救助制度提供哪些思考和启示呢？

1. 加强社会救助管理，搭建救助网络平台

中国古代对无助群体和贫民的社会救济，只是封建统治者一种恩赐性的个人行为。而在人民当家作主的社会主义新中国，社会救助早已上升到国家政府管理层面。随着改革开放的纵深发展，我国人口的流动性越来越大，加之家庭收入的多元化，这就给社会救济管理运作带来了更大的困难。为科学、准确统计社会救助申请人及保障对象的家庭收入提供准确数据，必须实现社会救助工作系统化。一是技术赋能，建立和完善社会救助动态管理平台。社会救助要与人社、房管、市场监管、金融等相关部门实现信息最广泛、最有效的共享。二是提高低保救助工作的时效性、针对性和影响力。根据居住地管理为主、户籍地相配合的原则，实行低保救助申请与核查，做好救助资金审计，增强救助资金的有效利用，杜绝长期享受低保救助的漏洞，来缓解国家和地方财政收支矛盾，以此节省更多的财政资金用于经济建设。

2. 增强公众参与意识，帮助低保脱贫致富

中国古代尚能把族内养老、慈幼和济贫当作一种责任。今天我们更要崇尚中国一家亲，增强公众参与意识，形成社会救助的良好氛围，帮助低保家庭脱贫致富。社会救助的目标是逐步克服和消灭贫困，社会各界及各有关部门要通过对口帮扶、包户扶贫、扶残助残等形式，与保障对象家庭结对子，帮助解决各种困难，提供生活和精神援助。要建立摸底、调查、核实工作机制，由社区议事委员会成员、党员代表、居民小组代表、居民代表参加的听证会，在充分听证的基础上确定救助对象，切实做到民主、公开、公平、公正。建立再就业联动机制，对那些有劳动能力和自救能力的，以调动贫困者自身解决贫困积极性为导向，教育、鼓励、扶持他们通过其自身的努力脱贫致富从而走出贫困。同时，开拓和启动社区公益性服务岗位，开展针对性的就业培训，推荐有劳动能力的低保对象实现再就业，逐步实现社会救助工作由"输血型"向"造血型"转变，从根本上帮助低保家庭摆脱贫困。

3. 提高资金使用效益，构建社会救助体系

中国古代的社会救助没有形成常态化和长效化的行政机制，是基于一种同情和慈善的心理，对贫困者行善施舍，多表现为暂时性的救济措施。目前，我国以低保制度为主体、各项救助政策为支撑的社会救助体系已基本形成，不断推进民政、劳动、教育、残联等各部门的联动，统筹协调涉及社会救助方方面面的重大问题，从降低管理成本入手，不断提高社会救助工作效率，夯实救助对象自我救助的基础，最大限度地降低"因病致贫、因灾返贫"现象的发生。建立统一的救助信息网络平台，实现救助对象的家庭类型、收入情况、贫困原因、救助目标等信息共享，为政府科学统筹各项救助政策提供方便、准确、快捷的信息服务。积极促进低保制度与教育救助、就业保障、科技扶贫、新农村改革等政策的衔接，让广大人民群众共享改革发展的成果。整合救助资金，将各类救助资金纳入财政社保专户，进行有效整合、统一管理，不断提高社会救助资金使用效益，切实让有限的资源发挥最大的社会救助效应。

本 章 回 顾

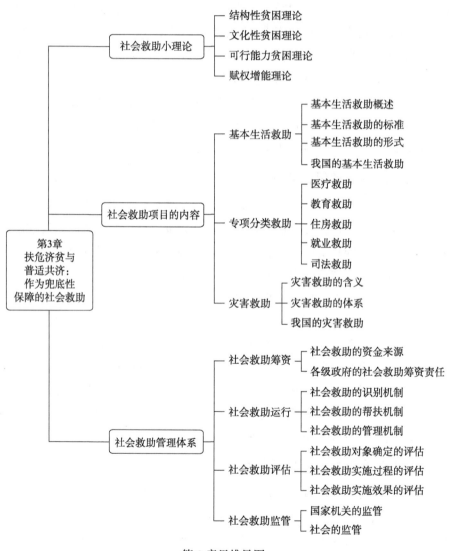

第 3 章思维导图

思 考 题

1. 社会救助包括哪些内容?
2. 为什么说社会救助是最基本的社会保障防线?
3. 专项分类救助有哪些基本内容?
4. 灾害救助有哪些特征?
5. 如何理解作为扶危济贫与普适共济的社会救助?

即 测 即 练

自学自测　扫描此码

第 4 章

权责一致与风险共担：
作为基础性保障的社会保险

> 如果我办得到，我一定要把保险这两个字写在家家户户的门上，以及每一位公务员的手册上，因为我深信，通过保险，每一个家庭只要付出微不足道的代价，就可免除遭受永劫不复的代价。
>
> ——（英）丘吉尔

社会保险制度作为一项基础性的社会保障制度安排，目的是解除劳动者的后顾之忧，维护社会的安定。在社会保障体系之中，它承担基础性的保障功能。社会保险强调受保障者权利与义务相结合，权责一致，受保障者共同分担风险，一旦风险来临，将风险带来的灾害降到最低。历经时代的发展，社会保险已经形成了相对健全的体系。本章将从养老、医疗、工伤、失业、生育、护理保险等方面进行阐述与分析，致力于将社会保险体系进行归纳与整合。

4.1 社会保险小故事：我们退休后靠什么养老？[①]

近年来，随着公众、学者、机构等对于退休话题的关注越来越多，一些学者专家也开始研究当前我国退休与养老的准备情况。清华大学经济管理学院中国保险和风险管理研究中心与海康人寿在 2013 年联合发布了《中国居民退休准备指数调研报告》，该报告显示我国当前居民的退休准备指数为 5.37，仅次于德国。这表明，我国居民越来越关注退休和养老准备，对于退休后养老生活预期与准备的意识越来越强。但对于失独老人、"空巢"老人等一些特殊群体来说，退休后的养老生活仍然面临着严峻的挑战。伴随着社会的发展，养老模式也在不断变迁，由农民靠土地养老到子女养老再到社会化养老，直至互联网时代背景下"智慧养老"，以下便是对于养老方式变迁的简要分析。

---

① 本节撰写者：任行，信路芳。

1. "以地自我养老"①

老年人打工没人要，体力也不行，只能依靠土地。WSY，66岁，丈夫72岁，三女一子，儿子进城居住，三个女儿邻村居住。"去年共种了14亩地，今年算上3~4亩五味子地，一共种10亩左右地。""没敢张罗多了，怕种不过来。""今年的猪价，两个猪能剩一个猪的钱（4 000元），还得是别打针吃药。一春天卖鸡蛋、鸭蛋、鹅蛋收入2 000元左右"。"70多岁打工也没人要了，现在收入就靠地，要不靠什么？"但也就"年吃年用都紧巴巴的"。六七十岁老人努力依靠土地积攒自我养老资源。因为"打工没人要""体力不支"，六七十岁老人都以土地为基础搞副业，种地是为了养牛养羊养猪，或者在自家农地种植水果、药材等经济作物，"弄好一年能攒3万元左右"。可以说农民始终处于一种"储蓄—消费—再储蓄—再消费"的模式中。他们总是在尽自己最大努力安排、适应生活，满足与平衡生活的各方面需要，最终达到生活目的。六七十岁老人在儿子完婚后，便开始努力实现下一个储蓄目标，即为自己的晚年准备资源，直到自己失去劳动能力。

2. 潜山："孝善养老"托起老人稳稳的幸福②

近年来，潜山市开启"孝善养老"模式，不仅落实了子女对父母的赡养责任，还能够让老人们感受到社会大家庭的温暖与关怀。该市强化家庭和子女赡养老年人的主体责任和法定义务，落实乡村基本职责，发挥村民自治组织、村民互助服务组织、社会群团组织作用，建立起健全子女孝心、政府关心、社会爱心"三位一体"的保障体系。该市加强资源统筹，以60周岁以上老年人为重点对象，督促各方履职尽责，增强生活照料、精神慰藉、安全监护、权益维护等基本服务，严防冲击社会道德底线问题发生。结合当地人文风俗文化习惯，该市探索有效的举措和模式，努力形成孝善传承、孝老敬亲的社会新风尚。

同时，该市全面落实老年人权益保障法等法律法规和各项政策，若出现子女住新房、父母住危房的现象，将依法严惩。该市还明确孝善敬老基本目标任务：确保老人日常饮食、衣被换洗有保障，三餐不饿，吃饱穿暖；住房达到安全标准，基本生活设施齐全；支出有保障，有适当日常零用钱；健康档案健全，参加合作医疗全覆盖，基本医疗有保障；家庭拥有老年人精神文化生活基本设施设备，村居具备基本健身、学习、休闲、娱乐场所和设施；个人和家居环境干净整洁，摆放有序。同时，该市通过发放孝亲敬老倡议书以及制定孝亲敬老村规民约、制作24孝图、文化墙、送戏送电影下乡等措施，利用宣传册、广播喇叭、公开栏，大力宣传孝善文化，营造了孝善文化

---

① 杨轶华，王昆. "以地自我养老"与"代际关系维护"——生命历程视角下农村老年人的养老策略分析[J]. 吉林大学社会科学学报，2021，61（4）：45-54.

② 潜山："孝善养老"托起老人稳稳的幸福[EB/OL]. (2021-10-18). http://ah.people.com.cn/n2/2021/1018/c374164-34961087.html.

助力乡村振兴的良好氛围。

3. 打造老年服务中心，就近满足养老服务需求①

"苏婆婆，今天身体还好吗？"一大早，武昌区杨园街众成颐家颐养中心总经理邵诗聪就照例来到3楼，和老人打招呼。

"还好，就是有点腰疼。"白发苍苍的苏晓玲老人答道。

"要不要去楼下做个理疗呀？"邵诗聪拉起苏婆婆的手，贴心地问道。

"老毛病，不用了。"苏晓玲连忙笑着摆摆手。

85岁的苏晓玲是2019年众成颐家颐养中心开业后第一个入住的老人。老伴去世后，她一个人在家十分孤独，两个女儿也不放心。前几年，苏晓玲的老宅拆迁后，她就计划拿着这笔钱养老。比较了多处养老机构后，她选择了距离大女儿家很近的众成颐家颐养中心。"刚来时心里也有点不适应。不过，这里的工作人员都对我很好，两个女儿也隔三岔五来看我。现在有人陪我聊天，不用自己做饭，生病有人照顾，日子过得很舒心。"苏晓玲的脸上洋溢着幸福的笑容。

众成颐家颐养中心并不是一家养老院，而是社区老年服务中心。它有40多张床位，为有病后康复、高龄照护等需要的老人提供服务，但更主要的功能是为全街道所有有需要的老人提供助餐、助洁、助医、远程照护等"三助一护"服务。在中心里，舞蹈室、教室、医务室、心理健康聊天室等一应俱全，还开办了书法、剪纸、声乐、舞蹈、模特等21个班，吸引了许多老年人参加。

除了杨园街，2021年武昌区141个社区中已有126个有了老年服务中心，除待拆迁社区外已基本做到全覆盖。活动中心绝大多数由专业企业进行社会化运营。老年服务中心里，餐厅、活动室、厨房等重点场所均安装了摄像头，并与武昌区为老服务平台联网。武昌区民政局有专门人员24小时后台监控，以监督这些企业的疫情防控措施是否到位、为老服务质量是否符合规范。整个武汉市的智慧养老网络系统，纵向贯通市、区、街道和社区养老服务数据，横向链接区卫健局、大数据中心等部门数据，可以通过视频实时监控养老服务设施场所，一旦感应到烟雾和老旧电路过载，就会发出提示警报。"我们探索建立以街道、社区为半径的为老服务圈，一社区一中心向外辐射，既能满足大多数老人就近养老的需求，又能为他们的子女分忧解难。"武昌区民政局负责人介绍。

4. 湖北荆州200余名老人接入移动数智平台实现"智慧养老"②

2021年11月8日，湖北省荆州市公安县众信养老院工作人员鄢武通过"数智养

---

① 就近可养老 晚年乐陶陶[EB/OL]. (2021-10-26). http://jx.people.com.cn/n2/2021/1026/c190316-34973869.html.
② 湖北荆州200余名老人接入移动数智平台实现"智慧养老"[EB/OL]. (2021-11-09). http://hb.people.com.cn/n2/2021/1109/c194063-34996989.html.

老"平台统计220余名老人的健康状况:"心率呼吸均正常、睡眠质量均达标。"该平台为中国移动湖北公司联合公安县民政局打造的"爱牵挂"智能养老平台,开启了公安县老龄人口智慧养老的新模式。据了解,智能养老平台通过为老人定制的"智能腕表"设备,可实时监控老人的心率、血压、位置等,在紧急情况下,老人还能通过腕表上的SOS键实现一键报警。这些功能使老人们真切感受到了数智化的温暖和便利。"这腕表用起来真方便,有需要时按一下通话按钮,就有人接电话。子女们都在外工作,遇到急事也不能随时赶到,戴上智能腕表,出门自己和子女都放心多了。"公安县太阳村王新莲老人说。

"为了让老人能够熟练使用智能腕表,我们对手表的基本功能、使用方法进行了详细解读,确保老人在紧急情况下能够熟练使用。"湖北移动相关负责人介绍,公安县拟为全县3 000余户符合条件的特殊困难老年人配置电话腕表,进行居家适老化改造,第一批试点人员共计222户,配置腕表+移动号码接入居家养老平台进行关爱。目前16个乡镇第一批次222名困难老人已全部开通腕表监测设备,通过腕表与平台的绑定连接,养老院工作人员可及时了解老人们的日常状态和生活情况,十分方便。

我国60岁及以上人口已达2.64亿,预计"十四五"时期这一数字突破3亿,我国将从轻度老龄化进入中度老龄化阶段。为更好地满足老年人养老服务需求,湖北移动正积极运用5G、物联网、大数据、人工智能等数智技术,让养老变得更加智慧。

在湖北农村,湖北移动大力推进平安乡村建设,目前万余高清摄像头守护10余万户家庭安全;在城市,湖北移动也在不断加快布局智慧养老的家庭社区应用,发挥5G网络、千兆宽带优势,创新产品和服务,赋能智慧养老产业。

养老方式伴随时代变迁不断发展进步,不同的养老模式昭示着养老服务供给主体的差异化以及养老观念的不同。老龄化背景下,智慧化养老服务为解决严峻的老年人服务问题提供了新思路。面对日益庞大的老龄人群和日益突出的养老需求,我国的养老服务供给严重短缺。信息技术的发展催化了我国传统养老服务体系与信息技术的融合。智慧化养老服务不仅是在养老服务中使用信息技术,更是养老服务模式的整体性变革,其关注的根本问题是运用信息技术实现养老资源和个人、家庭、社区、机构的有效对接,为养老服务的提质增效提供支撑作用[1]。人口老龄化程度不断加深的背景下,优化养老服务供给的质量,提升养老服务水平是重中之重。无论是社区养老、互助养老、机构养老还是"智慧养老"都是响应国家对于"一老一小"工作的要求,让老年人"老有所养、老有所依、老有所乐",是现阶段公共服务事业发展的重心。"互联网+养老"是时代的必然趋势,抓住时代的潮流,为老年人的生活提供智能化服务,让老年人共享时代发展的成果。共同富裕视域下,满足老年人日益增长的养老服务需求便

---

[1] 金昱希,林闽钢. 智慧化养老服务的革新路径与中国选择[J]. 兰州大学学报(社会科学版),2021,49(5):107-116.

是社会各方主体协同努力的必然要求,让老年人在退休之后能够度过幸福的晚年生活。面向未来,还会有更多的养老方式出现在大众的生活之中,社会保障体系也会逐渐完善并不断发展。

4.2 社会保险小理论：生命周期与合作收益[①]

生命周期理论与合作收益理论作为社会保障制度形成过程中的重要理论基础,为社会保障制度发展提供理论借鉴与指引。本节将对生命周期理论与合作收益理论进行简要剖析,并将其和社会保障知识进行融合,通过生命周期函数模型的介绍,分析人的一生中消费配置的应然状态,讨论社会保障通过建立合作秩序实现合作收益的过程。

4.2.1 生命周期理论

基于个体化实践的生命周期理论是社会保障制度的理论基础。在生命周期理论中,个人在一个完整的生命周期内完成合理的经济生活,需要合理安排生活开支,使得在整个生命周期内实现资源的合理优化配置。

生命周期理论是由美国经济学家弗朗科·莫迪利安尼和布伦贝格等提出的一种消费函数理论。它是指在人生各个阶段,个人消费占其一生收入现值的比例是固定的。消费不取决于现期收入而主要取决于一生收入。它强调,在人的一生中收入是变动而且可以预期的,储蓄的目的是把一生中收入高时的资源转到收入低时,这样使一生的消费水平保持稳定[②]。

具体而言,按照人的成长阶段来看。在青年时期,人的消费欲望最为强烈,但是在这个阶段,个体由于年轻而缺乏积累,财富生产与积累的能力相对薄弱。这一阶段,个体的消费和积累此消彼长。但是,总体来说,消费依然占据主导地位。在成熟时期,随着年龄的增长,个体的消费意愿降低,同时,其所具备的技能不断增强,财富生产与积累的能力持续增长。当人的劳动周期结束,他能够依靠自身的积蓄保障晚年的养老生活。在老年时期,如果一个人想要在晚年退休后的生命周期内实现合理地满足生活需求的消费,那么其必须在退休之前的工作期间的储蓄和退休后所需的消费水平间实现均衡。

根据生命周期理论,一个人的消费不仅取决于收入,还取决于财富,假设 C 表示消费,W 表示财富,Y 表示收入,s 表示储蓄率,那么个人的消费函数可以表示为:

[①] 本节撰写者：任行、信路芳。
[②] 曼昆. 宏观经济学[M]. 北京：中国人民大学出版社,2009：224-225.

$C = aW + bY + csY$，把等式两边同除以 Y，则 $C/Y = aW/Y + b + cs$，这说明人的消费率与收入的倒数和储蓄率有关。生命周期理论认为当人处于劳动时期时，储蓄为正，$s > 0$，当人处于未成年和老年的非劳动时期时，人的储蓄为负，$s < 0$[①]。

养老保险就是为人在退休之后的生命周期内提供一份补充的保障，就是在退休的时候，除了自身的积蓄之外，还可以通过养老保险获得定期定额的养老金收入。参加包括养老保险在内的社会保险项目，本身就是一种平衡收入与消费的收益分配行为。使得个人在整个生命周期内，尽可能地实现收入和消费的均衡。即在这种情况下，一个现收现付社会养老保险制度的推行意味着：一方面，现在工作的人需要向该制度缴税（费），因而可支配收入会减少，用于积累资产的资金也可能减少；另一方面，由于可以预期未来退休后能够从该制度获得养老金，个人将有可能减少为退休时消费而在工作时期积累的资产数量[②]。

补充阅读：作为家庭生命周期内的投资规划表格（表 4-1）

表 4-1 家庭生命周期投资规划

家庭生命周期	家庭形成期	家庭成长期	家庭成熟期	家庭衰老期
夫妻年龄	25~35 岁	30~55 岁	50~60 岁	60 岁以后
保险安排	提高寿险保额	以子女教育年金储备高等教育学费	以养老保险和递延年金储备退休金	投保长期看护险
核心资产	股票 70% 债券 10%	股票 60% 债券 30%	股票 50% 债券 40%	股票 20% 债券 60%
货币配置	货币 20%	货币 10%	货币 10%	货币 20%
信贷运用	信用卡、小额信贷	房屋贷款、汽车贷款	还清贷款	无贷款或反按揭

资料来源：余汉波. 投顾 5 不同的个人或家庭生命周期，选择不同的投资产品[EB/OL]. (2021-04-22). https://m.sohu.com/a/462209741_100056132/?pvid=000115_3w_a.

4.2.2 合作收益理论

合作收益理论是社会保障制度生效的理论保证。随着社会进步，人类智慧成果的运用与转化发展需要在合作之中实现，人们因合作收益而选择合作。合作收益由合作者的个人收益和合作过程中的公共收益两部分组成：①从个体收益的角度来看，合作会增加物质性的收益。主要表现在合作一方面增大了规模，有助于产生规模效应，另

[①] 李姗姗，穆怀中. 基于生命周期假说的中国城镇居民家庭消费研究——以辽宁省调查数据为例[J]. 辽宁大学学报（哲学社会科学版），2016，44（2）：81-89.

[②] 参见：李珍. 社会保障理论[M]. 北京：中国劳动社会保障出版社，2017.

一方面也使合作者之间容易产生正外部性作用，有助于实现聚集效应。②从合作收益的角度来看，合作还会增进精神性的收益。其一，合作是实现人的自我价值的前提条件。人的自我价值只有在团队中或者在人与人之间的相互作用中才能体现出来。其二，合作有助于消除人类精神上的某种不确定性和匮乏性。团队使人具有了某种归属感和安全感。人在团队中，既增加了信息的来源和渠道，也有助于消除信息的不确定性。同时，也增加了自身发散信息的渠道，这有助于自身需求的更好满足。另外，在团队中组织活动及人与人之间的精神交流能使个人得到更好的精神安慰①。

当今是一个竞争和合作水乳交融的时代，竞争中有合作，合作中有竞争，是竞争中的合作和合作中的竞争。如果说竞争是一只无形之手，那么，合作则犹如一只有形之手操控着人类的命运和福祉。人类社会经济发展的历史证明，人类社会能否发展和繁荣同样在很大程度上取决于合作是否出现、合作的质量和合作能否持久②。人类社会通过合作实现收益，建立合作的秩序，通过合作使得人类社会生活进行不断的演进与发展，并在此过程之中实现个体和集体的共同受益。通过合作秩序的建立，将成本降到最低，收益实现最大化，如此便是人类合作的共同目的。在此过程之中，无论是政府、社会还是个人都围绕着个体目标的实现进行物质的交换与转移，最终达到合作的目的。

人类合作秩序的实现过程是一个降低成本的制度演进过程。政府社会管理的任务就是为了适应人类合作需求和降低合作成本而创设不同的合作制度条件或选择不同的制度安排。"共处共生"型合作的目的是防止成员之间彼此相互侵犯并防范来自外部的侵害以实现对每个成员私有财产的保护。如何降低这类排他成本或防范成本建立成员共处共生的公共秩序是这类合作事务管理的主要内容。其相应的社会管理机制包括认同与共识机制、公共秩序维护机制、社会预警机制和应急处理机制等。"互惠互利"型合作的本质是在保护私有财权的前提下实现产权的交换与运用，而其实现前提是交换成本（交易费用）的降低。如何降低交易成本是合作事务管理的主要内容。"共创共享"型合作的实现和持续与生产的组织成本和分配的协调成本相关。如何实现共创性收益在成员之间的合理分配与共享是这类合作事务管理的主要内容。其相应的政府社会管理机制包括公众参与机制、诉求表达机制、利益协调与分配机制和社会救济机制等。政府社会管理的任务就是通过公共政策整合和调节各类社会管理机制③（表4-2）。

合作时共同体之间的权利义务关系，表现为个人在遇到风险或身处危机时，有权利向政府、机构或者他人提出救助请求。而政府、机构或者他人此时则有义务向个人

---

① 雷晓康，席恒. 合作收益与公共管理：理论基础及其意义[J]. 中国行政管理，2009（11）：116-121.
② 周明，席恒. 公共管理的理论基础：基于合作收益的分析框架[J]. 理论学刊，2010（6）：86-90，128.
③ 席恒，雷晓康. 合作收益与公共管理：一个分析框架及其应用[J]. 中国行政管理，2009（1）：109-113.

表 4-2　三种合作类型之比较及所需的制度安排

合作类型	"共处共生"型合作	"互惠互利"型合作	"共创共享"型合作
合作目的	避免霍布斯状态 实现矫正正义	互通有无 实现交换正义	共同提高福利水平 实现分配正义
合作过程	平等–合作–融合–和谐	互需–互补–互惠–互利	共生–共创–共识–共享
作用范围	共用资源域	交换域	组织域
组织形式演变	从赔偿制度开始，村落公社–庄园（教区）–封建领地–民族国家	从礼品交换开始，集市贸易–工商城市–国内市场–国际市场	从邻里互济开始，互济组织–自治组织–公益组织–政府提供基本福利
理论基础	卢梭的社会契约论	斯密的民商契约论	哈贝马斯的商谈民主理论
制度安排	降低防范成本	降低交易成本	保障收益公平地分享
社会管理机制	认同与共识机制、公共秩序维护机制、社会预警机制、应急处理机制	信息共享机制、监督约束机制、政府的宏观规制	公众参与机制、诉求表达机制、利益协调分配机制、社会救济机制

资料来源：席恒，雷晓康. 合作收益与公共管理：一个分析框架及其应用[J]. 中国行政管理，2009（1）：109-113.

提供必要的帮助。此时，责任分担或者合作成本成为合作秩序的约束条件，合作收益则是形成合作秩序的根本动力。个人要维持生活，必须做出努力，优先考虑通过自我救助，脱离困境和改善生活。雇主想要持续生产，必须让出部分的剩余价值，用于维持劳动力的持续供给。政府想要维持其统治地位，必须保障社会成员基本生存需求，方能获得治理国家的合法性。第三部门只有对社会有所贡献，才能在市场失灵和政府失灵的边缘地带获得存在的价值，因此个体、雇主、政府和第三部门会走向合作，形成合作共同体的愿望和动机。合作之后都可能获得比合作之前更多的利益。正是因为合作秩序，它能够为合作各方带来一种额外的收益，使他们通过适当的利益共享或者分享，达到比合作之前更好的收益或者状态。合作秩序，因此而成为可能。

社会保障制度的演进过程，正是人类利用智慧不断创造出各种正式或非正式的制度条件，把利己者和利他者的行为规整到有利于合作秩序的范围之内，追求合作收益最大化和合作收益分配合理化的过程。社会保险的参保主体通过参保，将风险最小化，分散可能遇到的各种风险，通过合作的方式实现合作收益。社会保障是一个从适应性风险应对到积极性风险管理的过程，也是一个由非正式制度安排到正式制度安排的过程，更是一个合作层次不断递进的过程。最初，个体或家庭面临各种风险的侵害，只能选择适应性风险应对。随着社会的发展，人类主动寻求合作，建立各种互助组织，提高了自我保障的能力，从而更好地防范和化解各种风险的侵害。商业保险公司则是这种合作需求的典型市场化的表现。而没有能力购买商业保险或者风险偏好较小而没有购买商业保险的家庭必须由政府组织起来，强制合作以提高自身的保障能力。因此，政府也由最初的被动式救助，转向主动提供一系列的保障措施，以补救家庭保障和市场保障的失灵情况。在这个过程中，合作的成员数量和规模也持续增长。在家庭保障时期，合作的成员只有家庭成员；在市场保障时期，合作的成员则是整个企业职工或者工会组织的成员，甚至是一个产业的所有成员。保险公司则是促使具有共同保障需求的人合作在一起。而政府建立的社会保障计划，更是实现了全社会范围内的所有社会成员的合作[1]。社会保障制度的建立为参保主体合作提供制度性的条件，并且随着社会保险体系的不断完善，用立法的形式为参保主体之间的合作提供法律的制度性保障。参保主体进行缴费，雇主、雇员、政府共同承担缴费责任，共同承担一定的义务，自此形成合作的共同体。

案例讨论：鳄鱼和牙签鸟的合作小故事[2]

鳄鱼是凶残可怕的动物，可它也会遇到困难，比如今天，正吃"大餐"的时候，牙缝里突然塞进了东西，难受得它马上没有了食欲，很长时间它都感觉牙齿不舒服，隐隐作痛。

这时候，飞来了一只小鸟，它有着小巧的身子和尖利的嘴，此时正饥肠辘辘寻找着食物。可它身体太小，发现的食物总是被别的动物先抢走，鳄鱼齿缝间的食物残渣，此时在它眼里，如同上等的美食。于是小鸟对鳄鱼说："我叫牙签鸟，可以帮你把牙齿里的东西啄出来，但是我害怕你会把我吃掉。"鳄鱼想了想，回答道："如果你能答应我以后定期帮我清理牙缝里的东西，我可以保证不吃你！"就这样，牙签鸟和鳄鱼达成了"和平协议"，随着时间的推移，它们变成了密不可分的"好朋友"。

初听这个故事的人，可能会不理解鳄鱼的行为，为什么送上口的美食也不吃？其实原因很简单，因为鳄鱼需要这个身体小却很"能干"的合作伙伴来帮它清理口腔及牙齿中的残留食物，以免除口腔疾病的困扰。而牙签鸟又为何冒险去当鳄鱼的"口腔清洁师"呢？因为它需要食物，鳄鱼齿缝间的腐肉正好可以当作它的美食，令它美美地吃上一顿。它们之间互惠互利的行为，在合作收益之中，可以用"正和博弈"来形容它们的这一关系。"正和博弈"还叫作合作博弈，是指合作双方或多方利益均沾，都获得期望中的利益，而没有任何一方受到损害，是一种互利多赢的博弈。实际上，"正和博弈"是指在能接受的条件下，合作多方都进行了妥协和让步，才达成了共赢局面。

---

[1] 席恒，田宋. 合作收益视角下的东亚社会保障模式[J]. 山东社会科学，2017（7）：97-102.
[2] 马引贤. 由一则故事想到的共生策略[J]. 管理工程师，1999（5）：46.

4.3 老有所养：代际更替稳固安全的养老保险[①]

4.3.1 养老保险的目标与理论基础

国际劳工组织将人类社会的风险分为九大类，其中老年风险居中首位。老年风险是每个人都可能遇到的不确定性风险，由于年老而导致劳动能力逐渐丧失，从而失去收入来源，是一个不可逆转的过程。为了应对和化解老年风险，需要建立养老保险对风险进行管理。因此，养老保险主要有两个目标：一是降低老年人口因退出劳动力市场所引起收入减少的风险；二是收入再分配，它的收入保障目标在一定程度上是通过再分配实现的，通过代际再分配实现年轻人向老年人、富人向穷人的收入转移。

人类养老经历了从养儿防老到社会养老的过程，养儿防老的经济基础是大家庭制度，且家庭是一个生产和消费的基本组织单位，养儿防老是最原始的生命周期理论和时代交叠理论的体现。随着工业化和城镇化的出现，家庭在现代社会的规模和功能日益收缩，伴随着人口老龄化，人类社会从来没有过如此众多的老年人。多数工业化和城镇化水平高的国家和地区，纷纷建立起以政府提供养老为主的制度体系。因此国家提供强制养老保险的理论基础有两点：一是基于个人的有限理性，对于风险认识普遍具有"短视"；二是商业保险市场上信息不完全、道德风险、逆向选择所造成的市场失灵。因此国家提供的强制养老保险克服了人们的"短视"行为，也克服了私人养老金制度的市场失灵风险。

4.3.2 养老保险体系

目前的养老金体系经历了"三支柱"向"五支柱"的转变过程。首先是"三支柱"体系，自20世纪70年代以来，人口老龄化与现收现付制度可持续性发生冲突，因而在理论上和实践上出现了以社会养老保险为主体的老年保障模式向"三支柱"方案转变。"三支柱"分别为：第一支柱，即公共管理、以税收筹资的现收现付型养老金。由政府主导并强制执行，普及程度高。大部分国家采取现收现付的筹资模式，核心特征是通过代际转移筹资为老年人提供一定水平的长寿保险，属于社会保险范畴。第二支柱，即私人管理、完全积累制的养老金。这种完全积累制的私人管理的养老金计划，可以强制执行，也可以自愿实施。养老金运营管理市场化，享有税收优惠，不存在代际转移。第三支柱，即自愿参加、个人储蓄的养老金。主要是个人储蓄性养老计划，为那些想在年老时得到更多收入及保险的人提供额外保护。一般由商业保险公司办理，

[①] 本节撰写者：朱楠，李京泽。

个人自愿投保，灵活性较高。

经过多年的争论，世界银行也开始反思"三支柱"模式的缺陷，认为需要深入探讨养老金改革的策略选择。因此，2005年，世界银行出版的《21世纪的老年收入保障——养老金制度改革国际比较》进一步完善"三支柱"理论，提出"多支柱养老金制度的建议包括5个基本要素"，即"五支柱"，其核心思想是在"三支柱"基础上，增加"零支柱"和"第四支柱"。"零支柱"是非缴费型养老金（待遇形式为国民养老金或社会养老金），旨在消除老年贫困，提供最低水平的保障；第一支柱为缴费型养老金制度，与本人收入水平不同程度挂钩，替代部分收入；强制性第二支柱主要为个人储蓄账户；自愿性第三支柱可采取多种形式；第四支柱非正规保障形式，为家庭成员之间或代际非正规保障形式，如家庭内转移支付及赡养、医疗和住房方面的服务等。

中国在社会保障制度改革初期就借鉴了世界银行建议的"三支柱"养老保险体系，目前实行的多层次养老保险体系包括社会统筹与个人账户相结合的基本养老保险制度、职业年金、企业年金以及个人储蓄性养老保险和商业保险。随着人口老龄化的发展，老年收入保障的多支柱体系成为未来方向。

4.3.3　养老保险基金的关键要素

1. 基金积累方式

当前的养老保险基金积累方式主要分为现收现付和个人账户。这两种方式各有利弊。

现收现付制是以近期横向收支平衡为指导原则的基金筹资模式。其优点在于：一是具有再分配功能，比基金积累制度具有明显的公平的性质；二是无通货膨胀风险，并可以根据经济增长提高养老金的实际价值；三是管理成本低，无须进行长期精算平衡。

个人账户制是以远期纵向收支平衡为指导原则的基金筹资模式。个人账户制度的优点：一是在人口老龄化的背景下，有效地化解了人口风险，实现个人在不同年龄时期的收入再分配，不受人口结构的影响；二是制度的权益是以收定支的，政府的风险被转移；三是这一制度使得个人所得与支出紧紧连在一起，加强个人责任感，使制度运行得更有效率；四是该制度是一种强制储蓄制度，可以提高国民储蓄率，对经济起到促进的作用。但学界对于个人账户制度也是有深度思考的：第一，个人账户在所有制上是私有制，不具有再分配性质。所以在此制度下，对低收入者、女性更为不利，对高收入者和男性较为有利。第二，个人账户制度面临着各类保值增值风险，作为一个养老金制度，它的本质是提供养老金，个人账户能否有效提供养老金，在缴费既定的情况下，取决于基金收益率是否高于通货膨胀率且高于工资增长率。第三，个人账户制度是否一定能应对人口老龄化挑战在学界莫衷一是。

因此，在人口老龄化不断发展的情况下，只有当社会保障制度覆盖下的赡养率高于甚至成倍高于自我负担率，或利息率至少高于GDP（国内生产总值）及总收入增长率时，个人账户制度才会比现收现付制度更有效。

2. 给付模式及保障水平

给付模式包括确定待遇型和确定缴费型。前者是先确定养老金给付水平，根据收支规模确定费（税）率和筹资规模；后者则是根据养老金的支付预期，先确定筹资规模，再依据筹资及其积累情况，确定待遇水平。

保障水平包括宏观指标和微观指标，前者是一国养老保险总支出与GDP的比值，后者是个人养老金与其工作期间工资的比值。个人养老保险的保障水平用替代率指标测量。替代率包括两种：一种是平均替代率，是个人养老金与平均工资的比值；另一种是目标替代率，是个人养老金与其退休前工资的比值。

3. 养老保险的管理

养老保险的管理包括经办管理和基金管理。养老保险的经办管理是设计养老保险服务部门的具体业务，包括参保人信息采集、档案管理、账户记录、账户转移接续、缴费基数和缴费比例的确定、基金征缴、待遇资格审查、待遇发放等。养老保险的经办管理由各级社会保险管理部门负责，垂直化管理制度及信息化管理手段，有利于提高制度运行效率和资金统筹层次；养老保险的基金管理涉及养老保险的资金筹集、投资运营、待遇给付及监督管理。养老保险的资金筹集是按照规定的筹资模式、费（税）基和筹资比例，由养老保险经办机构（税务部门）定期向参保人员及其雇主征收养老保险费（税）的过程。

4.3.4　中国的养老保险制度

中国的养老保险制度经历了从企业保障到社会保险改革的过程。

1951年，政务院颁布《中华人民共和国劳动保险条例》，规定了雇佣劳动力在百人以上及铁路、航运、邮电等行业企业的劳动保险办法。劳动保险金由企业按照职工工资总额的3%按月缴纳，其中70%进入各企业的劳动保险基金，用于直接支付；30%通过全国总工会进入总劳动保险基金，用于统筹调剂，支付各种劳动保险待遇，包括工人职员的抚恤费、补助费与救济费，以及供养直系亲属的部分医疗和补助费。同时规定了伤残、死亡、疾病、生育、养老以及供养直系亲属待遇，还涵盖了集体劳动保险事业和享受保险待遇等方面。《中华人民共和国劳动保险条例》是中华人民共和国成立后正式颁布的第一部劳动保险立法，后于1953年和1956年两次修订，拓宽了劳动保险覆盖范围，对待遇标准也进行了较宽泛的调整，初步形成了适用于中国城镇企业职工的劳动保险制度①。

1955年12月29日，国务院发布《国务院关于颁发国家机关工作人员退休、退职、病假期间待遇等暂行办法和计算工作年限暂行规定的命令》等四部法规文件，明确了国家机关工作人员退休、退职、病假以及工作年限等问题的基本制度规范。据此，机关事业单位工作人员社会保险制度建立起来了。1958年3月和4月，我国相继出台并实施《国务院关于工人、职员退职处理的暂行规定（草案）》和《国务院关于工人、职员退休处理的暂行规定实施细则（草案）》，将企业职工、机关事业单位工作人员的退休退职制度进行了合并，放宽了退职条件，提高了退职待遇标准。

1995年，国务院发布《国务院关于深化企业职工养老保险制度改革的通知》，主张实行社会统筹和个人账户相结合的基本保险制度，并补充以企业保险、个人储蓄，形成多层次的养老保险制度。

1997年，国务院颁布《国务院关于建立统一的企业职工基本养老保险制度的决定》，标志着城镇职工基本养老保险制度的建立。该制度是为满足相关条件的退休人员提供养老金的社会保险制度，由20世纪50年代的劳动保险中的养老金制度演变而来，保障对象是有雇主的企业职工。2005年这一制度的覆盖面扩大到自雇者和灵活就业人员。企业职工基本养老保险由社会统筹和个人账户组成，企业按职工工资的20%向社会统筹缴费，个人缴纳本人工资的8%并记入个人账户，在满足相关的条件后，职工退休后分别从社会统筹和个人账户获得基础养老金和个人账户养老金。

2014年，对20世纪50年代建立的为机关事业单位职工提供养老金的制度与城镇职工基本养老保险制度进行了"并轨"的改革，建立了与职工相同的基本养老保险制度。同年，将新型农村养老保险和城镇居民基本养老保险制度合并，从而形成了城乡居民基本养老保险制度。

虽然城乡居民养老保险实现合并，但中国老年收入保障体制一大特点就是城乡二元结构，这是由我国经济社会二元性决定的。在城镇，老年收入保障制度以正式的制度为退休人口的主要收入，辅之以非正式制度。在农村，家庭内部的转移支付和劳动收入是老年收入的主要来源，正式制度只是辅助的经济来源。

目前我国基本养老保险制度采用"统账结合"的财务制度，即为"社会统筹+个人账户"的形式，社会统筹是指在国家行使强制力和国家信用保障的基础上，对养老保险基金采取的社会统一筹集、统一管理和统一支付。其性质属于社会公共基金，归投保人共同所有，按"以支定收"的方式筹集和使用，采用待遇确定型。个人账户是在国家行政强制力和部分信用保证的基础上，采用"个人预缴专款储金"的养老保险形式，其核心是"自我保障"，基金收支采用"完全积累"，为缴费确定型。因此，个人账户是个人的财产，本质上是一种强制储蓄，不是真正意义上的保险。基本养老保险

---

① 许琳，翟绍果，唐丽娜. 社会保障学[M]. 北京：清华大学出版社，2018：43.

基金的来源有三个基本渠道，即企业缴费、个人缴费和国家财政补贴。根据 2005 年颁布的《国务院关于完善企业职工基本养老保险制度的决定》，个人缴费 8% 划入个人账户，企业缴费 20% 划入社会统筹账户中。

中国的基本养老保险制度建立在中国经济转型的时代背景下，它不仅是我国经济社会改革的稳定器，也为中国经济体制顺利转型、国有企业改革发挥了不可估量的作用。但基本养老保险也存在一定的问题，如城乡二元性、空账问题、人口老龄化、制度转制成本、企业负担过重、跨省跨制度的转移接续问题等，都制约着制度的可持续发展，因此我国养老保险制度的改革还在不断地深化中。

4.3.5 养老保险改革趋势

1. "新业态"从业人员的养老保险

随着互联网行业的飞速发展，"新业态"层出不穷，成为当前劳动者就业的主要方式之一。由于"新业态"从业人员自身的经济承受能力有限和参保意识不足，传统的"单位制"养老保险制度无法与之相适应。"新业态"从业人员在参加养老保险时，存在参保率低、断保现象普遍且转移续接困难、个人缴费比例过高等问题[①]。

基于此，"新业态"灵活就业人员的养老社会保险缺位问题目前受到了中央的高度关注。2020 年 5 月，习近平总书记在参加全国政协经济界委员联组会上发言强调"新就业形态"劳动者的法律保障问题是当前突出的问题，要及时跟上研究，把法律短板补齐，在变化中不断完善。2021 年 3 月 11 日，国务院总理李克强在答中外记者问时指出中国的灵活就业正在兴起，要用机制性的办法来保障他们的基本权益。综上，"新业态"灵活就业人员的养老社会保险缺位问题，直接影响到我国养老社会保险体系的设计与实施，也关系着我国劳动力市场的规范发展。解决"新业态"灵活就业人员的养老社会保险问题是目前社会关注的重点。

2. 数字赋能养老保险

人口老龄化与信息化是现代社会发展的两大重要趋势。因此，养老保险也要以信息化、智能化为趋势进行改革。2002 年底，我国启动的金保工程就是一个很好的例子。金保工程是指利用先进的信息技术，以集中管理的数据中心为基础，以覆盖全国、联通城乡的信息网络为依托，支持人力资源社会保障业务经办、公共服务、基金监管和宏观决策等核心应用，安全、高效且全国统一的人力资源和社会保障电子政务工程。截至 2017 年，全国大多数地市人社部门都开通了网上服务，注册用户总数达到 8 660 万人，12333 电话咨询实现地市级全覆盖。2015 年，群众网上查询、办理业务总量达

---

① 薛惠元，舒怡. 新业态从业人员养老保险问题与对策探析[J]. 决策与信息，2019（8）：49-55

到 8.94 亿笔，12333 群众来电总量达到 9 028 万次，向群众发送服务短信 1.43 亿条[①]。我国人社部于 2016 年 11 月发布了《"互联网+人社"2020 行动计划》，计划包括：为每个人构建"人社电子档案袋"；社保卡加载支付功能，支持各类缴费和待遇享受应用；参保缴费、职业培训、调解仲裁等事务都可以实现网上办理，变"群众跑腿"为"信息跑路"。由此可见，我国"互联网+社会保障"的时代已经到来[②]。

4.4 病有所医：化解疾病健康风险的医疗保险[③]

医疗保险是社会保险的重要组成部分，在大数法则的基础上，通过化解健康（疾病）风险保障公民生命健康权。其诞生于 1883 年德国《疾病社会保险法》，经过一个多世纪的发展，这项制度已成为世界各国社会保障制度中的重要内容，适应于不同社会背景，产生了不同类型的保障模式，既有共性，也有差异性。本节通过介绍医疗保险的发展历史、基本原理、运行逻辑和实践模式，对医疗保险的保障目标、内容和方式进行阐述，从而更好地理解医、保、患三方的关系和医疗保险在其中的运行机制。

4.4.1 医疗保险的前世今生

医疗保险的出现是社会保障发展到一定阶段的产物。传统意义上，医疗保险是指由特定的组织或机构经办，通过带强制执行的政策法规或自愿缔结的契约，在一定区域的参保人群中筹集医疗保险基金。

1. 医疗保险的先声——1883 年德国《疾病社会保险法》

在近代资本主义发展史中，两次工业革命以及市场经济、竞争体制，一方面，给西方资产者带来了经济的繁荣、财富的剧增；另一方面，富裕与贫困的反差也引发了一系列社会问题，困扰着资产者及其政权，社会冲突带来的不稳定催生了近代资本主义社会的社会立法，以解决当时各种社会福利难题为目标，其中就包括养老、救济、事故等。作为一种调节和解决冲突的方案，一项又一项保险及立法使得资本主义的经济与社会逐渐相对稳定。19 世纪 40 年代起，随着工业革命的开展，社会问题逐渐成为德意志社会生活中的痼疾，1871 年德意志帝国建立后，德国的"铁血宰相"俾斯麦决意在全帝国范围内创建一种强制性的集中统一的社会保险制度[④]。俾斯麦认为"我们绝不能听凭小百姓辛苦储蓄的金钱受私家保险公司破产的危险……我们不能靠这样的

---

① 人力资源社会保障部：打造"互联网 + 人社"助推政务服务升级[EB/OL]. (2017-01-10). http://www.gov.cn/zhengce/2017-01/10/content_5158478.htm.
② 许琳，翟绍果，唐丽娜. 社会保障学[M]. 北京：清华大学出版社，2018：449.
③ 本节撰写者：翟绍果，陈兴怡.
④ 赵星铁. 社会立法的风风雨雨——略论俾斯麦社会立法[J]. 历史教学问题，2004（2）：16-21.

机关实行强迫保险制度"。他强调社会需要设立公共的医疗保险制度,来确保百姓的疾病无后顾之忧。

1883年,德国颁布了《疾病社会保险法》,这标志着医疗保险作为一种强制性社会保险制度得以确立。《疾病社会保险法》规定对工业工人和低收入职员实行强制保险:大部分工业工人和年收入低于2 000马克的职员必须参加疾病保险;保险费由工人负担70%,业主负担30%,但工人自治的互助基金成员单独负担全部费用;疾病保险机构采取了组织形式的多样性:在现存的各类疾病保险基金的基础上,新设立了工业企业的疾病保险基金和地方疾病保险基金(主管所有不属于任何合法疾病保险基金的必须参加疾病保险者)。对工人来说,在各个基金之间不存在自由的选择,或者说他的职业决定了其基金归属。所有合法的疾病保险基金都得接受国家监督,政府有权对任何基金进行干预。一般情况下,各类基金首要职能是在13周期限内向被保险者提供:免费的诊治和药物;病假津贴,最高额为被保险者平均日薪的50%,从第三天算起[①]。

西方国家社会保险制度的建立大多是从医疗保险起步的,德国是最早通过立法建立社会保障制度的西欧国家。随后,这项政策逐渐在20世纪上半叶的整个欧洲以各种形式推广,进而向其他地区迅速扩展。例如,奥地利(1887年)、挪威(1902年)、英国(1910年)、法国(1921年)、日本(1922年)等国家相继有了医疗保险的立法,建立了自己的医疗保险制度[①]。

2. 医疗保险的发展

在1929—1933年的世界性经济危机后,医疗保险立法进入全面发展时期。这个时期的立法不仅规定了医疗保险的对象、范围、待遇项目,而且对与医疗保险相关的医疗服务也进行了立法规范。其中,英国颁布的《国民健康法》是这一制度全面发展的典型,并为美、德、法等国家所效仿。1927年,国际劳工组织通过的第24号公约《工商业工人及家庭佣工疾病保险公约》和第25号公约《农业工人疾病保险公约》分别要求在工商业和农业实行强制疾病保险制度,对各国制定政策和立法具有指导意义。1944年,国际劳工组织通过的第69号建议书《医疗保健建议书》呼吁各国政府满足公民对医疗服务和设施的需要,以便恢复健康和预防疾病进一步恶化,减轻疾病所带来的痛苦,进一步保护和改善健康状况[②]。这项建议表述了医疗社会保险的新观念,即综合的普遍的保护健康,被许多国家采纳,并在本国通过立法付诸实践。1969年国际劳工组织通过的《医疗护理与疾病津贴公约》和《医疗照顾与疾病津贴建议书》又扩大了疾病保险的适用范围。目前,世界上160多个国家建立了不同形式的医疗保险制度,包

---

① 郑功成. 社会保障学[M]. 北京:中国劳动社会保障出版社,2005:314-315.
② 侯海元. 关于我国医疗社会保险制度的思考[J]. 兰州交通大学学报,2006,25(2):3.

括所有发达国家和许多发展中国家[①]。

3. 中国的全民医保路

中华人民共和国成立时，国内各领域处于"一穷二白"的状态。为提升医疗卫生水平，确保"革命的本钱"——人民健康，我国开始了漫长曲折的全民医保探索之路。

计划经济时期，城市形成了以企业责任为代表的劳保医疗和以财政支出为代表的公费医疗构成了主要的医疗保障体系：1951年2月26日，国家颁布《中华人民共和国劳动保险条例》，由此建立了面向城市企业职工（产业工人）医疗费用的劳保医疗制度；1952年颁布的《中央人民政府政务院关于全国各级人民政府、党派、团体及所属事业单位的国家工作人员实行公费医疗预防的指示》和《国家工作人员公费医疗预防实施办法》以及1953年发布的《卫生部关于公费医疗的几项规定》，对公费医疗的实施进行了具体规定，标志着公费医疗制度的建立。

在农村，合作医疗成为主要医保形式。1955年5月1日，山西省高平县米山乡联合保健站挂牌，以农村居民为对象，互助共济，实行"医社结合"、由社员群众出"保健费"的集体保健医疗费制度[②]，由农村集体生产组织和个人共同出资，开启了中国传统农村合作医疗之路。同年11月，在卫生部肯定了米山乡的经验后，这一做法在全国得到推广[③]。

改革开放后，为适应社会主义市场经济体制，在城市首先展开了多方责任分担机制的城镇职工基本医疗保险制度改革，与探索和建立城镇职工基本医疗保险相并行的是农村合作医疗的衰落和城镇居民医疗保障的缺失。在城镇职工基本医疗保险建立之后，我国医疗保险逐步开始了全民化的进程，新型农村合作医疗与城镇居民基本医疗保险的相继诞生初步确立了我国社会医疗保险的制度框架。

1994年12月，江苏镇江与江西九江率先开展职工医疗制度改革试点。1994年3月，国家体改委、财政部、卫生部、劳动部共同制定了《关于职工医疗保险制度改革的试点意见》，提出试点建立社会统筹与个人账户相结合的社会医疗保险。同年11月，国务院发布《国务院关于江苏省镇江市、江西省九江市职工医疗保障制度改革试点方案的批复》，提出从1995年开始在江苏镇江、江西九江进行职工医疗保障制度改革试点。"两江"试点的两项开创性工作：一是用社会化的社保制度代替了单位劳保制度和公费医疗制度——进入市场经济后，企业强弱差异加剧，医保公平性已难保证，于是社会性医保统筹呼之欲出；二是建立了定点医疗制度，并由此产生了由医保部门购买医疗服务的机制。1996年4月，国务院在总结"两江"试点的基础上，将医疗保障制度改革试点范围再次扩大，在56个城市推广。

[①] 仇雨临. 医疗保险[M]. 北京：中国劳动社会保障出版社，2008：26.
[②] 仇雨临. 中国医疗保障70年：回顾与解析[J]. 社会保障评论，2019（1）：89-101.
[③] 张自宽. 对合作医疗早期历史情况的回顾[J]. 中国卫生经济，1992（6）：21-23.

1998年,《国务院关于建立城镇职工基本医疗保险制度的决定》,标志着城镇职工基本医疗保险制度诞生。正式提出在全国范围内进行城镇职工医疗保险制度改革,根据财政、企业和个人的承受能力,建立保障职工基本医疗需求的社会医疗保险制度。以此为起点,我国进入社会医疗保险的发展阶段。

2003年1月,《关于建立新型农村合作医疗制度的意见》提出,建立新型农村合作医疗(简称"新农合"),标志着数亿农民无医保的历史从制度上宣告结束。

2007年7月,《国务院关于开展城镇居民基本医疗保险试点的指导意见》发布,标志着基本医疗保险的最后一块空白城镇非就业居民看病也有了制度保障,城镇居民基本医疗保险制度就此诞生,并于2009年全面推开。

2016年1月,国务院发布《国务院关于整合城乡居民基本医疗保险制度的意见》,正式在全国范围内统一部署和启动城镇居民基本医疗保险和新型农村合作医疗制度的合并工作,建立统一的城乡居民基本医疗保险。

2018年3月,中华人民共和国第十三届全国人民代表大会第一次会议通过《国务院机构改革方案》,将人力资源和社会保障部的城镇职工和城镇居民基本医疗保险、生育保险职责,国家卫生和计划生育委员会的新型农村合作医疗职责,国家发展和改革委员会的药品和医疗服务价格管理职责,民政部的医疗救助职责进行整合,组建国家医疗保障局,作为国务院直属机构。自此对我国医疗保障制度进行大刀阔斧的深化改革,统筹推进"三医联动"。

2019年3月,国务院办公厅印发《国务院办公厅关于全面推进生育保险和职工基本医疗保险合并实施的意见》,生育保险基金并入职工基本医疗保险基金,统一征缴,统筹层次一致,将生育医疗费用纳入医保支付方式改革范围,推动住院分娩等医疗费用按病种、产前检查按人头等方式付费。同年5月,国家医保局正式公布了DRG(疾病诊断相关分组)付费国家30个试点城市名单,开启了DRG付费试点。

2020年12月,《医疗保障基金使用监督管理条例》经国务院第117次常务会议通过,这是我国医疗保障领域首部行政法规,意味着医保基金使用监督管理终于纳入法治化轨道,并在全国7个城市开启了DIP(按病种分值付费)付费试点。

2021年4月,《国务院办公厅关于建立健全职工基本医疗保险门诊共济保障机制的指导意见》在统筹的基础上提出了"共济"概念,补齐了我国基本医疗保险门诊费用保障的制度短板,由原来的积累式走向了互助共济式,6月,国家医保局正式就《医疗保障法(征求意见稿)》向社会公开征求意见,意味着医疗保障正式步入法治化建设的实质进展阶段。

4.4.2 医疗保险的运行逻辑与关键机制

医疗保险的逻辑起点是健康(疾病)风险的分担,作为一种财务保障机制,在大数法则的数理基础上，医疗保险得以运行，对健康（疾病）风险所造成的经济损失进行补偿。而医保作为连接医疗卫生服务供给方与需求方的重要纽带，通过一系列的关联机制，即支付机制、谈判机制、价格机制和监管机制来实现与医疗和医药的联动（三医联动），进而实现医疗保障的功能。

1. 医疗保险的运行逻辑

健康是人类生存和发展的基础，是人最基本的需求。健康"不仅是疾病与体虚的匿迹，还是身心健康社会幸福的总体状态，是基本人权，达到尽可能高的健康水平是世界范围的一项最重要的社会性目标"[1]。健康取决于遗传、自然和社会环境、行为方式和生活习惯、医疗保健服务等诸多因素。工业化带来的环境污染和职业伤害，以及现代社会不良的生活方式，再加上人口结构的老龄化和慢性非传染性疾病比例的上升，人们的健康问题越来越多，进而对健康的需求不断增加。面对健康风险的冲击，由于个人社会经济状况的影响，人们需要一种共同分担和转移风险的财务保障机制，于是以解决健康风险为目的的医疗保险机制便应运而生。大数法则是医疗保险运行的数理基础，其指出：风险单位的数量越多，那么实际产生的损失结果就越接近于从无限单位数量中得出的预期损失的可能结果。根据这一定理，认为保险方可以较为精确地预测发生的危险，并计算合理的保险费率，从而使一定期限内保费投入与损失赔偿及其他费用开支基本保持平衡，由定理可知，一方面保险方承保的每类标的数量必须足够大，否则就不能够产生保险运行所要求的数量规律；另一方面保险方对所承保的事件发生率应是概率较低但损失金额较大的事件（即小概率大风险），这样就可以通过集中广大参保者缴纳的医疗保险资金重点补偿少数发生疾病经济风险的参保患者所造成的损失[2]。最初的保险机制是以疾病保险为主的医疗保险，然后发展为疾病与预防相结合的健康保险。通过医疗保险机制，人们用较低的成本支出，获得基本的医疗服务，从而达到健康保障的目标。

从承保范围来看，医疗保险可分为广义的医疗保险和狭义的医疗保险[3]。国际上一般将广义的医疗保险称为"健康保险"（health insurance），所包含的内容比较广泛，包括死亡、人身伤害、疾病等。国外发达国家的健康保险不仅补偿由于疾病给人们带来的医疗费用等直接经济损失，也补偿由疾病导致的收入下降等间接经济损失，还有些国家的健康保险包含了预防保健、健康促进等方面的内容。狭义的医疗保险（medical insurance）单纯指对疾病和意外伤害发生后所导致的医疗费用的补偿。在本书中，我们使用的医疗保险概念，是指通过国家立法，由政府、单位、个人筹资建立医疗保

---

[1] World Health Organization.WHO called to return to the Declaration of Alma-Ata[EB/OL]. [2022-08-19]. https://www.who.int/teams/social-determinants-of-health/declaration-of-alma-ata.

[2] 冯毅. 基本医疗保险门诊统筹模式研究[D]. 武汉：华中科技大学，2014.

[3] 仇雨临. 医疗保险[M]. 北京：中国劳动社会保障出版社，2008：11.

基金，为公民提供因疾病所需医疗费用补偿的一种社会医疗保险制度。

"以收定支、收支平衡、略有节余"是医疗保险的筹资原则。资金来源主要有：①被保险人个人缴纳的保险费；②被保险人所在单位（雇主）缴纳的保险费；③政府资助以及其他方面的收入等。其中个人和单位缴纳的保险费是医疗社会保险资金的主要来源。其筹资方式主要为：①固定保险费金额；②与工资挂钩（按工资的百分比缴纳）；③与收入挂钩（按个人收入的百分比缴纳，不仅仅是工资）；④按区域缴纳（按各区域内卫生基本设施的条件，确定几种保险费级别）等。其中，最通常采用的方式是与工资挂钩，即工薪税的方式。

2. 医疗保险关键机制

医保作为连接医疗卫生服务供给方与需求方的重要纽带，通过一系列关联机制，如价格机制、谈判机制、支付机制和监管机制等来实现与医疗和医药的联动（三医联动）以及医疗保障的功能。

1）医疗服务价格机制

医疗服务市场兼具私人产品性和社会公益性的特征，因此，医疗服务价格需要在政府引导把控和市场主导配置的模式下形成。对医疗服务价格形成机制来说，首先要尊重其私人产品特征，以市场配置资源为基础，继而佐以政府宏观调控手段进行有效规制，建立起适应社会需要和产业发展的完备的市场定价体制。影响医疗服务价格形成的因素主要有医疗服务的商品价值、货币价值、供求关系、卫生健康政策以及国际价格等。

总的来说，医疗服务价格形成机制如式（4-1）所示：

$$医疗服务价格 = \frac{单位医疗服务价值}{单位货币价值} \tag{4-1}$$

医疗服务的价值与医疗服务价格呈正比，货币价值与医疗服务价格呈反比。同时，国家卫生健康政策以及国际价格等因素会通过影响医疗服务的供求关系来影响医疗服务的定价。

关于医疗服务价格定价，在市场经济条件下，企业定价方法一般有三种。

（1）成本加成定价法（cost-plus pricing），即以获得预期利润为定价目标，在医疗服务领域的药品加成中应用较广。其计算公式如下：

$$单位产品或服务价格(P) = 单位产品成本(C) \times (1 + 加成率) \tag{4-2}$$

（2）目标利润定价法（target-return pricing），指企业根据总成本和预期销售量，并确定期望目标收益率，进而确定价格。其计算公式如下：

$$单位产品单价(P) = (总成本 + 目标利润) \div 预期销售量 \tag{4-3}$$

$$目标利润 = 总成本 \times 目标成本利润率 \tag{4-4}$$

（3）边际成本定价法（marginal cost pricing），该方法主要考虑变动成本，而不是固定成本因素。其计算公式如下：

$$单位产品价格（P）=单位变动成本+边际贡献 \quad (4-5)$$

$$边际贡献=预期收入-变动成本收益 \quad (4-6)$$

随着医疗技术进步和健康需求的增长，对医疗服务价格的合理性和科学性要求越来越高。医疗服务支出的上升是进行医疗服务价格调整的初始点。

根据医疗费用支出公式：

$$E = P \cdot Q \quad (4-7)$$

其中，E 表示医疗费用支出；P 表示医疗服务价格；Q 表示医疗服务数量。

市场竞争程度降低、物价水平提高以及现代医疗服务系统中昂贵的新技术等因素会导致医疗服务价格上升，而人口老龄化、人们收入水平的提高、医疗保险能力的不断完善等则会导致医疗服务需求量的增加。医疗服务价格和医疗服务数量的提高是时代发展的必然趋势，也必然导致医疗费用支出的增加，人们维持健康水平的成本也不断提升，要确保医疗费用支出增加与社会发展水平相适应，就需要对医疗服务价格进行调整。

药品价格形成机制（formation mechanism of drug prices）是指以药品市场配置资源为基础，完善有效的政府宏观调控为手段，通过建立有利于产业结构优化、行业可持续发展的价格指数、完整的成本核算框架、完备的市场交易体制，引导药品生产、流通和消费的价格制定与调整的制度安排。由于药品价格与医疗卫生体系息息相关，因此药品价格形成机制是一种特殊的定价机制。药品价格主要牵涉到五个主体的核心利益：药品生产厂商、药品流通企业、医保部门、医疗机构与患者。药品的价格取决于其药物价值的高低，药物价值越高则药品定价越高，药物价值越低则药品定价越低。在市场经济条件下，竞争激烈的药品市场还受到替代品的竞争影响，随着制药技术的创新发展，药品的社会劳动生产率会提高，从而导致药价的下降。政府的管控行为是影响药价的另一个重要因素，药价的高低会直接影响医疗保障体系运行效率以及社会稳定，因此政府会对药品定价严加干预，修正市场中扭曲的药品价格。

2）医疗保险谈判机制

市场机制在医疗保险服务管理中的运用就表现为用协商谈判的管理方式来改造甚至替代行政管理方式，用服务购买来体现医疗保险经办机构和医疗服务提供方的平等契约关系，用交往理性来适应医疗服务管理的复杂性。目前，运用谈判机制来购买医药服务、协调医疗保险经办机构与医疗机构及药品供应商之间的关系已经是国外很普遍的做法，尤其是在医疗保险制度比较完善的国家。本质上是服务购买的谈判，围绕购买什么服务（品种、数量和质量）、如何支付费用等展开。

医保医药谈判机制指在医药服务购买过程中，医疗保险各方主体通过协商谈判的方式就医药产品的价格、质量、付费方式和分担比例等方面问题达成对各方均有约束性协议结果的一种互动机制①。构建医保的医药谈判机制,能够在各医药服务提供方之间形成一种竞争机制,促进医药企业加强成本控制和研发创新,提高医疗保险部门的基金使用率,使企业在赢得更多合理利润的同时提高社会整体健康水平。参与者主要包括以政策发布和指导谈判为主的政府方,提供药品评价、临床评价参考的医疗机构(专家)方,以药价支付为主的医保方,作为谈判对象的药品生产企业方以及辅助谈判的社会组织,具体参与主体如图4-1所示。

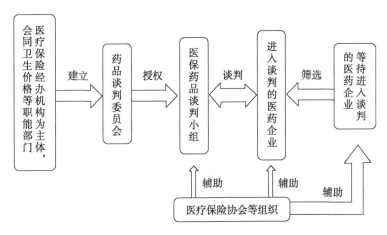

图 4-1 医疗保险药品谈判主体

药品价格谈判工作的一般流程是企业自主申报,进而由药品谈判委员会下属的评估组织从不同角度对药品展开评估,综合性评估结果呈交委员会;最后由专业的谈判小组与生产企业展开谈判,公开谈判结果,适时开展再评估,具体程序如图4-2所示。

3)医疗费用支付机制

医疗费用支付是社会医疗保险的一个重要环节,是社会医疗保险的保障功能得以最终实现的有效途径。从患者角度来看,医疗费用是指患者在治病过程中发生的各种费用,包括诊疗费用、手术费用、住院费用、护理费用以及使用医疗设备费用等所有发生在医疗机构的医疗服务费用;从国家层面来看,医疗费用是指在一定时期内,国家为达到疾病防治、提高人民健康水平,在医疗保健服务所投入的经济资源,广义指一定时期内为保护人群健康直接和间接消耗的社会资源;狭义指一定时期内,为提供医疗服务直接消耗的经济资源。医疗费用支付机制主要是指对所发生的医疗费用进行补偿的方式,分为供方支付机制与需方支付机制两方面。支付制度是连接医保与医疗服务的最直接的纽带,也是沟通医疗卫生服务供需双方的直接桥梁。此外,支付制度除了影响医疗机构的收入外,还会影响医疗卫生资源的配置,医生的薪酬、医疗服务数量和质量,推动公立医院的改革。

---

① 吴嘉怡,余伯阳. 我国全民医保下的药品价格谈判机制研究[J]. 中国医药导报,2013,10(33):158-162.

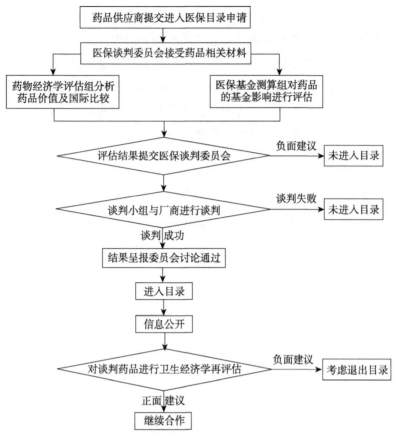

图 4-2 医疗保险药品谈判程序

（1）需方支付机制。医疗费用支付的需方主要指参保患者。医疗保险补偿医疗费用，抵御疾病经济风险的功能都是通过一定的支付方式来实现的，作为一种医疗消耗的补偿手段，体现了医疗保险分担医疗费用风险的功能。合理的支付方式是有效地控制卫生费用，保障患者健康，正确引导供需双方行为，抑制道德风险的关键。其中，医疗费用需方支付要素包括起付线（deductibles）、共付率（copayment）以及封顶线（ceiling）。

起付线又称免赔额，指被保险人就医时首先自付一定额度的医疗费用，超过此额度标准的医疗费用由保险方支付。自付额度标准称为"起付线"（俗称"门槛"）。起付线一般可以分为三种类型[①]：年度累计费用起付线、单次就诊费用起付线、单项目（一般为特殊医疗项目）费用起付线。这种需求者自付机制可以减少由于小额赔付产生的交易成本过高问题，减少审核时的管理费用；不但可以降低保费费率，而且又能保证对高费用的偿付。此外，合理的起付线可以抑制一部分不必要的医疗服务需求，增强

---

① 郑功成. 社会保障学[M]. 北京：中国劳动社会保障出版社，2005：137.

参保者的费用意识,减少医疗卫生资源浪费。若起付线过低,可能导致参保者过度利用医疗卫生服务,起不到提高消费者自觉控制医疗费用的作用;若起付线过高,会超越部分参保者的经济承受能力,抑制其正常的医疗服务需求,可能使部分参保者不能及时就医,小病拖成大病,反而增加医疗费用。因此,确定适当的起付线十分重要,应根据绝大多数参保者的经济收入水平和医疗费用的频率分布状况来合理确定起付线,一般认为适合人们的承受能力和有效增强患者的费用控制意识为宜。

共付率是指医疗保险机构和被保险人按一定的比例共同偿付医疗费用时,患者所负担的医疗费用比例。共付率可使被保险人根据自己的偿付能力选择适当的医疗服务,有利于调节医疗服务消费,控制医疗费用。共付率还可减少因患者的事后道德风险给保险机构造成的额外损失,一般用在中等程度的费用偿付中。如一般的住院治疗以及可能导致高费用支出的门诊治疗(如精神疾患的门诊医疗等)。自付比例的高低直接影响被保险人的就医行为,因此,难点在于患者自付比例的合理确定。自付比例过低,对被保险人制约作用小,达不到控制卫生费用不合理增长的目的;自付比例过高,可能超越被保险人的承受能力,抑制正常的医疗需求,造成小病不治酿成大病,加重被保险人的经济负担,达不到保险的目的。另外,不同人群和不同收入状况采用同一自付比例,可能出现卫生服务的不公平现象。国际上,被保险人自付比例一般为20%左右,自付比例超过25%,病人就诊率会有明显降低[①]。因此,共付率要做到既能满足人们对疾病风险的规避要求,又能有效地制约其道德风险,抑制由于过度使用医疗服务造成的医疗费用的快速上涨。要做到针对不同的医疗服务项目设定不同的共付率,有效控制需方的道德风险。比如,对于某些治疗效果好而且费用低的医疗服务项目可以设定较低的共付率,以鼓励被保险人使用。而对于费用过高而且不必要的医疗服务项目,则设置较高的共付率,以提高患者使用的成本,并可根据对实施效果的数据分析来确定最优的共付率。

封顶线分为最高自付限额和最高保险限额。最高自付限额是指被保险人在一定时间内自付的医疗费用达到一定额度后,不再继续自付原应分担的医疗费用(俗称"需方封顶")。这将使被保险人的经济负担限制在一定范围内,避免少数发生重大疾病的参保病人发生经济困难。此方法一般与单次就诊费用起付线法、单项目费用起付线法和比例分担法联合使用,经济发达国家多采用这种方法。最高保险限额系指第三方付费者给予其投保患者赔付的最高额度,超过该额度的费用则不予支付,而要患者自己承担(俗称"给付封顶")。其用意是排除个别巨额赔付可能带来的保险机构的大量高额支出,以及由此导致的高额的保费费率;同时,注重向大多数人提供基本的医疗服务,而非少数人大额的支出,反映了较低的保障水平;一定程度也有抑制消费者过度

---

① 张肖敏. 医疗保险基本理论与实践[M]. 香港:世界医药出版社,1999:116-117.

高医疗需求的功能。通常用在绝症或长期住院等的费用支付上。总之，医疗技术发展的无限性和保险基金的有限性之间的矛盾促使对被保险人的偿付额给予限定。设置封顶线有利于限制被保险人对高额医疗服务的过度需求，以及医疗服务提供者对高额医疗服务的过度提供；有利于鼓励被保险人重视自身的身心健康，防止小病不治酿成大病。

（2）供方支付机制。医疗服务供方的费用支付（偿付）是指社会医疗保险机构作为第三方代替被保险人向医疗服务供方支付（偿付）医疗服务费用的方法，是社会医疗保险主要的费用支付（偿付）方式。世界各国的改革实践表明，鉴于医疗服务提供者在医疗服务市场的特殊地位，对医疗服务提供方的控制是控制医疗费用的关键和核心，而对提供方的费用支付（偿付）方式又是控制医疗服务提供方行为的最有效手段。按照支付与服务发生的时间先后，可将供方费用支付（偿付）方式划分为预付制和后付制。预付制是医疗服务的提供者与购买者按照双方商定的病种、项目和价格签订合约，具体形式包括按病种付费、按人头付费、总额预算制等；后付制是购买者按照向患者实际提供的服务项目和数量支付费用，具体形式包括按服务项目付费和按服务单元付费等。下面简要说明各种偿付方式的特征。

①预付制。预付制是指预先对统筹地区医保基金支出额进行测算，并按一定的标准和时间对医疗机构的医疗服务支付费用。主要代表有单病种付费、按病种分值付费、按疾病诊断相关分组付费、按人头付费、总额预付。

单病种付费：单病种是指不含并发症且相对单一的疾病。单病种付费，是指对确定的病种进行诊疗全过程的独立核算和费用总量控制，医疗机构的收入仅与每个病例及其诊断有关，而与治疗该病例的实际花费无关。单病种付费控制了医疗费用不合理增长，促进医院提升医疗服务质量和效率，有助于医患关系的和谐及分级诊疗的推进；但单病种付费标准确定困难，会忽视患者个体差异，覆盖的病种数量有限导致受益患者数量较少，同时会引发医院之间恶性竞争，拒收重症病人。

按病种分值付费：又称点数法，强调相对价值，所有病种预先设定的点数（分值）实际表明了相应疾病治疗的技术难度、资源消耗程度等。按病种分值付费是总额预算下的按病种付费方式。医保中心根据不同的施治要求和费用的历史平均水平，给本区域各病种设定不同分值，大病重病的分值高，小病轻病分值低；不同等级医院，分值乘以不同的系数；而后医院以累计总分值与医保中心结账。按病种分值付费能够限制过度医疗，建立"内部监控"机制，在一定程度上促进分级诊疗，同时有效促进同级医疗机构的相互竞争和比较；但如果医院间等级系数差别过大，会与分级诊疗背道而驰。同时在严格的预算约束下，医师可能寻求"预算外"收入，影响参保者的就医质量。

按疾病诊断相关分组付费：和按病种分值付费相似，只是将同质的疾病以及治疗方法和资源消耗（成本）近似的住院病例分在同一组，给每个病组确定相应的分值。这一付费方式能够控制医疗费用，提高医疗服务效率，提高医院的医疗质量，提高病案管理质量，促进信息系统建设；但仅适用于住院患者，部分医疗费用不易控制，收治患者容易出现推诿现象。

按人头付费：医保机构根据事先确定的每个服务人口的付费标准，以及医疗机构所服务的参保人员数，向医疗机构支付费用，并适当根据参保人年龄、健康状况等影响医疗服务需要的因素调整不同人群的付费标准，不再考虑实际发生的医疗服务数量。按人头付费切断了服务收入与医疗机构的收入联系，能破除"以药养医"的局面。同时引入竞争机制，能促使医疗机构降低服务成本，提高服务质量；但如果医疗市场缺乏竞争，则医生的服务积极性不足进而可能减少服务并影响服务质量，医生也可通过减少服务量和降低服务质量来提高收入。

总额预付：在年度医保基金收入预算确定的情况下，对医保基金总支出的计划安排，即医疗保险机构根据某一区域以前年度参保人数、就诊患者数量、次均卫生费用水平，综合考虑就诊患者数量增长、通货膨胀、技术进步等因素，确定下一年的费用预算总额，然后将费用分配到不同的医院及科室，医疗机构在预算费用内提供医疗服务的一种支付方式，如果实际发生费用超支，超支部分由医院自己承担，以保证医保费用支出控制在合理增长范围（一般不大于医保基金收入的增长水平）。总额预付能够提高医保部门的工作效率，减轻了医保部门工作人员的压力；但定点医院预付总额受限制，易出现拒收或推诿的现象或者削减服务的现象，不利于维护参保患者的利益。

②后付制。后付制是指在医疗服务发生后，根据所发生医疗服务的数量和相关支付标准进行支付的方式。

以按服务项目付费为代表，其是指医保经办机构根据各定点医疗机构向参保人提供的医疗服务项目来支付费用的一种后付制支付方式。后付制对患者有较大的选择权，医疗机构提供医疗服务的积极性较高，同时简单方便，易于操作和管理；但难以约束医方对患方的医疗需求诱导行为，造成医疗资源浪费，同时无法控制医疗费用尤其是不合理医疗费用的快速增长。

4）医疗保障监管机制

社会医疗保险监督是社会医疗保险管理的重要组成部分，医疗保险经办机构通过法定的方式，依据法定的程序对社会医疗保险系统中各方的行为（医疗机构、医保部门、参保人和医疗服务产品）进行监督和控制，是医保管理的职责所在。建立社会医疗保险的目的是保障人们的基本医疗需求，同时，又要控制医疗费用的不合理增长，减少卫生资源的浪费。

针对医疗保险的监管内容主要包括医保基金管理与医保基金使用两个方面。对于收缴上来的医疗保险费用，医疗保险金是否会挪作他用，以及在金融运用上是否安全，都是广大群众关心、关注的问题。这就需要对医疗保险基金进行财政的专户管理，实行透明公开的管理政策，加强内部审计的同时，结合外部的监管、监督，确保医疗保险基金的收入和支出达到基本平衡或稍有结余，并及时地向社会报告管理近况，提高医疗保险基金运营的效率[1]。医疗保险基金的使用主要是依据保险政策对患者就医费用给出补偿款，这一领域的监管既包括对医保基金使用的合法性监管，也涵盖对医保基金使用效率的监管。监管涉及医保经办机构、医生和参保人各方的行为。从监管队伍构成上看，医保监管已经从原来的医保部门监管向医保经办机构主导、行政部门依法履责、邀请第三方、聘请社会监督员等在内的多主体监管转变。针对监管对象广泛、信息分散、行为隐蔽等特点，目前医疗保险监管机制已形成了多种监管方式方法，并在实践中不断完善，包括多形式监督检查制度，欺诈骗保行为举报奖励制度，医保信用评价与管理制度以及信息披露机制等。

医疗服务的监管是指监管主体为保证医疗服务的公平性、安全性、有效性和经济性而对医疗服务提供者实施的监督管理的活动。从监管内容而言，医疗服务监管包括医疗服务要素准入监管、医疗服务运行质量监管和医疗服务安全风险监管。围绕这些监管内容，运用公共权力制定和实施规则与标准的政府部门，以及来自医疗机构自身、行业组织和社会公众的监管力量共同规范和约束医疗服务机构的服务活动，确保医疗服务的提供效率和公平[2]，其监管基本上可以划分为政府监管机构与非政府监管主体两类，监管方式主要有绩效监控、巡查和调查三类。

医药服务市场由于存在垄断、信息不对称、药品价格作用机制较弱等问题，存在明显的"市场失灵"现象，因此，需要构建全方位的医药服务监管机制。医药服务监管机制的监管内容主要包括药品器械价格、安全性与质量三方面，目标是确保公众用药安全、有效、经济、合理、方便与及时。近年来，随着社会多元治理理论的兴起，治理主体的多元化逐渐被越来越多的学者所认同，医药服务监管也更加强调政府监管机构与非政府监管主体共同治理的权利和责任。传统药品监管以行政立法、行政审批为主要规制手段，现代化的药品监管则主要运用药品抽查检验、行政指导、服务购买和奖励补贴方式。

4.4.3　医疗保险的主要模式

在实施医疗保险制度的国家，基本上都是以某种制度为主，同时并存其他制度形式。由于医疗保险涉及医（医院、医生）、保（医疗保险机构）、患（患者）三方关系，因此，医疗保险制度分类是一个十分复杂的问题。按照医疗保障对象、医疗保险基金

---

[1] 李秀娟. 浅谈医疗保险基金内部审计的内容及方法[J]. 纳税, 2018 (18): 195.
[2] 刘兰秋. 试论我国现代化医疗服务监管制度的构建[J]. 中国医院, 2013 (11): 15-17.

筹集、医疗保险费用支付、就医方式、医疗保险资金和业务管理等指标，可将目前世界各国的医疗保险制度分为国家型医疗保险、社会型医疗保险、商业型医疗保险、储蓄型医疗保险等模式[①]。

1. 国家型医疗保险模式——英国

国家型医疗保险是指以国家税收单方付费为主的国家卫生服务偿付模式。政府通过税收筹集医疗保险资金，通过财政预算的形式有计划地拨给有关部门或直接拨给公立医院以及全科医生，其国民可享受公立医疗机构提供的免费或低收费的医疗服务。代表国家有英国、瑞典等欧洲国家，苏联以及中国20世纪实行的公费医疗制度都属于国家型医疗保险模式。

英国是最早实行国民卫生服务（national health service，NHS）的国家，也是此种类型最具有代表性的国家。英国现行的医疗保险制度主要由NHS、医疗救助制度和私人医疗保险制度构成。其中以NHS为主体，它通过两种途径向国民提供医疗服务：一种是由国家直接投资的公立医疗机构或与国家卫生服务有合同关系的营利医疗机构提供；另一种是由以日薪形式受雇于国家卫生服务机构的雇用医生或与之有合同关系的独立医生提供。英国的医疗服务体系呈现金字塔形结构，分为中央医疗服务、地区医疗服务和地段初级医疗服务三级组织。中央医疗服务机构主要负责疑难病的诊治和进行医疗科技研究，地区医院提供综合和专科医疗服务，地段家庭医生提供初级医疗服务。

2. 社会型医疗保险模式——德国

社会性医疗保险是基于大数法则分摊风险的机制和社会互助原则，通过国家立法强制实施的医疗保险制度，由雇主和雇员共同缴纳以及政府补助多渠道筹集资金，当参保人及家属因患病、受伤或生育需要医治时，由社会保险提供医疗服务和医疗费用的补偿。社会医疗保险制度是目前世界上采用最多的模式，具有很强的代表性和普适性，其中，德国的医疗保险制度历史最悠久，也最具有代表性。

1883年，德国颁布了《疾病社会保险法》，成为世界上第一个建立强制性医疗保险制度的国家。在医疗保险的目标选择上，由于历史传统、民族秉性、文化习惯、社会环境等因素的共同影响，德国社会医疗保险制度强调团结互助、社会公平和健康权利的统一；在医疗保险的契约治理上，由政府、雇主、雇员和社会中介机构共同参与，在法律框架下实行公私竞争、管办分离和多元参与的社会自治体制；在医疗保险的偿付模式上，偿付范围完整，偿付水平较高，同病同报酬，疾病基金会对医疗服务机构分类进行第三方支付。在医疗保险的保障效应上，促进医疗保险向健康保障的转变，

---

① 仇雨临. 医疗保险[M]. 北京：中国劳动社会保障出版社，2008：122-143.

使得国民以较低的经济负担享有均等的医疗保障，提升国民健康水平。

德国的医疗保险由两大系统构成：法定医疗保险和私人医疗保险。工资收入低于社会义务界限的雇员、失业者、领取养老金的退休人员、自雇人员（农民和家庭手工业者）、义务兵、大学生和就业前的实习生等，必须参加社会医疗保险。月收入高于社会义务界限的雇员、公务员、自由职业者、法官、律师、军人等，可以选择参加法定保险或私人保险。

德国社会医疗保险支付范围几乎涵盖了所有的保健和医疗项目，如疾病预防和早期诊断、疾病治疗、康复、生病期间的护理、丧葬待遇、妇女孕期和哺乳期的待遇、病假补贴及护理假期等，不但范围广泛、内容完善，而且偿付水平和服务质量也极高。

德国社会医疗保险由政府依法举办，政府通过框架立法为医疗保险体制制定宽泛的政策目标和规则，具体实施的权力下放给省一级的疾病基金会和法定健康保险医师协会。在德国医疗保险管理运行体系中，存在保险缴款人、疾病基金会、医疗服务提供者、同业协会、行业监管者、政府监管者等参与主体，实行公私竞争、管办分离的运行体制，发挥保险机构之间的竞争激励作用。

3. 商业型医疗保险模式——美国

商业型医疗保险模式是指以商业保险为主的多方付费的市场医疗保险偿付模式。商业医疗保险模式下，医疗保险是一种按照市场自由经营法则可自愿买卖的商品，其资金筹集来源于参保者个人或其雇主所缴纳的保险费，缴费水平由个人年龄、性别、健康水平决定，费率具有差异，医疗服务则几乎全部是由私人予以提供的，政府干预较少。

美国是这一模式的典型代表。美国的医疗保障体系可分为两大部分，即社会医疗保险和商业医疗保险，以私人商业医疗保险为主，参与主体包括私人部门、非营利组织和公共部门。社会医疗保障制度由政府主办，包括三个部分，即针对老人和失能者的医疗照顾计划（Medicare）；针对低收入人口的医疗救助计划（Medicaid）；此外还有政府直接负责支付与提供医疗服务的、专门针对印第安人和退伍军人实施的健康服务计划（免费医疗制度）等。私人医疗保险一般由企业雇主和雇员共同出资形成医疗保险基金，向医疗保险公司集体购买医疗保险，政府一般不出资或不补贴，也不直接参与管理。

美国健康保险高度发达，其特点是完全采用市场机制来运转，在所有发达国家中，美国是唯一一个没有全民社会健康保险的国家。美国在医疗保险上更多的是强调个人的责任而非政府责任，因而在美国就形成了独特的以商业医疗保险为主的医疗保障制度。美国私人医疗保险组织多种多样，大致可以分为三个部分：一是蓝十字（Blue Cross）

或蓝盾组织（Blue Shield）开办的医疗保险。这是一种分别由医院联合会和医生组织作为社会群体发起成立的非营利保险公司，设有一个松散的全国性网络，分别为投保者提供住院和门诊医疗服务。二是私立或商业保险公司的医疗保险，主要为个人或团体（主要是为雇员购买保险的企业）提供住院医疗保险，重点承担费用较高的医疗项目，而费用过高的项目还要进行单项投保。三是健康维护组织（Health Maintenance Organization，HMO），这是私人医疗保险中最大的一家保险组织，也是目前美国最为庞大的商业性医疗保险系统。HMO 也有非营利和营利性之分，其中营利性 HMO 增长速度很快。近年来，营利性 HMO 增长速度是非营利性 HMO 的两倍。由于重视疾病防治，HMO 各项医疗费用开支较低，相应的保险收费也较低。

4. 储蓄型医疗保险模式——新加坡

储蓄型医疗保险模式是指以私人为主的多方付费的储蓄医疗保险偿付模式。国家通过立法，强制劳动者或劳资双方缴费，以雇员的名义建立保健储蓄账户（个人账户），用于支付个人及家庭成员的医疗费用。

新加坡作为储蓄型医疗保险模式的典型代表，其医疗保险制度包含三个部分，即强制性的，以帮助个人储蓄和支付医疗保险费用为目的的保健储蓄计划；非强制性的，对大病进行保险的健保双全计划；政府拨款建立保健信托基金，以帮助贫困国民支付医疗费用的保健基金计划。政府补贴、保健储蓄、健保双全、保健基金共同构筑了新加坡的医疗保险网，保证每一个国民都能获得基本医疗服务。其中，医疗保健储蓄是强制性质的中央公积金制度的组成部分，它要求所有在职员工按照一定收入比例定期交纳公积金，并根据不同年龄确定不同的缴费率。在新加坡，每个居民都有自己的医疗保健储蓄账户，该账户只限于支付住院费用和少数昂贵的门诊费用，并有严格的启动和提取限额。从医疗保险的属性来看，新加坡的医疗保险包含了个人储蓄（个人账户）、社会医疗保险和社会医疗救助三个并列的制度。

案例讨论：政策"牵手"市场，医保谈判再现"灵魂砍价"

2021 年 12 月 3 日，一则国家医保局"灵魂砍价"的视频引发热议，在长达一个多小时的谈判过程中，国家医保局谈判代表、福建省省医保局药械采购监管处处长张劲妮晓之以理、动之以情，一次又一次地请药企谈判组"再商量一下"，药企谈判代表 8 次离席商议定价，最终，用于治疗脊髓性肌萎缩症（SMA）的诺西那生钠注射液 5 毫升 12 微克每支的报价从 53 680 元经过两轮九次报价最终降到了 33 000 元左右，前后降幅接近 40%，曾经"70 万元一针"的诺西那生钠注射液终于进入国家医保目录。

新闻标题：谈判双方竭尽全力，双方经历 8 次交锋！SMA 特效药正式纳入医保

视频链接：https：//v.qq.com/x/page/h33124o4aye.html

谈判现场部分实录如下。

第一次报价	"我们都不希望套路,套路对这一价位的药品是没有价值的。" "我们请企业第一轮报价。" "我们第一轮报价,总部授权的报价是 53 680 元每瓶。" "我们希望企业在第一轮报价,就要拿出最大的诚意。" "医保其实我们一直考虑这个问题,就是每一个小群体都不应该被放弃,包括这个品种后续如果进来,它的空间,我想中国这种人口基数,中国政府为患者服务的决心,其实很难再找到这样的市场,请商量一下。"
第二次报价	(谈判企业第一次商量) "经过我们的协商,我们修改了一次报价,是在 48 000 元每瓶。" "中国的医保基金,今年实际上是一个非常困难的年份,包括新冠肺炎前期的医保基金的减征缓征,这块我想可能外企也有享受到相应的优惠,疫苗的费用实际上是占了医保基金非常非常大的支出,所以我们对国家医保局今年仍然有勇气来开展我们的医保谈判工作确实也是体会到了人民健康至上的这种非常大的决心。"
第三次报价	(谈判企业第二次商量) 45 800 元每瓶。 "45 800 这个价格很困难,很困难我们给点评,不是很困难我们下一步谈。" "我们五个都是在地方一线工作的医保人员,我们是直接面对面地在接触这些群体,我们希望企业再努力,我们希望在点评阶段给到企业明晰的指引。"
第四次报价	(谈判企业第三次商量) 42 800 元每瓶。 "42 800 这个价格,从企业来说,我相信你们觉得很痛,因为降幅确实已经非常大了,但是呢,42 800 这个价格,离我们还要进一步地谈,还有一定的距离。" "我相信在全球没有哪个市场比中国的政府决心更大,在全国的范围内这一类的品种,(对)这种价位的品种开展谈判(的)决心我想你们应该能够体会到。"
第五次报价	(谈判企业第四次商量) "如果这个药能谈进,我们真的可能比你们还要高兴,好吗?继续努力。"
第六次报价	(谈判企业第五次商量) "我们的报价是 37 800(每瓶),在 42 800 这个基础上做了非常大的努力。" "刚才其实从我们来讲,我们真的是反复表态,我觉得在谈判桌上,作为我们甲方这么卑微,真的是很……"(谈判代表) "其实我们谈判组对底价的可以调整的空间是 0,我们就是按照这个底价,你们踩进来我们相遇,踩不进来我们就是平行线,真的很艰难,其实刚才我觉得我眼泪都快掉下来了。" "我们也是,我们也快掉眼泪,你们给点提示。" "非常的艰难,进到谈判空间。"
第七次报价	(谈判企业第六次商量) "从我们谈判组来说,我们就是引导企业报这个底价之下,我们才谈成,医保部门从我们来说我们的底线摆在那里,确实是公平性有很多的评价的方法,刚才说了小群体不应该被放弃,但是这个药,一个药进来,可能是数千人的缴费,我想这个你们账算得比我清楚,我们其实也是要面临很大的压力。"

	续表
第八次报价	（谈判企业第七次商量） "我们报价 34 020" "34 020 这个价格我觉得前面的努力（都白费了），我真的有点难过。" "我们双方都是抱着极大的愿望能把它谈成的，所以刚才和我们谈判组成员商量了一下，给到大家的报价是 33 000 元，一个整数，希望你们能够接受，可能你们手头上还是有一些权限，从我们来说我们的权限是 0，真的是 0，是一个刚性的线，我想你们再商量一下，好吗？"
第九次报价	（谈判企业第八次商量） "经过我们得商量，取一个好的这个（报价），也是一个吉利的数字。" "这是你们确认的最终报价吗？请确认。" "好的，成交。"

诺西那生钠注射液初进中国时，每一针的定价高达 70 万元，每位患者一年需要注射 6 针该药剂，虽然企业有送药政策，即买第一针时送三针，买第二针时再送一针，这样即可满足一年 6 针的治疗需求，但是，即便如此，第一针的费用也难倒了许多家庭，一年的药物治疗就需要 140 万元，这让许多患者家庭承受了巨大的经济负担，而 SMA 的治疗则需要终身用药，这对患者及其家庭来说，无疑是陷入病痛与经济的双重痛苦之中，有治疗的希望和可能，却难以承担高昂的费用……如今，诺西那生钠注射液被纳入国家医保，或将从过去的 70 万元一针降至 3 万元一针，许多患者家属感叹"我们终于盼来了这一天""我们的孩子有希望了"，百万治疗年费用成为过去式，在这一举措下，大部分的患者用得起药了。

4.5 伤有所偿：分担因工伤残责任的工伤保险①

随着工业社会的发展及大机器生产的普及，生产节奏日益加快，因工负伤、致残、致死的可能性加大，职业风险贯穿于人们生产劳动的全过程。"工伤"一词最规范的说法来源于 1921 年国际劳动大会上通过的公约，即"由于工作直接或间接引起的事故为工伤"。可知，此时的"工伤"一词界定并未将职业病囊括在内。直至 1964 年，第 48 届国际劳动大会中对工伤作出规定，工伤补偿应将职业病和上下班交通事故包括在内。

我国在 1991 年出版的《中国职业安全卫生百科全书》中对"工伤"进行定义："企业职工在生产岗位上，从事与生产劳动有关的工作中，发生的人身伤害事故、急性中毒事故。但是职工即使不是在生产劳动岗位上，而是由于企业设施不安全或劳动条件、作业环境不良而引起的人身伤害事故，也属工伤"。从定义中可知，职业病也在工伤范

---

① 本节撰写者：聂建亮，董子越。

围内。我国《职业病范围和职业病患者处理办法的规定》中对职业病作出规定："劳动者在生产劳动及其他职业活动中，接触职业性有害因素引起的疾病。"我国工伤保险范围内的职业病，指的是后者。

4.5.1 工伤保险的基本原理

1. 工伤保险的概念

工伤保险也称职业伤害保险，是指劳动者在生产经营活动和其他工作过程中，遭受意外伤害或因长期接触有毒有害因素引起职业病伤害，致使劳动者暂时或永久丧失劳动能力后，由国家或社会为负伤、致残者和死亡者生前供养亲属提供必要的物质保障，并为受工伤劳动者提供必要的医疗救治和康复服务的一项社会保险制度。劳动者在劳动和工作过程中由于工伤事故或职业病伤害所带来的不仅是经济损失，更是身体伤残和精神打击。经济损失通过时间尚可弥补，而身体和心里的伤残却是短期内难以消除的。通过工伤保险制度的建立，设立工伤保险基金，借助国家和社会力量对因工致伤职工提供物质支持、经济补偿等，可降低劳动者的工伤风险。因此，工伤保险制度是社会保障制度的重要组成部分，是国家一项基本的劳动保障政策。

随着社会的发展和时间的推移，工伤保险的范围在逐步扩大。在工伤保险补偿范围方面，从工伤补偿计划发展初期的只包括企业意外事故，逐渐将职业病包括在内；在工伤保险覆盖人群方面，从工伤社会保险实施初期，仅覆盖危险企业、采矿现场、重工企业的体力劳动者，逐渐覆盖到所有雇佣劳动者，甚至还有一些发达国家，将非雇佣型劳动者和灵活就业人员也纳入保障对象；在工伤保险功能方面，工伤保险功能不断完善，在物质补偿、经济保障的基础功能上，工伤预防、工伤救治与补偿、工伤康复已成为工伤保险的三大支柱。旨在通过工伤预防提高劳动生产安全性，减少工伤事故发生；通过工伤康复，促进受伤害者劳动能力的恢复，以达到事前预防、事中补偿、事后康复的积极效果[1]。

2. 工伤保险的原则

由于工伤保险是世界上较早出现的一种社会保险，因此有关工伤保险的立法也是最为完善、最为普遍的。目前，世界上大多数国家在实行工伤保险制度中，普遍遵循的主要原则可大致归纳如下。

1）无责任补偿原则

无责任补偿原则，又称"补偿不究过失"原则，是指劳动者发生工伤事故后，不管过失在谁，均可无条件地获得补偿，保障其基本生活。就职工总体而言，职业伤害

---

[1] 参见：乌日图. 医疗 工伤 生育保险[M]. 北京：中国劳动社会保障出版社，2001.

具有必然性和偶然性，非职工个人所能抗拒。因此，实行"无责任补偿"的原则是保护劳动者、安定社会的需要。但为降低事故发生率，防止类似事故重复发生，仍会追究事故责任人的行政责任。

2）个人不缴费原则

工伤保险费是由企业或雇主按照国家规定的费率缴纳的，劳动者个人不缴纳任何费用，这是工伤保险与养老保险、失业保险、医疗保险等其他社会保险项目的不同之处。工伤是劳动者在创造社会财富时鲜血和生命的额外付出，所以理应由雇主或企业、社会保险机构负担补偿费用，已达成国际共识，是一项必要且合理的支出。

3）风险分担、互助互济原则

这是社会保险制度的基本原则。风险分担、互助互济原则是指国家通过立法，强制征收保险费，建立工伤保险基金，运用大数法则进行测算确定各个企业的缴纳义务，并形成一笔基金，通过互助互济的方式进行风险分担。国家责成社会保险机构对工伤保险基金进行再分配，在地区之间、行业之间、企业之间和人员之间进行调剂使用。从而可以缓解部分企业、行业因工伤事故或职业病发生率较高而产生的负担，减少社会矛盾。

4）区分因工和非因工原则

工伤保险制度中，对于界定"因工"与"非因公"所致伤害有明确规定。职业伤害与工作或职业有直接关系，工伤保险待遇具有补偿的性质，它的医疗康复待遇、伤残待遇和死亡抚恤待遇等水平要比其他社会保险项目高，待遇上也就不受年龄、性别、缴费期限的限制。"因病"或"非因工"伤亡，与劳动者本人职业因素无关的事故补偿，许多国家规定的待遇水平比工伤待遇低很多[①]。

5）补偿与预防、康复相结合的原则

工伤补偿是工伤保险主要的任务，但并不是工伤保险唯一的任务。工伤补偿、工伤预防与工伤康复三者共同构成工伤保险的三支柱，形成合力。工伤预防是基本性的，任何生产活动都应以预防为主，尽可能减少事故发生，保障安全。工伤补偿是主要性的，工伤事故发生后，应立即对受伤害者予以医疗救治并给予经济补偿，使劳动者本人获得及时救治，使其家庭得到一定生活保障。工伤康复是重点性的，指对受害者进行医学康复和职业康复，尽可能使其劳动能力恢复健康状态。因此，预防、补偿、康复三者相结合，有利于安全生产和事故防范，能够减少工伤事故和职业病的发生，并获得最大的社会效益。

6）一次性补偿与长期补偿相结合的原则

工伤事故发生以后，对"因工"而部分或永久性丧失劳动能力或是"因工"死亡的劳动者、受伤害职工或遗属在其得到补偿时，工伤保险机构应支付一次性补偿金。

---

① 参见：贾俊玲.劳动法与社会保障法学[M].北京：中国劳动社会保障出版社，2005.

但是一次性补偿金无法对受害者或其遗属的今后生活给予足够保障,所以除了支付一次性补偿金以外,还应对受害者或其供养的遗属支付长期补偿,直到他们失去供养条件为止。这种补偿原则,已为世界上越来越多的国家接受。

7)区别直接经济损失和间接经济损失的原则

工伤保险的经济补偿只是补偿劳动者的直接经济损失,间接损失不是工伤保险的经济补偿范畴。工伤保险中,直接经济损失是指劳动者发生工伤事故后,个人所受的经济损失。这种经济损失与他的直接经济收入即工资收入相关,因此,必须给予及时且优厚的补偿。间接经济损失是指受伤害者直接收入以外的其他经济收入的损失,如兼职收入、业余劳动收入等。因间接经济损失并非固定收入,并非人皆有之,故此部分收入并不应列入不上保险的经济补偿范畴[1]。

4.5.2 工伤保险的运行机制

1. 工伤保险的基金筹集和管理

工伤保险基金具有统筹共济的属性,是由用人单位所缴纳的工伤保险费、基金积累运营过程中所产生的利息,以及其他纳入工伤保险基金的其他资金组成的。工伤保险基金与社会养老保险基金不同,并不在大范围内进行调剂帮助,仅在行业内或企业内进行调剂使用。但不同行业因行业工作风险不同,所带来的工伤保险基金的使用和结余不同,工作风险较低的行业结余较多,而采矿业、建筑业等工作风险较高的行业则工伤保险基金起到了重要的作用。工伤保险筹集按照"个人不缴费"原则由企业或单位进行缴费,缴费费率由国家进行规定[2]。

国家和社会应对工伤风险,为提高劳动者抵抗工伤风险的能力,为使得因工伤或职业病降低劳动能力的劳动者不至于陷入绝对贫困,为其提供工伤保险的物质基础,国家建立了工伤保险基金,并进行工伤保险基金的管理。工伤保险基金的管理主要是指工伤保险经办机构负责工伤保险费的征缴、管理和发放。在工伤保险费的征缴方面,工伤保险经办机构需要确定用人单位的缴费基数,因工伤保险具有与税收相同的属性,均具有强制性和固定性,因此,需要确定和调整缴费率,对于不如实按期缴费的征收相应的滞纳金。在工伤保险费率方面,目前各地正在探索试行行业差别费率,按照行业工伤风险概率对费率进行差别调整。

2. 工伤保险的待遇给付

一般而言,凡按规定参加工伤保险的劳动者都有权享受应有的工伤保险待遇。企业职工凡经过劳动保障行政部门确认为工伤和职业病的,就应按规定享受工伤待遇,

---

[1] 参见:许琳. 社会保障学[M]. 北京:清华大学出版社,2018.
[2] 参见:孙树菡. 工伤保险[M]. 北京:中国人民大学出版社,2000.

但是企业及其职工必须遵照《工伤保险条例》第五章工伤保险待遇规定，履行各自的责任和义务。劳动者在发生工伤保险事故或职业病后，首先，应获得充分的医药治疗，其中包括临时急救、内外科治疗及必要的药品和设备，使受伤者能够早日恢复工作能力。其次，劳动者还可以获得收入损失的补偿。再者，如果劳动者因工伤致死，其家属还可以获得丧葬费用与遗属给付。因此，工伤保险作为社会保障体系中的重要组成部分，其待遇给付包括实物给付和现金给付两种形式。

1）工伤保险的实物给付

工伤保险的实物给付包括对伤病人员的医疗服务和伤残康复及事故预防等措施。其中，医疗给付是一种服务性给付，它是指劳动者因工受伤或职业病伤害后，由医疗机构提供医疗门诊或住院服务。综观世界各国所实行的工伤保险制度，其医疗给付的方式共有三种：①直接给付。它是由保险人自设医疗机构，直接为被保险人提供医疗服务。②间接给付。间接给付即由社会保险机构（或保险人）事先约定医疗机构为工伤受害者或职业病受害者提供医疗服务后，直接向社会保险机构（或保险人）申请支付医疗费用。③医疗费用偿还。这种给付方式是指由被保险人先行自付医疗费用，事后凭证据向保险人申请偿还（报销）。

职工伤残康复，主要是指工伤职工因日常生活或者辅助生产劳动需要，必须安装假肢、义眼、镶牙和配置代步车等辅助器具的，按国内普及型标准报销费用。有条件的地区应当通过工伤保险基金提留、民间赞助等方式筹集资金，逐步兴办工伤职业康复事业，帮助残疾人员恢复或者提高补偿功能。

2）工伤保险的现金给付

工伤保险的现金给付主要用于保障劳动者及其家属因劳动者工伤或职业病所造成的收入减少或中断的损失。现金给付形式，主要包括暂时丧失劳动能力津贴、永久性丧失劳动能力津贴和遗属津贴等。

暂时丧失劳动能力津贴，又称暂时伤残给付，是指劳动者因受伤而损失的工资收入，由社会保险经办机构（或保险人）给予相当的补偿，以维持其基本生活。从各国情况来看，工伤保险的现金给付一般为本人平均工资的 60%～75%。且必须经过一段时间才能获得现金给付，一般为 3～7 天。绝大多数国家规定给付期为 26 周，最长也有超过 52 周的。

永久性丧失劳动能力，又称永久性残废，可分为永久性局部残废和永久性全部残废两种。永久性局部残废的给付，一般以残废程度的轻重为依据。给付一般是长期的或一次性的。永久性全部残废的给付一般采用年金制，金额一般为本人过去收入的 66%～75%。

遗属津贴，包括死亡者丧葬费和遗属给付。丧葬费通常是一次性给付，丧葬补助费按照省、自治区、直辖市上年度职工平均工资 6 个月的标准计发。遗属给付，是发给由死者生前提供主要生活来源的遗属。从理论上讲，应该能够维持其子女到其成年，其配偶死亡或改嫁为止。给付一般按照被保险人平均工资数额的百分比计算，或者按年金数额的百分比计算。国际劳工大会现在的规定是，遗孀给付的标准为死者工资的30%～50%，子女给付的标准为 15%～20%，总的限额不超过工资的 75%。同时发给遗属一次性工亡补助金，标准为本省、自治区、直辖市上年度职工平均工资48个月至60个月的金额。

4.5.3 工伤保险的实践模式

1. 工伤保险的起源

现代职工工伤补偿制度的起源可以追溯到 19 世纪末。当工业革命扩展到欧洲及其他国家后，德国、英国和法国等许多国家先后制定了《雇主责任法》《劳动者赔偿法》及《职业伤害保险法》等。因此，从这个意义上讲，工伤保险制度的产生和发展史实际就是社会保险制度的发展史。工伤保险的发展大致可分为三个阶段：第一阶段，自发互助阶段。18 世纪，资本主义正处于手工工场阶段，劳动条件恶劣，工伤事故严重，工人收入微薄。因此，劳动者为了生存，互相团结、共济组合，并自发组织起来筹措资金，解决生活中由于意外事故给自己和家人带来的经济负担，但当时的互助资金仅限于工友之间调剂使用。这个阶段，可以称为社会保险的萌芽时期。第二阶段，有组织的互助阶段。资本主义发展到大机器生产阶段，过去工人单凭自发性互助方式难以抵御事故和贫困的威胁。后来相继出现了"预防互助会""共同救济会"等集体互助形式。这些组织实际是工人面对"风险"的一种自我防卫措施。这个阶段保险基金除工友之间自筹外，已经有企业主加入，但仍然是一种契约制度。第三阶段，国家立法阶段。19 世纪中叶后，随着社会化大生产的发展，阶级斗争日趋激烈，工人阶级走上了政治舞台，迫使政府当局实行强制性社会保险。由此，包含工伤保险的社会保险进入了国家立法阶段[①]。

2. 工伤保险的发展与完善

工伤保险在许多国家早期的劳动立法中都有规定。最早的工伤保险立法是1884年德国颁布的《劳工伤害保险立法》，这是人类历史上第二部社会保险法规，第一部是1883 年德国颁布的《德国劳工疾病保险立法》。英、法等国则是以工伤保险法开始其社会保险立法的。工伤保险制度包括与之相关的事故及职业病预防和职业康复等内容。在现代社会保险体系中，工伤保险已成为世界上具有普遍性的社会保险制度。工伤保险根据"职业风险"原则建立，强制性、风险分担、互助互济、个人不缴费、补偿不究过失原则以及补偿与预防、康复相结合、一次性补偿与长期补偿相结合原则，

---

① 参见：贾俊玲. 劳动法与社会保障法学[M]. 北京：中国劳动社会保障出版社，2005.

是现代工伤保险制度的基本原则和特点。

到 20 世纪 80 年代初期，工伤保险的变化主要体现在因受社会保障中其他项目的调整影响，工伤保险项目作出了相应的调整，引进了一些新的做法，如伤残者得到的补偿与其以前的收入和纳税额相联系，以及与其本人的工作年限有关系，因为工伤保险补偿是不充分的，所以又发展起来了其他类型对伤残者的补偿。工伤保险的发展呈现这样一种趋势：第一，从工伤保险的覆盖范围来看，呈现出一种逐渐扩大的趋势，受益人从企业逐渐扩展到自雇者等。第二，工伤认定范围随社会发展而有所扩大，工伤保险所包括的事故范围在扩大，这一点从职业病的认定上可以看出。第三，就整个制度设计来看，"工伤保险"突出地体现了对受害人迅速恢复的追求，特别是工伤发生的初期，要对受害人提供及时的和较为充分的医疗救助以及健康和职业康复的帮助。第四，就整个工伤保险制度发展来看，针对因工伤致残，应同时提供补偿和康复服务。大多数国家工伤保险基金由企业负担，与其他社会保险项目相比，工伤保险待遇最优厚、保险内容最完备、保险服务最周到，并且容易实现。

4.6 业有所属：分担失业风险的就业保障[①]

4.6.1 失业概念及相关理论

失业问题是市场经济中一个永恒的问题，也是政府关注的主要内容之一。英国著名的哲学家、评论家托马斯·卡莱尔曾说："一个人想工作，而又找不到工作，这也许是阳光下财富不平等所表现出来的最惨淡的景观了。"根据国际劳工组织的定义：失业是指在某个年龄以上，在考察期内没有工作，而又有工作能力并且正在努力寻找工作的状态。因此，普遍认为失业必须满足四个条件：在劳动年龄之内，在考察期没有工作，有劳动能力，正在努力寻找工作。失业普遍存在，那么什么原因造成失业呢？直观的解释包括：一是劳动力供给大于需求，但这与现实和历史现象不符，劳动力人口的大量增加并不必然造成失业，比如劳动力人口增加较多的日本和美国，在工业国家中并不是失业率高的国家；二是结构性失业，经济结构调整会造成失业，以及还表现为摩擦性失业，但这无法解释大规模失业现象；三是技术进步，即资本替代劳动形成的失业，但是技术进步在减少传统职业的同时还会增加新的职业和岗位。因此，以上解释都不是造成失业的根本原因。

西方经济学中古典学派和凯恩斯学派分别对失业作出了解释，其分歧点在于对工资是否存在黏性的看法不同。古典学派认为，工资水平高于市场出清水平时，就会出

---

① 本节撰写者：朱楠，李京泽。

现失业，但失业现象是短暂的，只要工资可以灵活地调整，工资就会调整到均衡水平，失业现象将得以消除。古典经济学家始终认为，资本主义制度可以通过市场机制的自动调节解决各种矛盾，因此经济社会中不存在失业，充分就业是一个始终存在的倾向。针对1825年第一次经济危机之后西方社会经常存在的大量失业现象，古典经济学家认为这些失业属于摩擦性失业和自愿失业的范畴，而不是真正的失业，只是生产过程中局部的、暂时的失调，而不是真正对劳动力需求的不足，因而这些失业的存在并不能否认社会常态是充分就业。

凯恩斯学派认为有效需求不足导致劳动需求减少，而工资不能灵活调整时，失业就会出现。凯恩斯认为除了摩擦性失业和自愿性失业之外，社会还存在着大量"非自愿失业"，其原因在于社会有效需求不足，故凯恩斯的失业理论也称为有效需求不足失业论。凯恩斯经济学用有效需求不足理论来说明失业，并在此基础上提出解决失业问题的方法，即国家积极干预经济，以达到社会的"充分就业"。但是凯恩斯理论并没有很好地说明为什么工资具有向下调整的黏性，对于这一问题的回答是由20世纪70年代发展起来的"新凯恩斯学派"完成的，新凯恩斯学派通过隐含合同理论、谈判理论、"内部人—外部人"理论、效率工资理论来说明工资存在黏性的原因。

4.6.2 失业的衡量指标及基本类型

1. 失业的衡量指标

1）失业率

失业率是衡量劳动力的失业程度的重要指标，就业者和失业者的总和就是劳动力，失业者占劳动力总量的比例称为失业率。

2）自然失业率

自然失业率是劳动力市场存在的一种长期的均衡失业率，即使在充分就业的状态下也难以消除。它是劳动市场处于供求稳定状态的失业率，这里的稳定状态被认为既不会造成通货膨胀也不会导致通货紧缩的状态。

3）我国采用的失业衡量指标

我国采用的衡量失业的指标是城镇登记失业率，是指城镇登记失业人数与城镇从业人员加上城镇登记失业人数之比。城镇登记失业率也存在一定的缺陷，比如没有反映农村失业状况，跨地区流动人口的失业状况，受户籍制度影响、人为控制指标数据等问题。因此，从2011年（"十二五"期间）开始，我国不再使用"城镇登记失业率"这一指标，而采用"调查失业率"这一指标。

2. 失业的基本类型

根据失业的成因，可以将失业划分为摩擦性失业、结构性失业、周期性失业和季节性失业[①]。

1）摩擦性失业

摩擦性失业是指在生产过程中由于难以避免的摩擦等原因而造成的短期、局部性失业。在一个动态经济中，各行业、各部门和各地区之间劳动需求的变动是经常发生的。由于在动态经济中，劳动力的流动是正常的，所以摩擦性失业的存在也是正常的。一般历时较短，属于自愿性失业。

2）结构性失业

结构性失业是指劳动力的供给和需求不匹配造成的失业。当某些部门相对于其他部门出现增长时，可以经常看到各种职业和地区之间供求的不平衡。这种情况下往往失业与空位并存，一方面存在着有工作无人做的"空位"，而另一方面又存在着有人无工作的"失业"，这是劳动力市场的结构特点造成的。与摩擦性失业相比，结构性失业持续的时间更长、再就业的速率更低。

3）周期性失业

周期性失业又称有效需求不足失业，是由于整体经济的支出和产出水平下降即总需求不足而引起的短期失业，它一般出现在经济周期的萧条阶段。这种失业与经济中周期性波动是一致的，在经济繁荣时周期性失业率下降，经济萧条时周期性失业率上升。与结构性失业、摩擦性失业等失业状况不同，周期性失业的失业人口众多且分布广泛，是经济发展最严峻的局面，通常需要较长时间才能有所恢复。

4）季节性失业

季节性失业是指由于一些部门及行业对劳动力的需求随季节的变化而波动（如农业、旅游业、建筑业、航运业等）或一些行业会随季节的不同而遇到购买的高峰和低谷（如服装业、制鞋业、汽车业等），从而影响作为谋生需求的劳动力需求，造成季节性失业。一般来讲，季节性失业是一种正常的失业，相对来说也是比较容易解决的一种失业类型。

4.6.3 失业保险及其相关概念

失业是一种世界性经济现象，也是把"双刃剑"。一方面会带来社会困苦，另一方面当失业率控制在一个适当范围时，它也有益于社会发展。因此，要通过各种经济政策的适当调整创造就业机会，如建立失业风险的经济保障机制，失业保险。

失业保险是指国家通过立法强制实行，由政府负责建立基金，对非因本人意愿中断就业而失去工资收入的劳动者提供一定时期的物质帮助及再就业服务的一项社会保险制度。

---

① 李珍. 社会保障理论[M]. 北京：中国劳动社会保障出版社，2013：253.

失业保险主要分为强制性失业保险、任意型失业保险和双重失业保险。

1. 强制性失业保险

强制性失业保险于1911年始建于英国，国家通过立法强制实行并由社会集中资金，对因失业而丧失生活来源的劳动者提供物质性援助，目的是使非自愿性的暂时失去工作的劳动者获得基本生活保障，为其尽快重新就业创造条件，属于真正意义上的社会保险。根据英国失业保险法的要求，除了自雇佣者、缴纳减额养老保险的已婚妇女和遗孀，所有周收入在58英镑及以上的雇员必须参加失业保险制度。失业保险费由雇主、雇员和政府三方承担，主要有三个特点：一是受保护的人员范围很广；二是拥有促进失业者主动求职的就业保障机制；三是投入大量资金等。

2. 任意性失业保险

任意性失业保险制度即由工会自愿建立失业基金会进行管理，通过与政府合作来完成失业保险工作，这些基金会都从政府得到大量的财政补贴。典型国家有丹麦、瑞典和芬兰。以瑞典为例，瑞典的失业保险制度采用国家补助的自愿保险和劳动力市场失业救济组成的双重制度。自愿保险项目采用的形式是国际自助、工会主办、个人自愿参加，由工会或自我雇佣者组织成立失业保险基金会，向失业者提供失业保险金。领取失业保险金的人必须是参加该基金会的会员。劳动力市场失业救助项目由政府部门主办和实施，是为那些未参加失业基金会和参加不满一年没资格领取的失业者提供的劳动力市场现金救助制度。

3. 双重失业保险

双重失业保险既有强制性的失业保险，也有由政府提供资金、以经济调查为依据的失业救助制度。典型国家有德国、瑞士、荷兰等。以德国为例，在德国，实行的是"失业保险+失业救济"的模式，其强制性失业保险几乎涵盖了所有就业人口（公务员和雇主除外），保险费由劳资双方折半负担，享受的给付标准，为本人失业前三个月平均工资的63%。但是其领受条件十分严格，为了确保部分不符合领受条件的失业者的基本生活，德国的失业保险制度配套了失业救助制度，使部分不符合领受条件的失业者在一定时期内可以领取一定的失业救济金。除此之外还有一些国家规定，雇主解雇雇工时，应付给一次性的解雇补偿费。

4.6.4 中国失业保险制度的发展历程和享受资格

1. 我国失业保险的发展历程[①]

第一阶段：1986年，国务院发布了《国营企业职工待业保险暂行规定》，对宣告

[①] 参见：李珍. 社会保障理论[M]. 北京：中国劳动社会保障出版社，2013.

破产企业的职工；濒临破产企业法定整顿期间被精减的职工；企业终止、解除劳动合同的工人和企业辞退的职工等四种人员进行保障。并规定企业按照全部职工工资总额的1%缴纳保险费。

第二阶段：1993年，国务院颁布了《国有企业职工待业保险规定》，对原有的失业保险制度做了部分调整，与1986年的《国营企业职工待业保险暂行规定》相比，在各个方面都有了很大的进步。首先是扩大了覆盖范围，其次是提高了失业保险的待遇水平，最后统一将省级统筹转变为市、县统筹。

第三阶段：1999年1月颁布了《失业保险条例》，第一次明确将"待业保险"更名为"失业保险"，并对1993年的《国有企业职工待业保险规定》做了改进，将覆盖范围从国有企业及其职工扩大到城镇企事业单位及其职工，并规定单位对失业保险基金的缴费率由1%提高到2%；职工按本人工资总额的1%缴纳失业保险费，保障了更多劳动者的权益。

2. 我国失业保险受保人的享受资格

首先，失业者必须处于劳动年龄阶段，更确切地讲，必须处于法定最低劳动年龄与法定退休年龄之间；其次，享受失业保险的最基本条件包括：非自愿性失业，参加养老保险，单位和个人缴费满1年，办理失业登记，并有求职要求（60日）。同时，根据《失业保险条例》第十五条的规定：失业人员在领取失业保险金期间有下列情形之一的，停止领取失业保险金，并同时停止享受其他失业保险待遇：（一）重新就业的；（二）应征服兵役的；（三）移居境外的；（四）享受基本养老保险待遇的；（五）被判刑收监执行或者被劳动教养的；（六）无正当理由，拒不接受当地人民政府指定的部门或者机构介绍的工作的；（七）有法律、行政法规规定的其他情形的。

3. 失业保险基金的筹集原则

"三方性原则"，分别来自企业、个人缴纳的保险费和财政补贴，其基金筹措的基本原则是基金筹集与基金支出平衡。

4. 失业保险基金的支出范围

失业保险津贴；领取失业保险津贴期间的医疗补助金，领取失业保险津贴期间死亡的失业人员的丧葬补助金和其供养的配偶、直系亲属的抚恤金；领取失业保险津贴期间接受职业培训、职业介绍的补贴；国务院规定或者批准的与失业保险有关的其他费用。

5. 失业保险金给付的具体标准

低于当地最低工资标准，高于城市居民最低生活保障标准，具体由省、自治区、直辖市制定。医疗补助金的标准由省级人民政府规定。丧葬补助金和抚恤金的标准应参照对当地职工的规定办理，一次性发放。

6. 失业保险基金的给付期限

在我国，根据《中华人民共和国社会保险法》第四十六条规定："失业人员失业前用人单位和本人累计缴费满一年不足五年的，领取失业保险金的期限最长为十二个月；累计缴费满五年不足十年的，领取失业保险金的期限最长为十八个月；累计缴费十年以上的，领取失业保险金的期限最长为二十四个月。重新就业后，再次失业的，缴费时间重新计算，领取失业保险金的期限与前次失业应当领取而尚未领取的失业保险金的期限合并计算，最长不超过二十四个月。"

案例材料：灵活就业人员开始参加失业保险

2022年1月1日起，全国首个新业态从业等灵活就业人员参加失业保险的政策在广州、深圳、珠海、佛山、惠州、东莞、中山、江门、肇庆等九市试点。灵活就业人员范围为法定劳动年龄内在广东省从业的下列人员：依托电子商务、网络约车、网络送餐、快递物流等新业态平台实现就业，但未与平台或机构等相关企业建立劳动关系的人员，以及无雇工的个体工商户等。灵活就业人员参保的规定：①灵活就业人员参加失业保险遵循自愿的原则。无雇工个体工商户可在注册登记地参加失业保险；其他灵活就业人员可在本人就业所在市参加失业保险。②灵活就业人员参加失业保险，需办理就业登记。③灵活就业人员失业保险费不实施补缴，灵活就业人员已缴纳的失业保险费不退费。参加失业保险的灵活就业人员同时符合下列条件失业的，可以按照《广东省失业保险条例》规定领取失业保险金，并享受其他失业保险待遇（不含省外户籍人员一次性失业保险金）：①失业前本人已经缴纳失业保险费累计满一年，或者不满一年但本人有失业保险金领取期限的；②非因本人意愿中断灵活就业的：其一，无雇工的个体工商户因疫情等非因本人意愿原因被要求停产停业1个月及以上的，或者执照（许可证）被市场监管部门暂扣不少于30天或者吊销、注销的；其二，所依托的灵活就业平台单位被吊销执照、责令关闭、撤销或提前解散、破产或停业整顿的；其三，所依托的灵活就业平台单位不再提供灵活就业岗位的；其四，依托平台单位灵活就业的从业人员，被平台单位暂停服务资格连续30天及以上的；其五，参保人因病或因伤无法从事灵活就业的；其六，法律法规规定的其他因不可抗力非因本人意愿中断灵活就业情形的。③已办理失业登记并有就业需求的。

2018年10月8日，人社部党组在《求是》杂志发表文章《让改革发展成果更多更公平惠及全体人民》中称，目前，失业、工伤、生育保险的参保人数均达到2亿人左右，覆盖了绝大多数职业群体。失业、工伤、生育保险被称为社会保险中的"小险种"。其中，失业保险是唯一需要单位和职工共同缴费的。目前，我国的失业保险仍面临受益率低等问题,"错配"状态未得到有效改善。目前失业保险制度改革的一大挑战是,失业险中大量缴费人口工作稳定,不需要失业金;而农民工等失业风险较高的人群,则被挡在失业险制度之外。

根据人社部数据,从 1999 年到 2017 年,参保人数近乎翻番至 1.88 亿人,基金收入约增长 8 倍至 1 113 亿元,基金支出从 92 亿元增加到 894 亿元,基金累计结余从 160 亿元起步至今已超过 5 500 亿元。2017 年失业金月均水平达 1 111 元,过去 5 年年均增长 11.4%。失业保险覆盖范围持续扩大。根据人社部党组的文章,1993 年为 7 924 万人,如今已达 2 亿人左右。但是,城镇就业人员 2017 年就达到 4.25 亿人,这意味着半数以上的城镇就业人员未参加失业险。其中,将近 2.9 亿人的农民工中,参保人数为 4 897 万人,占比仅 17%。

不难看出,失业保险参保单位多为国企和事业单位,民企尤其小微企业参保度不高,非正规部门的就业人群和非正规就业形态的人群参保度低。而这些人群经常在就业和失业之间转换,呈现短工化、流动性强的特点,劳动关系不够稳定。所在单位守法意识不强,尽可能压缩用工成本、逃避缴费责任。而这部分人群又是最需要失业保障的人。而且,2 亿人左右的参保人数中,2017 年年末领取失业金的人数仅 220 万人,在 972 万城镇登记失业人口中仅占 22.6%,受益率低。

同时,我国失业保险金结余过多。2017 年,失业保险基金支出为 894 亿元,累计结余则高达 5 552 亿元,结余是支出的 6.2 倍。失业保险基金结余多,不仅是对社会资源的浪费,更存在着巨大的财务风险,它对缴费者、对失业保险制度本身、对社会经济发展都有着负面的影响。

4.7 生有所保:分担生育风险的生育保险[①]

2021 年 6 月,中共中央、国务院发布《中共中央 国务院关于优化生育政策促进人口长期均衡发展的决定》,提出实施一对夫妻可以生育三个子女政策及配套支持措施。该政策出台的目的是在新的人口和经济发展背景下,通过调节生育政策、鼓励人口生育,优化人口结构和总量,缓解人口老龄化问题,提高家庭抵御风险能力,促进社会经济可持续发展。新的生育政策对我国的生育保障制度提出了更高的要求。本节通过对生育保险的基本原理、运行机制进行分析,解读生育风险的应对和化解,并对我国生育保险与医疗保险的合并进行介绍。

4.7.1 生育保险的基本原理

生育社会保险是指国家和企业为怀孕和分娩的妇女提供医疗服务、生育津贴和产

---

① 本节撰写者:杨波,贾鑫。

假,以保证那些因生育而造成收入中断的妇女和家庭的基本生活的一项社会保险制度。

由于社会保险的对象是社会劳动者,所以生育社会保险的对象只能是女性劳动者,而在我国目前的条件下,由于尚未实行全社会的社会保险,还不可能对所有生育妇女提供生育社会保险,所以生育社会保险特指对女职工的保险。

相比较其他社会保险,生育保险特征包括以下几点。

（1）保障范围小。只有符合年龄的已婚女性劳动者才有权享受生育社会保险待遇,当然,这并不排除她们的子女及其配偶也分享一定的待遇。例如,近年来我国有些地区或单位允许妇女劳动者在生育后,给予其配偶15天假期照顾生育后的妻子,假期工资照发。

（2）福利性。生育社会保险保障了生育妇女本人的健康恢复和基本生活水平的需要,也给孩子的健康成长创造了条件。因此,生育社会保险给付待遇往往较其他社会保险项目（如养老保险、失业保险等）要高,具有明显的福利性。

（3）实行"产前与产后都享受"的原则。其他社会保险项目如失业保险、医疗保险、养老保险基本上都是在保险"事故"发生后才享受,而生育社会保险待遇既照顾到生育活动开始前的一段时间,也照顾到生育活动完成之后的一段时间。

（4）生育是一种特定的生理活动。由于生育活动所引起的劳动力的暂时丧失,是一种特定的但属正常的生理变化。这种风险既不像失业是由社会带来的风险,也不像工伤是由于外来原因造成的自然风险。生育活动又与年老这种正常生理活动所带来的收入损失不同,因为它不是劳动力的永久丧失,而是劳动力的暂时丧失,其收入中断的时间较短,而且是有期限的。

（5）生育社会保险与医疗保险的联系密切。首先,生育活动的前后与医疗保健密不可分,因为生育过程本身就要涉及检查、手术、住院等医疗服务；其次,生育社会保险的给付除了医疗服务外,还涉及生育津贴、产假等,这又与疾病给付在性质上甚至在标准上十分相近,所以,很多国家都把生育社会保险放在医疗保险或疾病社会保险项目内,甚至有些国家直接把医疗保险、疾病社会保险、生育社会保险通称为健康保险。

4.7.2 生育保险运行机制

1. 生育社会保险享受条件

生育社会保险的享受条件,大体上有两种情况：一种是没有最低合格期限的规定。如苏联、罗马尼亚、中国、芬兰、伊拉克等。中国对国家机关、人民团体、企业和事业单位的女职工提供生育保险待遇,而不要求她们生育之前进行投保。芬兰只规定了产前就业期限,因为从事有收入的就业实际上等于参加了保险。凡是本国公民,其经济情况又符合财产调查规定要求的,就有权享受生育补助,如澳大利亚、新西兰等国。另一种是有最低合格期限的规定。绝大多数国家属于这种情况。这些国家都明确规定,生育社会保险的享受条件主要包括交纳生育社会保险费的年限或期限、就业年限或居住最低合格期,或者以上两个条件的不同组合。

2. 生育社会保险待遇

生育社会保险待遇主要包括生育社会保险中的产假与生育补助金补助。产假是指国家给予受保妇女劳动者在正常分娩时所需休息和恢复健康的时间,包括产前、产后的生育产假,还要包括怀孕假和产后照料婴儿的抚育假。1952年,第35届国际劳工大会通过的《生育保护公约》(修正本第103号)规定,生育假期不少于12周(84天),绝大多数国家达到或超过了这个标准,只有少数国家低于这个标准。生育补助金补助的种类大体可以归纳为以下三种:①生育补助金。一般是指在正常产假和官方准许的延续时间里正常产假的生育补助,即为了弥补生育造成的暂时丧失劳动能力期间的工资收入损失。生育补助金的计算方法大体有三种:一是定额制(均一制),是指生育补助金的发放不论被保险人的具体情况有何不同,均按规定发给相同的补助金;二是薪资比例制,是指生育补助金的标准按照被保险人产前工资的一定比例发给;三是混合制[①]。②生育津贴。生育津贴是为了补助由于生育带来的额外开支,如接生费、护理费及其他支出等。其津贴一般采取绝对额支付。除此之外,还有收入调查津贴,主要支付给贫困的补助金领取者。③护理津贴。护理津贴一般为生育补助金的20%或25%,支付期可达6个月或者更长一点。有些国家还对新生婴儿提供用品等。还有一些特殊补助,如女劳动者怀孕不足月份生育,给予较短期的带薪假期;难产或多胎生育,给予较长的带薪假期。

4.7.3 中国生育保险的实践模式:生育保险与医疗保险合并实施

随着社会保险的不断健全,由于生育保险在参保覆盖面、保障标准方面的滞后性,加之医疗保险与生育保险统一的管理和经办机构,且均以医疗费用的给付为主要保障形式,二者在实践中既有参保的竞争和选择性参保,又有融合发展的趋势。我国"十三五"规划明确提出"将生育保险和基本医疗保险合并实施"。2017年2月,国务院办公厅发布了《国务院办公厅关于印发生育保险和职工基本医疗保险合并实施试点方案的通知》,将在河北省邯郸市等城市进行生育保险与职工基本医疗两险合并的试点。

两险合并的试点内容包括:统一参保登记,统一基金征缴和管理,统一医疗服务

---

① 何文炯,杨一心,王璐莎,等. 中国生育保障制度改革研究[J]. 浙江大学学报(人文社会科学版),2014,44(4):5-18.

管理，统一经办和信息服务，职工生育期间的生育保险待遇不变。这有利于加快生育保险与医疗保险人员全覆盖的步伐，使更多劳动者生育待遇得到保障；有利于减轻用人单位的缴费负担，降低其保险成本；有利于提高基金的筹措能力，同时提高经办管理的效率。

但是，医疗保险与生育保险有着诸多不同点：一是保障对象不同，医疗保险的保障对象是全体居民，而生育保险的保障对象是适龄的生育人口；二是筹资方式不同，医疗保险实行个人、国家和用人单位三方共同筹资，而生育保险则主要由用人单位出资；三是待遇标准不一，生育保险的待遇标准要高于基本医疗保险。鉴于此，两险合一面临的首要问题是：保障对象如何统一？资金筹集采取何种方式？待遇标准是同医疗保险看齐，还是实行两种待遇标准？另外，现阶段我国基本医疗保险分为城镇职工医疗保险、城镇居民医疗保险和新型农村合作医疗，其缴费标准、缴费形式、待遇给付都存在一定差别，而且大多实行县市级统筹，同一制度在不同县市的缴费方式、待遇给付也有一定差别。现有的生育保险也是实行县市级统筹，各地在缴费标准、享受资格、待遇给付等方面的差别也较大。如何将当前碎片化的生育保险和医疗保险融合在一起，参加不同医疗保险的适龄居民能否享受同等的生育保险待遇？从我国的实际情况看，农村适龄居民的生育意愿明显大于城镇，这意味着农村生育保险的支出会更大，如何制定合理的制度来维护生育保险的公平性？这些都是值得研究的问题。

4.8　残有所助：分担失能风险的护理保险[①]

我国进入人口老龄化快速发展期，并且人口快速老龄化与高龄化、"空巢"化相交织，与经济转型、社会转型和文化转型相伴随，给应对人口老龄化增加了新难度。截至 2010 年末，全国城乡部分失能和完全失能老人约 3 300 万，到 2015 年的 "十二五"末，我国部分失能和完全失能老人达 4 000 万人，占老年人的 19.5%，他们不同程度地需要专业化护理。解决这一问题的根本出路是建立完整的长期护理服务体系。本节将对护理保险的基本原理和运行机制进行解读，并对我国长期护理保险的发展做长远思考，以期为长期护理保险在未来的实施提供优化建议。

4.8.1　护理保险的基本原理

长期护理保险是以社会互助共济方式筹集资金，为长期失能人员的基本生活照料和与基本生活密切相关的医疗护理，提供资金或服务保障的保险制度。护理保险的保障对象以失能老人为主，兼顾其他失能人员，通过社会大数法则分散风险，从而减轻

---

① 本节撰写者：杨波，贾鑫。

失能人员及其家庭的经济负担。建立一项社会保险涉及的核心问题就是"钱从哪里来"即如何筹资,"钱发给谁,怎么发"也就是待遇如何给付。

目前在发达国家中,长期护理保险主要有四种模式。

一是社会型护理保险模式,这种模式采用强制性保险方式,雇主和雇员按一定比例共同缴纳保险金,政府给予一定的补贴,其更加注重公平性和社会互助性,代表国家有德国和日本。

二是商业型护理保险模式,它是指采用参保人自愿参保的方式,参保人依据自身经济情况选择合适的商业公司投保项目自愿参保,保费与投保的服务直接相关,这种模式的代表国家是美国。

三是国家型护理保险模式,它是指政府直接举办保险事业,通过税收形式筹措资金,向本国居民直接提供免费或低收费的服务,代表国家是英国,英国的国家医疗服务体系中包含了对老年人长期护理的保障。

四是储蓄型护理保险模式,它是由国家强制实施,以家庭为单位储蓄基金,把个人消费的一部分以个人公积金的方式储蓄转化为保健基金,代表国家是新加坡。

4.8.2 护理保险制度的运行机制

1. 护理保险的财务模式

与养老保险类似,长期护理保险制度的财务模式主要有现收现付制和事先积累制两种形式。现收现付制源自代际互助,即由有收入的在职劳动人口承担已经失能老人的长期护理财务费用,而现在在职劳动人口未来年老失能时也有下一代在职劳动人口承担失能长期护理财务费用。事先积累制通过事先提存准备方式应对未来老年时发生的长期护理成本费用的财务风险,是一种自我责任与事先储蓄。长期护理保险制度的财务模式选择,取决于制度的基本目标和基本原则。为了实现长期护理风险损失由社会共同承担,以保障失能老年人的基本护理需要,将现收现付制作为中国失能老人长期护理保险制度的财务模式是一个理性选择。

2. 护理保险筹资

长期护理保险制度是一种应对人口老龄化问题的社会机制,其筹资来源与标准体现了制度责任分担。目前,我国社会长期护理保险筹资可能的渠道包括以下五个方面:一是政府补贴,在目前社会保险中企业和个人缴费压力已经比较大的情况下,我国政府在建立护理保险时必定会对社会长期护理保险投入大量资金,对社会中存在的贫困及特困人群由政府给予一定的补助。二是医疗保险基金,从目前医疗保险的现状和护理保险实践来看,从医疗保险基金中划拨一部分资金用于社会长期护理保险的发展是助推护理保险发展的有力措施。三是住房公积金,公积金的缴存人尤其是没有贷款买房的缴存人可用积累的资金，在40岁或50岁、60岁时，以一次性趸交或逐年交费的办法，参加社会长期护理保险。四是社会支持，可为长期护理保险提供有效社会支持的来源有慈善捐助、福彩基金、企业缴费等。国家慈善捐助资金每年划出一定比例进入老年长期护理保险，为社会长期护理保险的发展提供资金支持。福彩基金应每年划出一定的比例加入社会长期护理保险，并向农村倾斜。青岛等地实施长期护理保险时均有来自福彩基金的支持。雇主为雇员缴纳一定比例的护理费用可以作为社会长期护理保险筹资的重要来源之一。要借鉴国外的成功经验，一方面在精算的前提下确定企业的提取比例，另一方面，政府对于积极抽取一定比例护理费用的企业给予优惠的政策。五是个人缴费，个人缴费分为目前有护理需求的缴费者缴费和未来有护理需求的缴费者缴费。对于前者，可以组织开展进行即时缴费，然后就可以得到相应价值的护理服务，这种情况下，保费会相应地增加；对于后者，只要年满18周岁就要缴纳一定的保费，连续缴纳15年，失能后有护理需求就可以得到相关护理机构的护理服务。

3. 护理保险制度的待遇给付

待遇给付主要解决的是待遇给谁、待遇如何给、待遇多少的问题。

1）待遇给谁：给付资格认证

第一，年龄条件。从理论上讲，疾病或年老所造成的生理、心理和认知功能障碍而导致生活无法自理者都是长期护理保险制度给付的对象，并且任何年龄都是长期护理服务的潜在需求者。各国对给付对象的年龄限制不尽相同。日本介护保险制度给付对象是以65周岁以上的高龄老人为主，40岁到64岁则限定16种特定疾病的需护理或需帮助者才能使用服务。德国长期护理保险是一项国民保险，其制度以护理需求而非年龄作为给付判定标准，给付的对象是全体民众。荷兰的给付对象也是全民，但其主要的三大目标人群为老人、失能者与精神疾病者。

第二，参保条件。为了体现长期护理保险制度的权利和义务相结合原则，长期护理保险制度待遇享受的资格条件就必须有参保人，必须有参保记录。但制度建立实施初期，有些参保人已接近给付年龄，因而不同年龄的参保缴费年限设计可以略有差别，并明确最低缴费年限。

第三，身体条件。老人失能是长期护理保险制度给付资格条件之一。目前对失能的界定有不同的标准，如以基础性日常生活活动功能障碍作为给付条件，以工具性日常生活活动功能障碍作为给付条件，以认知障碍作为给付条件。

2）待遇如何给：待遇给付方式

待遇给付主要有实物方式和现金方式两种。现金给付方式是被保险人根据需要接受相应的护理服务，由保险机构对此进行护理费用补偿。实物给付即由护理服务提供者直接提供护理服务，费用由长期护理保险机构支付。

3）待遇多少：待遇支付标准

第一，失能等级的鉴定。尽管长期护理服务费用有地域差异，但对于需要长期护理服务的状态、失能等级与认定程序等应该制定全国统一的标准，应由长期护理保险机构委托第三方——专业失能鉴定评估机构依据统一的失能认定标准进行认定，并由长期护理保险机构审查确认。

第二，支付标准。长期护理保险支付标准取决于因失能程度而衍生的护理服务程度、护理服务项目和护理服务时间以及城乡之间、地区之间劳动成本差异等因素。因为长期护理服务是劳动力密集型的产业，所以劳动力成本是长期护理服务支付标准的主要影响因素之一。

4.8.3 中国的长期护理保险实践模式

探索建立长期护理保险制度，解决由家庭负担的人口老龄化带来的长期照护问题，是我国为应对人口老龄化作出的重大战略性制度安排，也是适应经济社会发展作出的一项重大民生举措。

根据第七次人口普查数据，我国 60 岁及以上人口为 26 402 万人，占 18.70%，与 2010 年相比，上升 5.44%，人口老龄化程度进一步加深。中国保险行业协会、中国社会科学院人口与劳动经济研究所联合发布的《2018—2019 中国长期护理调研报告》，老年人整体健康状况不容乐观，超过 1.8 亿老年人患有慢性病，患有一种及以上慢性病的比例高达 75%，失能、部分失能老年人已超过 4 000 万。

生育率持续降低、经济发展导致平均寿命延长、劳动力的流动等原因使不断增长的老年长期护理成为我国现实的社会问题。提供社会化长期照护服务已成为世界各国的普遍共识，不同国家照护服务的具体提供方式有所差别。长期照护保险是基于长期照护成为社会风险的前提世界各国为应对老年失能风险所采用的一种有效方式，德国、日本等国家实行长期护理社会保险模式，美国的长期护理保险以市场化的商业保险为主要模式。我国在借鉴其他国家的基础上，形成了有中国特色的长期护理保险制度框架。

我国在借鉴国外长期护理保险制度基础上，探索建立我国的长期护理保险制度，积极应对我国人口老龄化问题。2016 年开始在 15 个城市和吉林、山东 2 个重点联系省份进行试点，以长期处于失能状态的参保人群为保障对象，重点解决重度失能人员基本生活照料和医疗护理所需费用。在总结试点城市经验的基础上，以建立独立险种为目标，扩大试点范围检验长期护理保险政策实施效果，于 2020 年 9 月将长期护理保险试点城市增至 49 个。长期护理保险的试点总体上推进顺利，初步建立了符合我国实际的长期护理保险制度框架，减轻了失能人员家庭的经济和事务性负担，减少了医保支出，优化了资源配置，同时提高了失能老人的生存质量，推进了养老服务业的发展，社会各方都对长期护理保险试点给予较高的评价。

在我国长期护理保险制度试点过程中，待遇给付水平、缴费的标准、资金来源和筹资机制等多方面的差别较大，筹资责任分担不明确，长期护理保险运行管理机制不完善，护理标准评估流程缺乏标准化，长期护理人力资源短缺及服务能力不强等诸多问题，这是未来长期护理保险制度在总结经验的基础上需要完善的方面，长期护理保险的不断探索和完善将有助于家庭抵御老年失能风险，促进我国未来人口长期均衡发展。

4.8.4　中国长期护理保险制度优化路径

长期护理保险的试点过程中，遵循改革的经验：先试点总结经验，再全面铺开实施政策，其优点是试错成本较低，易于总结经验少走弯路，针对实施长期护理保险的过程中存在的问题，提出以下优化策略。

一是总结经验，根据各地条件，尽快将长期护理保险列为独立险种。在试点的过程中，各地推行不同的方案，以长期护理服务提供为内核的长期护理保险制度不同于养老、医疗保险，具有很强的地方公共产品的属性，各地在人口老龄化水平、长期护理保险市场化水平、财政支出水平等方面都存在差距。因此，快速建立全国统一的长期护理保险制度并不符合我国国情，但是推行长期护理保险政策试点过程不宜过长，应尽快明确各方筹资责任，统一失能认定、评估流程等标准，为各省将长期护理保险作为独立险种的运行而铺平道路。

二是对于地方护理等级评定，引入第三方评级机构，统一评估流程和标准，实行初评和复评制度。政府部门对新增和已有的评估机构也要加强审查和评估过程的监管，对评级机构人员进行培训，保障评级人员的业务水平，确保评估过程公平。

三是长期护理保险推动养老服务市场化进程。我国现行对养老机构的床位建设补贴、运营补贴，从供给侧补贴促进养老服务供给，一方面耗用大量资金，另一方面使很多地方盲目建立大型养老、养生社区、豪华养老机构，并未考虑居民实际长期护理需求，形成长期护理服务供给"重资产，轻服务"。如果改成入口补贴，长期护理保险补贴给不同等级的长期护理需求者，由他们选择长期护理服务的提供者，由需求导向刺激供给者按需生产服务，不仅服务种类会不断丰富，质量也会不断上升。不同的供给者（包括政府、营利性企业、非营利企业、组织）通过竞争赢取长期护理需求者的经费。这一过程中，长期护理服务需求者需要获取信息来进行判断和甄别，建立有效的互联网信息平台就显得极为重要。

四是重视长期护理人力资源开发与培训。我国的长期护理人员服务内容偏重于日常生活照料，健康、医疗保健服务缺乏，究其主要原因是长期护理人员专业化、职业化水平低。因此，对于正式的长期护理人员应当加强专业培训，从专科到本科开设多层次长期护理专业教育。对于大多数老年人选择居家养老的实际状况，非正式长期护理人员的培训显得极为重要。建议推行正式和非正式长期护理人员资格认证和持证上岗制度，非正式长期护理人员具有基本长期护理资格并经过培训后提供服务，获得长期护理保险费用。正式护理人员要经过全国统一考试，并在养老机构中完成规定课时的实践，方可从事长期护理服务。

4.9 社会保险小讨论：数字时代的社会保险[①]

本章通过分节论述社会保险体系重要组成部分，对社会保险的基本原理、运行机制、实践模式等关键之处分别进行归纳与汇总，为读者更好地理解社会保险体系有了一定的基奠。本节是本章的讨论与思考内容，目的是帮助读者结合生活实际更好理解本章的内容。本节讨论的主题是"数字时代的社会保险"。

在苏州昆山市打拼8年，江苏宿迁人桑修巧今年决定返乡发展。一咨询，得知江苏省人社一体化信息平台上线后，自己的社保关系自动同步转回宿迁，他喜出望外："这下在省内流动就业更方便了，人社部门做了件大好事！"

"以前数据分散在各市的'盘子'里，现在都在一个'锅'里，数据完全跟着人走。"提到今年上线的一体化信息平台，江苏省社会保险基金管理中心副主任肖伟杰表示。由于纵向打通了各层级人社部门、横向整合了系统内外，平台把江苏省全部人社业务"收入囊中"，可全天候办理。

这是人社服务办事体验不断攀升的鲜活缩影。自2018年行风建设三年专项行动开展以来，打包办、提速办、简便办、就近办、免申即办等人社服务推陈出新，标准化信息化建设贯穿全程，为提升人社服务水平提供了强有力的支撑。

人社服务项目涉及千家万户，多达百余项。车同轨、书同文，标准化是推进人社服务规范运行的根本途径。如今，走进各地人社服务大厅，设施整齐划一、标语导引清晰，办事流程规范明了，"综合柜员制""一窗通办"普遍实行，面貌一新。近年来，人社部梳理行业标准。清单化、规范化运行，推动人社服务均等化、普惠化，群众满意度逐年提升。国家市场监督管理总局2020年委托第三方开展的全国公共服务质量监测中，就业、社保服务满意度位居前列。

[①] 本节撰写者：任行，信路芳。

信息化是提升服务能力的重要支撑。去年以来，信息化便民服务创新提升行动在人社系统开展。越来越多的人社服务被搬到网上办理，全国性平台加快建设，跨层级"一网通办"大力推广，"一机在手，网办无忧"成为人社服务的写照。

连通信息平台，跨地区办事不用跑了。"之前听别人说跨省社保转移需要两地来回奔波，我还挺担心。没想到现在只需要在网上动动手指！"杨先生的社保关系从福建厦门市跨省转移到浙江宁波市鄞州区，通过"国家社会保险公共服务平台"申请，10个工作日便完成转移。这是由于鄞州区社保业务经办系统与国家平台成功对接，养老保险跨省转移接续无须再跑。

据了解，人社部通过全国人社政务服务平台、国家社会保险公共服务平台、掌上12333、电子社保卡等全国性服务平台，提供了48项"一网通办"应用，失业登记、社保查询、待遇申领、职业资格等服务实现"跨省通办"，已累计向社会公众提供业务访问达百亿人次。

打破"数据孤岛"，政策待遇主动找上门了。"账上突然多了一笔钱，说是失业保险费返还，太给力了！"北京兴林林副产品经销处财务负责人江乔惊喜地说。今年，北京失业保险费稳岗返还首次实行"免申即享"，共享市场监管、经信等部门数据，通过数据比对确定享受政策的用人单位名单，公示后自动拨付资金。过去中小微企业申领意愿低，"免申即享"后，受益率由2020年的13.7%提高到72.5%。从过去带着U盘去窗口报材料，到如今"免申即享"，巨大的变化，让北京华天饮食集团公司人力资源部负责人孙建感到"人社部门数据挺齐全！"

据了解，人社部与10多个部门建立数据共享机制，通过内部业务协同平台、专项系统与各地人社部门对接，截至2021年10月底，提供了56项跨层级跨部门的数据共享查询和比对核验服务，各地累计调用30亿次。能通过数据共享解决的，就不让老百姓跑腿。养老保险待遇生存认证、告知承诺制试点、纸质材料免提交和业务表单免填写的"双免"改革、从"人找政策"到"政策找人"、疫情期间社保费减免等背后，都有数据共享的功劳。

伴随数字赋能，一张社保卡，能办很多事。找工作、办社保、人事考试报名、劳动争议调解……各地人社系统推行"全业务用卡"；就医购药、乘公交、进博物馆、逛公园……长三角、成渝、海南等地积极推进居民服务"一卡通"应用。截至10月底，全国社保卡持卡人数已达到13.49亿人，4.34亿人领用了电子社保卡，能随时随地获取服务。

现如今，"数据多跑腿、群众少跑路"成常态。插上智慧翅膀，人社部门正在服务群众的路上，飞速奔跑。

资料来源：魏杰."智慧人社"升级服务更暖心[EB/OL].(2021-12-14). http://www.jszzb.gov.cn/col55/80484.html.

结合实际生活，在互联网时代背景下，社会保险经办服务也在走向智能化发展的轨道。以前办理保险事务"跑断腿"，如今大数据时代，社会保险经办的相关事务在网上即可咨询，各地社保部门开设网上办事大厅，利用自助咨询服务打造群众满意的人社服务。企业群众办事材料越来越少，跑腿越来越少，速度越来越快，体验越来越好，获得感幸福感节节升高。无论是从个人、企业还是从社会等方面都可以感受到数字时代下，社会保险服务的综合办理水平逐渐提高，利用大数据打造的全国社会保险平台，将异地办理业务不断升级转型。数据资源共享提升了社会保险办理业务的效率，为社会保险体系的优化发展提供更好的技术支撑与数据资源支持。

数字时代背景下，结合自身实际思考，社会保险有哪些新变化与新体验。从生活之中，讲述互联网时代给社会保险带来哪些机遇。抓住时代的潮流，促进社会保险体系不断健全完善，仍需社会各界共同努力。

本章回顾

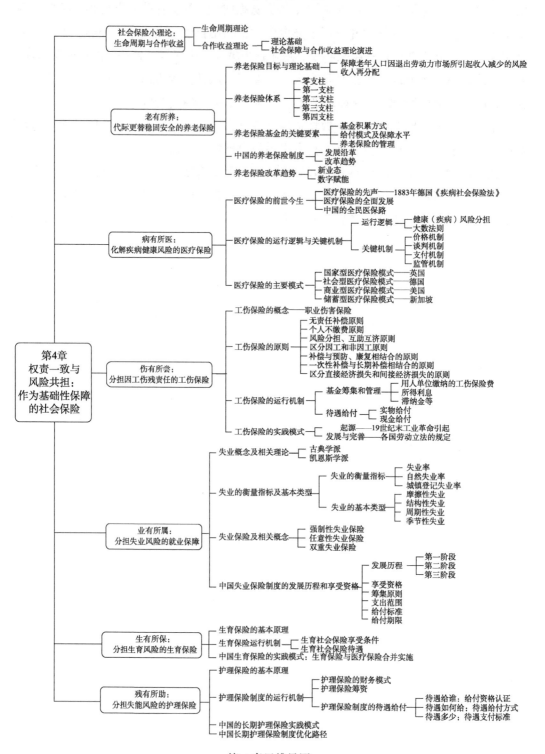

第 4 章思维导图

思 考 题

1. 试分析人口老龄化与养老保险的关系。
2. 试比较养老保险的责任承担模式。
3. 医疗保险的关键机制包含哪些内容？
4. 如何理解工伤保险的性质？
5. 如何发挥失业保险促进就业的功能？
6. 护理保险的主要功能是什么？
7. 如何理解作为权责一致与风险共担的社会保险？

即 测 即 练

自学自测　扫描此码

第 5 章

民生福祉与普惠共享：作为叠加性保障的社会福利

> 历史不认那些专为公共谋福利从而自己也高尚起来的人物是伟大的。经验证明能使大多数人得到幸福的人，他本身也是最幸福的。
>
> ——卡尔·马克思

权责统一、风险共担的社会保险机制是以劳动者雇佣关系为核心设计的，满足了有收入来源的劳动者风险化解的保障需求。但社会成员中仍有数以亿计的老年人、儿童、残疾人等弱势群体，迫切需要相应的社会福利提供叠加性保障。

5.1 社会福利小故事：彩票基金去向何方[①]

在日常生活中，你是否买过彩票？如果买过又是否中过奖呢？众所周知，买彩票中大奖的概率是极低的，但是最高奖项的中奖金额一般是非常高的，所以很多人都热衷于购买彩票，甚至每天都会买。那么，彩票基金最终去向了何处？

彩票是一种以筹集资金为目的发行的，印有号码、图形、文字、面值的，由购买人自愿按一定规则购买并确定是否获取奖励的凭证。根据彩票的发行机构进行分类，中国有中国福利彩票和中国体育彩票两大系列公众彩票。2020 年全国福利彩票总销售额达到了 1 444.88 亿元，筹集公益金 444.56 亿元。自发行至 2020 年 12 月 31 日，福利彩票已累计发行销售 23 554.51 亿元，筹集公益金 7 013.20 亿元[②]。

2020 年，财政部、民政部向各地下达彩票公益金预算总金额 9.49 亿元。民政部彩票公益金包括补助地方项目和民政部项目，遵循"扶老、助残、救孤、济困"使用宗旨，资金主要用于老年人福利、残疾人福利、儿童福利、社会公益四个方面。

在补助地方项目方面，2020 年度下达补助地方项目资金 9.32 亿元，具体使用情况

[①] 本节撰写者：聂建亮，邱杰。

[②] 中国福利彩票发行管理中心. 1987 年—2020 年中国彩票发行量及筹集公益金数量[EB/OL]. (2021-03-24). 中国福利彩票发行管理中心官方网站. http://www.cwl.gov.cn/c/2021-03-24/449643.shtml.

如下：①老年人福利类项目。项目资金3.84亿元，资金主要用于地市级及以下特困人员供养服务设施（敬老院）和以服务生活困难、失能老年人为主的城镇老年社会福利机构、社区养老服务设施新建、改扩建和设施设备配置等。②残疾人福利类项目。项目资金1.04亿元，资金用途包括：残疾人福利机构建设及购买服务项目6 498万元；残障群体示范性配置康复辅具及手术矫正治疗（福康工程）项目3 925万元。③儿童福利类项目。项目资金2.73亿元，资金主要用于对考入全日制高等院校和中等职业学校的孤儿在校期间生活、学习等方面予以补助，激励引导孤儿继续接受教育。④社会公益类项目。项目资金3 386万元；社会工作和志愿服务项目1 042万元。

在民政部项目方面，2020年度民政部项目共4个，资金1 622万元，具体使用情况如下："福康工程"指导、服务和评估项目100万元；涉外送养儿童寻根回访及中国文化教育项目252万元；"夕阳红"扶老项目1 000万元；彩票公益金第三方绩效评价、评审和审计项目270万元①。

2020年，面对突发的新冠肺炎疫情，中国福利彩票上下齐心，立足福彩所能，勇担责任，积极与上级部门沟通协调，调整业务费比例专项补贴彩票零售商，有效缓解彩票零售商经营压力；统筹推进复工复产，全力做好"六稳""六保"工作；践行公益初心，主动捐资、捐物，志愿服务抗疫一线，凝聚合力，助力打赢疫情防控阻击战。中福彩中心及时下发《关于在新型冠状病毒感染的肺炎疫情防控期间做好福利彩票销售工作的通知》，指导各级福彩机构做好彩票零售店疫情防控；商请财政部调整1—4月（注：湖北省1—6月）福利彩票业务费合计2.6亿元，用于业务费比例调整，专项支持彩票零售店疫情防控及补助经营成本，有效降低疫情影响。在疫情基本得到控制后，中福彩中心及时下发《关于继续做好疫情防控有序恢复福利彩票销售有关工作的通知》，积极组织全国福利彩票系统加快复工复产。截至2020年3月底，全国福彩销售终端开机率接近90%。

根据"福利多元主义"理论，国家是福利彩票政策的制定者，也是福利彩票的供给者，围绕福彩市场的主体还有财政部、民政部、彩票发行中心、代销机构以及彩民多方的参与。实际上，福利彩票属于全社会的产物，国家是提供彩票福利的主要责任主体，但不是绝对福利的垄断。

根据政府监管理论可知，在监管的过程中，政府的最终目标是提高社会总体资源的配置效率，然而，政府的干预并不总是有效的，关键在把握好监管力度以及公平和效益之间的权衡。在出现市场失灵情况下，政府通过对经济主体实行直接的干预，通过有效政策手段帮助失灵的经济主体摆脱困境或者惩戒扰乱秩序的经济主体，让市场

---

① 民政部. 民政部2020年度彩票公益金使用情况公告[EB/OL]. (2021-06-30). https://xxgk.mca.gov.cn:8445/gdnps/pc/content.jsp?mtype=4&id=15012.

的运行恢复到正常的状态，企业以及消费者的利益得到应有的保护、资源实现有效配置，监管的效果达到最优状态，即所谓政府监管的正外部性。与之相反，如果市场经济在正常的情况下运行，政府强行采取相应手段，对市场的特定领域及特定行业进行不必要的干预，这样不仅无法对企业及消费者造成积极的影响，反而呈现出运行效益最差状态，即所谓政府监管的负外部性。同其他一般市场一样，彩票市场也不能缺少政府的监管。目前我国彩票产业出现的种种不善，无论是从解决现在面临的问题还是开辟未来顺畅发展之路考虑，都急需要政府站在合理的位置，采取适当的监管手段和实行有效的监管措施来实现彩票市场公平、公正、稳步运行。当政府监管科学有效地监管彩票市场，实现彩票的公益性与娱乐性"双赢"，所筹集的彩票公益金完全用于惠及社会大众的社会福利事业时，就是政府的监管发挥了正外部性的效果。

5.2 社会福利小理论：内涵特征与模式分野[①]

5.2.1 社会福利的内涵特征

社会福利作为一项社会保障制度，是在人类社会进入 20 世纪以后开始形成并发展起来的。在 20 世纪以前，西方的社会福利主要建立在自由主义行为基础上。只是表现为一种局部的、有限的慈善行为，表现为一种单纯的民间互助行为，社会福利的内容也仅仅是满足社会成员因生存而需要的单纯的物质生活保障，渗透到这些行为当中的主要是一些积德行善的宗教释义或儒学思想。进入 20 世纪以后，在国家和政府直接干预和承担责任的基础上，社会福利才逐步成为一项面向全体社会成员的社会政策，并且逐步形成了日益丰富的国家福利等道德价值规范，除了满足物质生活保障，还增加了精神生活和个人全面发展的内容。

不过，在国际上由于对社会福利还缺乏统一的界定与认识，所以社会福利的内涵和外延至今难以准确界定。不同的国家和地区由于历史、文化、政治、经济等背景条件的不同，对社会福利的认识和理解也就不同。按字面含义理解，社会福利是指改善全体社会成员物质文化生活，提高其生活质量的社会保障制度。在社会保障学界，社会福利概念之所以出现较大分歧，是因为人们各自从广义、中义、狭义层面去理解它。

广义社会福利属于大福利概念，西方国家认为社会福利是指一切改善和提高人民物质生活和精神生活质量的社会措施。不仅包括了我们所谓的社会保障内容，还包括医疗保健、国民就业、社会保险、福利服务、社会救助、国民住宅、环境保护等。英国学者认为社会福利是为了保障全体国民物质的、精神的、社会的最低生活水准，由政府和民间提供的各项社会服务的总和。在美国，人们普遍认为社会福利是为了保证

---

① 本节撰写者：聂建亮，邱杰。

个人以及集团成员拥有平均的生活水准和身体健康而提供的各项社会服务和有关制度的组织体系。一个国家用以协助人们满足社会、经济、教育与健康的需求，使社会得以维系下去的方案、给付与服务的体系就是社会福利。我国的香港和台湾地区也采用广义社会福利的概念，台湾界定的社会福利范围非常广泛，涉及公务人员保险、退休人员保险、私立学校教职工保险、农民健康保险、劳工保险、全民健康保险、人寿保险、社会救助、残障福利、妇女福利、老人福利、儿童福利等。香港也将综合援助、社会服务等列入社会福利范畴。

中义社会福利基本上是社会保障的同义语，是西欧国家普遍用来替代社会保障的一个概念，涵盖了政府和社会为国民提供的各种服务设施和社会保障的各项内容。

狭义社会福利是社会保障体系中的一个组成部分。我国使用的社会福利概念就是一种狭义上的概念。主要是指国家和社会通过社会化的福利设施和有关福利津贴，以满足社会成员的生活服务需要，并促进其生活质量不断得到改善的一种社会保障制度。

对于这个概念，可以从以下五个方面来理解：第一，社会福利的责任主体是国家和社会。国家颁布相关法律对各项福利事业进行规范，比如我国先后颁布过《中华人民共和国残疾人保障法》《中华人民共和国老年人权益保障法》等若干部法律或法规。同时，政府通过有关职能部门对社会福利事业进行监督与管理，并承担着相应的拨款和补贴责任。第二，社会福利具有经济福利性。与其他社会服务相比，社会福利的本质主要体现在经济福利性上，从而属于第三产业范畴，但是不同于一般的第三产业，所以难以采取市场调节，政府的呵护和政策扶持往往是社会福利生存和发展的必要条件。第三，社会福利强调社会化。也就是说，福利的提供必须是开放式的，必须面向所有的公民。第四，社会福利的供给方式主要是提供服务。比如，青少年教育服务、残疾人康复服务、老年人安老服务以及其他一些具有福利性质的社会服务。因此从这个角度讲，社会福利主要处于服务保障的层次，甚至也包括了对有需要的人的精神慰藉。第五，社会福利的目标不仅是为了保障社会成员的基本生活，解除社会成员的后顾之忧，而且还在于促使社会成员的生活质量不断得到改善和提高。比如，满足社会成员在教育、文化等方面的需求等。

与社会保障体系中的其他系统相比，社会福利具有以下六个方面的显著特点。

1. 社会福利的覆盖对象具有普遍性

社会福利是全民性社会保障事业。尽管社会成员享有的社会福利项目或福利水平不可能一致，但从总体上讲，社会福利是面向全体社会成员的社会保障事业，任何人都需要并且都能够享受到一定的社会福利待遇。从社会福利的对象来看，它覆盖了劳动者在内的全体公民：从婴幼儿、儿童、少年、劳动者，到残疾人、老年人等。如英国在第二次世界大战后推行的社会福利政策，就是面向每个公民的。有些社会福利的享受对象甚至推广到了在本国居住的外国公民。而与社会福利相比较，社会保障的其他子系统的覆盖对象却是比较有限的，社会保险只面向从业人员，社会救助面向贫困人口和灾民，社会优抚只面向军人及军烈属。

2. 社会福利的内容具有广泛性

社会福利制度在内容上涉及了国民教育、住房、就业、日常生活、文化娱乐等各个方面，在具体的服务方式上由于针对不同的对象而具有不同的服务内容，如社会化的老年人福利、儿童福利、妇女福利、残疾人福利等，从而它是社会保障体系中内容最复杂、项目最多的一个子系统。

3. 社会福利的提供方式具有服务性

社会福利项目的实施，一般具有服务性，并且离不开特有的社会福利设施。目前，社会保险主要采取提供现金的方式，社会救助主要通过提供现金、实物的方式。社会福利的目的是改善社会成员的生活质量，提高国民的素质。要想达到这一目的，只依靠现金和实物是远远不够的，还要提供广泛的福利设施和福利服务。比如学校、公共住房、集体福利设施、养老院、儿童福利院、残疾人特殊教育学校、残疾人福利企业、残疾人康复中心、老年服务中心、社区服务机构等，这些设施是国家和社会实施相关社会福利政策的基本途径。

4. 社会福利的实施主体具有社会性

由于社会福利覆盖了全体公民，而人们对社会福利服务的需求是多种多样的，社会福利在内容上又是非常广泛的，管理也非常复杂，所以社会福利的服务就不可能全部由国家来承担，只能通过政府举办的各种福利机构或者是非政府的社会福利团体来提供。这样，既有政府举办的教育、住房等社会福利，也有企业举办的职业福利，以及民间举办的社区福利或慈善性福利事业。所以，社会福利事业是需要充分利用社会各方力量来合力推动的社会保障事业，包括政府、非政府组织（NGO）或非营利组织（NPO）、市场（个人付费的）、社会（社区的志愿者、受助者家庭）等。

5. 社会福利的实施过程具有多层次性

由于社会成员对福利的需求是多方面的，也是多层次的，国家和社会在举办社会福利时，不可能像社会救助、社会保险、军人保障等其他社会保障子系统一样，规范一个统一的标准。在保证那些必要的、基本的福利保障的条件下区别不同的对象来确定具体的标准，同时，允许无偿的福利、低收费的福利、标准收费但不营利的福利等多种形式存在，为社会成员提供多层次的福利保障。就实施的过程而言，社会福利与其他社会保障子系统比较显得更为复杂。

6. 社会福利的外延丰富

基于对狭义的社会福利内涵所做的界定，社会福利的外延应该包括公共福利、特殊福利、职业福利等几方面。其中，公共福利包括公共教育福利、公共卫生福利、公共文体福利、住房福利等；特殊福利包括老年人福利、青少年福利、残疾人福利、妇幼福利等；职业福利包括生活服务、文化福利、职工补助等。

5.2.2 社会福利的模式分野

社会福利的模式有很多种，如福利国家模式、斯堪的纳维亚模式、保守主义模式、自由民主主义模式、费边主义模式、马克思主义模式、社会民主主义模式等，我们这里主要介绍以下四种。

1. 威伦斯基的"二分法"模式

美国社会学家哈罗德·威伦斯基（Harocd Wilensky）提出了福利模式的"二分法"，也就是指社会福利的两种概念：剩余说和制度说。剩余说主张社会福利只有在正常的供给渠道遭受破坏时才发挥作用，它显示的是对自由选择的价值承诺，要求解决的首先是社会失常现象和补充必要的普及性服务。这实际上反映了社会福利是一种补充性的机制。制度说认为社会福利是正常的和第一线的危机预防系统，它强调社会福利优先解决普遍性的社会问题，补充以必要的补救性选择服务，从而在现代工业社会中发挥必然的重要性。制度说强调了社会福利的制度性，强调社会福利作为一种普遍性的制度而存在。

2. 蒂特马斯的"三分法"模式

英国社会政策专家蒂特马斯（R. Titmuss）在理论上把社会福利区分为三种模式：剩余模式（也称补救模式），相当于威伦斯基的剩余说，即主张社会福利只有在正常的社会供给渠道遭到破坏时才发生作用。制度性再分配模式，相当于威伦斯基的制度说，即认为社会福利是正常的和第一线的危机预防系统。不同的是，他增加了第三种模式：成就或成绩模式。这个模式把社会福利界定为"经济的附属物"，主张社会资源应该按照"成绩、工作表现和生产力来分配"，这实际上更多地强调了效率原则。

3. 米什拉模式

加拿大社会学家米什拉在 1977 年提出这个模式，并认为这个模式非常适合社会主义国家。其特点是：国家统包满足人民的需要；以按需分配为主导；提供全民受惠的法定服务；高水平的福利待遇；国家服务方面的支出占到国民收入的高比例；享受社会福利服务是国民基本权利和社会的基本价值观的体现。

4. 罗斯的混合福利模式

罗斯认为，社会福利是一种混合的社会安排的结果。在任何社会中，提供一种特定的服务有四种方式，关键是该项服务在生产环节中是否赋予货币价值和在使用环上是否货币化,这四种方式是:市场、政府、共同生活的住户和物物交换。每一种产出方法都是可以相互替代的。因此,以政府力量为主导不等于国家垄断;混合的福利经济也不一定会导致福利总产出的减少。同样,尽管福利的分配系统可能不同,但如果供应的渠道是多样化的而不是单一的,社会福利总量就会是较大的。什么是最好的方式最终要通过政治的选择来决定。

5.3　面向全体公民的公共福利[①]

5.3.1　公共教育福利

教育福利是与国家的教育政策紧密关联的一种福利制度,它是指国家和社会通过社会化的教育投资和福利性的设施,以满足全社会成员的受教育愿望和需求,从而促使其素质不断得到提高的一种社会福利。从一个国家或地区发展的角度出发,往往是劳动者的素质越高的国家或地区社会经济就越发达,而较高的素质是通过教育来实现的。所以,教育福利的发展程度关系到一个国家或地区的经济发展和社会进步。教育福利的内容包括以下方面。

1. 国民基础义务教育

国民基础义务教育是一种教育福利的主要内容。义务教育起源于德国。1619 年,德国魏玛公国公布的学校法令规定:父母应送其 6~12 岁的子女入学,这是最早的义务教育。1986 年 4 月,我国颁布了《中华人民共和国义务教育法》。这是我国首次把免费的义务的教育用法律的形式固定下来,即适龄的"儿童和少年"必须接受 9 年的义务教育。2006 年 6 月修订通过了新的《中华人民共和国义务教育法》,经过两年的过渡,2008 年秋季在全国范围内开始实施名副其实的义务教育。"十三五"期间,我国陕西、广东、浙江、河北等地开始实施 13 年、12 年义务教育。

国民基础义务教育从来就是国家办的事业,这一部分教育经费在任何国家都是由政府保证的。义务教育应该是免费的教育,国家有义务为学龄儿童提供接受教育的条件,保障每一位儿童拥有平等的受教育的权利和机会。为了保障国民不分民族、不分性别,都有接受义务教育的权利,国家采取了一系列政策措施。

(1) 对特殊困难家庭的子女和孤儿、无收养家庭的弃儿等的教育,国家有关政策规定公立学校通过一定审核程序给予减免学杂费和代为支付书本费。由社会福利机构集中收养的孤儿、弃儿,其教育费用由社会福利机构直接向学校支付。

(2) 教育机构在中等及以上学校设立助学金和贷学金,资助生活困难家庭的子女。

[①] 本节撰写者:唐丽娜,谷怀涛。

助学金是无偿提供的,生活困难家庭的子女可向学校申请获得,用以解决在学习期间学习、生活上的基本开支。贷学金是一种无息或低息的有偿资金,学生可申请贷款,满足在学阶段的学习、生活上的资金需要,学业完成、参加工作并取得收入后一次性偿还或分次偿还,或由用人单位偿还。

2. 社会捐助教育

社会团体、社会热心人士捐助以及慈善机构设立的教育基金或直接为学校捐资构成教育福利的补充。前者一般以单位名义或以个人名义设立基金,也有集社会捐资组成的基金(如我国青少年发展基金会牵头开展的全国性的救助失学儿童的"希望工程"),用以资助困难学生和奖励成绩特别优异的学生。后者如各类私立学校、教会学校和企业单位办的学校等。社会保障机构也有直接办学的,如特殊教育学校、为失业人员提供职业培训的学校等。

3. 其他教育福利

其他教育福利包括大专院校的助学金、奖学金、贷学金以及职业培训津贴等内容。

5.3.2 住房福利

住房福利主要是指面对城市中低收入群体、解决住房问题、提高住房生活质量的福利。关于住房是否属于社会福利的内容,有三种不同的观点:第一种观点认为住房只具有纯粹的商品性而不具有福利性,它与其他消费品一样,社会成员要支付货币去购买,住房属于个人所有;第二种观点则认为住房可以通过社会福利的形式,由国家和社会在工资分配之外进行分配;第三种观点具有折中性,认为住房具有商品性,同时也具有福利性。

工业化和城市化过程中,一个不可回避的严重问题是,大量的中低收入者的支付能力与具有适宜的住房标准的住房价格之间存在着差距甚至巨大的鸿沟[1]。这也是各国政府干预住房市场的主要原因。因此,世界各国政府几乎无一例外地在不同程度上为中低收入阶层解决住房问题提供帮助。如为中低收入阶层制订专门的住房发展计划,或者把解决中低收入阶层的住房问题,作为与社会发展目标相联系的更为广泛的住房发展战略的目标,通过对住房供应和住房需求的补助以及对住房生产的直接干预,来满足中低收入阶层不断增长的住房需求。关注中低收入阶层住房问题的社会和政治意义是通过"安居"实现"乐业",缓解和减少社会不稳定因素,在全社会逐渐富裕时,把人人享有住房作为一种社会权利。由此,城市中低收入阶层的住房问题是政府住房福利政策的主体。此外,公务员、退伍军人、老年人、单身母亲、残疾人等,这些社

---

[1] 陈佩云. 完善深圳住房保障体系的政策研究[D]. 厦门:厦门大学,2008.

会群体及其家庭并非一定贫穷，但其住房在特定社会经济发展阶段中也往往为政府所关注。一般来讲，住房福利主要包括以下两方面内容。

1. 政府对住房提供直接支付或转移支付

政府以多种形式提供住房补贴，包括：①需求方面的补贴，如收入和房租补贴；②供给方面的补贴，即通过土地成本、建设成本以及对建筑企业的税收优惠等形式实行补贴；③住房金融的补贴，包括利率、税收、增值与折旧的特殊处理等。

2. 兴建廉租房

国家作出政策性规定，要求住房建设必须划出一定数量的住房以低于市场的价格出售给低收入家庭，或者政府直接兴建经济房屋（也称廉价房屋或福利房屋）定向出售给低收入家庭。

住房福利的核心是给中低收入居民家庭提供经济适用住房和廉租住房，解决中低收入居民住房问题，同时调控房地产市场、调节收入分配。在做法上，包括立法、设立法定机构、控制价格等。实践证明，市场是提高资源配置效率、推进经济增长的主要手段，但市场不是万能的，市场不能完全解决社会公平问题，不能完全适应复杂的社会需求结构的要求，尤其是不能完全解决人民群众的基本需求问题，政府的干预是必不可少的。

5.3.3 福利彩票

《辞海》中对彩票的解释是"以抽签给奖的方式进行筹款或敛财所发行的凭证"。法国人称"政府发行彩票是向公众推销机会和希望，而公众购买彩票则是微笑纳税"。一般来讲，彩票是印有号码或图形（文字）、由投注者自选号码、自愿购买并能够证明购买者拥有按一定规则取得中奖权利的书面凭证，它是一种建立在机会均等基础上公平竞争的娱乐性游戏。《中国福利彩票管理办法》所称福利彩票，是指以筹集社会福利资金为目的而发行的，印有号码、图形或文字供人们自愿购买并按特定规则确定购买人获取或不获取奖金的有价凭证。

彩票不是赌博，也不是商业有奖销售，它能缓解各国政府财政压力，造福社会公益事业。它是以合法的形式、公平的原则，重新分配社会的闲散资金，协调社会的矛盾和关系，使彩票具有了一种特殊的地位和价值。彩票公益金是通过发行彩票而获得的资金净收益，它是彩票销售总额减去返还给中奖者的奖金和发行成本外的全部资金。彩票公益金在彩票销售总额中所占的比例，不同的国家和地区并不一样，同一国家的不同地区，有的也不相同，一般都在25%～35%之间。

目前，世界上有139个国家和地区发行彩票，这些不同的国家或地区发行彩票的共同目的都是筹集资金，但对于彩票资金的使用途径却不尽相同。目前国际上彩票资金使用的途径可归纳为三种模式。

1. 集中筹资，统收统支

这种模式又可称为"第一财政"，它是把全部彩票公益金纳入国家或地方财政预算，由国家或地方财政部门统一支配使用。如法国和韩国等国的彩票公益金全部交给相应的财政部门，融入国家或地方的财政预算。

2. 集中筹资，分项专用

这种模式又叫"第二财政"，它与"第一财政"模式正好相反，它的全部彩票公益金都不纳入国家或地方的财政预算，而是直接转入有关部门，用于各类具体用途，如日本、瑞士、巴西和澳大利亚等国家。但在彩票公益金的具体用途和分配比例上，不同的国家和地区差异较大。有些国家和地区将所有彩票公益金集中用于某一个或两个方面，如美国的弗吉尼亚州，将彩票资金全部用于教育事业；瑞士和日本等国的彩票公益金则全部用于慈善事业。有些国家和地区则将彩票公益金在多个方面酌情分配，如挪威按 3∶3∶3 的比例，将彩票公益金在文化艺术、体育和科学研究三项事业之间平均分配，芬兰则按 46.5∶24.1∶22.5∶6.9 的比例，将彩票公益金在文化艺术、体育、科学研究和青年工作几项事业之间分配[①]。

3. 集中筹资，混合使用

这种模式又可称为"混合财政"，它是上述两种模式的混合体，既将一部分彩票公益金交给国家或地方财政部门，纳入国家或地方的财政预算，又将剩余部分用于其他具体用途。世界上有不少国家和地区都采用这一模式来使用彩票公益金，如德国的柏林、比利时、丹麦和中国香港特别行政区等。这又分两种情况：一种情况是将大部分彩票公益金上交国家或地区财政，小部分投向具体用途，如美国麻省诸塞州将 98.5%的彩票公益金上交州财政，而将 1.5%的彩票公益金用于直接支持文化艺术事业。中国香港特别行政区相类似，它将 89.6%的彩票公益金上交给特区财政，而将 10.4%的彩票公益金用于公益与慈善事业。另一种情况则是把大部分彩票公益金用于具体事业，而将不到 50%的彩票公益金上交到国家或地方财政，用于统收统支，如保加利亚和丹麦等国家。

第三种模式是第一、二两种模式的混合体，它对一个国家或地区的不同利益部门来说，也许比较"公平"，但就彩票公益金使用效率而言，它肯定不及第二种模式。这种模式运作复杂，而且要把有限的彩票公益金四处挥散，大大地削弱了彩票公益金的使用效果。

---

① 周嵩. 我国体育彩票产业的现状与对策研究[D]. 武汉：华中师范大学，2006.

5.4 面向弱势群体的特殊福利[①]

5.4.1 老年人福利

1. 老年人福利的含义

人口老龄化是指因人口生育率降低和人均寿命延长等因素导致的，总人口中因年轻人口数量减少、年长人口数量增加并形成的老年人口比例相应增长的动态。人口老龄化一般具有两个含义：一是指老年人口相对增多，在总人口中所占比例不断上升的过程。二是指社会人口结构呈现老年状态，进入老龄化社会。根据1956年联合国《人口老龄化及其社会经济后果》确定的划分标准，当一个国家或地区65岁以上老年人口占人口总数的7%，即意味着这个国家或地区的人口处于老龄化社会。1982年，维也纳老龄问题世界大会确定60岁以上老年人口占人口总数的10%，意味着这个国家或地区进入严重老龄化。世界卫生组织（WHO）定义：65岁及以上人口占总人口的比例达到7%时，为"老龄化社会"，达到14%为"老龄社会"，达到20%时为"超老龄社会"。2011年世界平均老龄化水平（65岁以上老人占比）为8.1%，中国为9.1%[②]，2015年增加到10.47%[③]，2016年末增加到10.8%。[④]在人口老龄化趋势不断加强的形势下，对老年人福利的需求更是与日俱增。因此，老年人福利在社会福利体系中占有十分重要的地位。

由于社会福利分为补缺型社会福利和普惠型社会福利，老年人福利也分为补缺型和普惠型两种。补缺型老年人福利主要是政府和社会对处在特殊困境下的无劳动能力、无生活来源、无法定赡养人和抚养人的孤寡老人和部分生活不能自理、家庭无力照顾的老年人所提供的供养、医疗、康复、娱乐和教育等方面的服务。普惠型老年人福利主要是由政府和社会根据老年人特点，面向全体老年人口而提供的物质帮助和社会服务。我国过去长期实行的是补缺型老年人福利，现在随着社会经济的发展在逐步向普惠型老年人福利过渡。

2. 老年人福利的内容

1）生活及护理服务

由于老年人的活动能力下降，出现各种意外的概率也大大增加，一些老人因疾病

[①] 本节撰写者：唐丽娜，谷怀涛。

[②] 世界各国人口老龄化排名_全球老龄化现状[EB/OL].（2015-01-13）. http://www.renkou.org.cn/world/2015/2433.html.

[③] 国家统计局.中华人民共和国2015年国民经济和社会发展统计公报[EB/OL].（2016-02-29）. http://www.stats.gov.cn/tjsj/zxfb/201602/t20160229_1323991.html.

[④] 国家统计局. 中华人民共和国2016年国民经济和社会发展统计公报[EB/OL].（2017-02-28）. http://www.stats.gov.cn/tjsj/zxfb/201702/t20170228_1467424.html.

或瘫痪而生活无法自理,因此需要家庭和社会提供生活照料。在传统的农业社会,老人主要依赖家庭提供生活照料。进入工业化社会以后,由于家庭结构的变化以及家庭照顾功能的相对减弱,社会照顾的作用就显得非常重要。一般来说,老人生活及护理服务主要是通过开办社会福利院、老年公寓、老年活动站等,为老年人提供生活照料,包括基本性日常生活照料和工具性日常生活照料。前者比如给老人喂饭、穿衣、洗澡、上厕所等,主要服务对象是高龄老人和瘫痪、卧病在床的老人,后者则包括帮老人做饭、洗衣、料理家务、购物等。

2)医疗保健服务

人进入老年阶段后,由于生理功能的衰退,抵御疾病的能力下降,往往会患上各种老年病、慢性病,社会应该提供一种定期的保健服务。而开支较大的医疗保健无疑对收入已经有所降低的老人及其家庭来说压力很大,所以健全的医疗保险体系和老年医疗保健福利对老人而言有着重要的意义。比如建立老年保健康复室,定期为老年人提供各种检查、保健服务。

3)文化娱乐服务

进入老年后,老人几乎所有的时间都是闲暇的,同时,老人不需要直接为生活奔波。在保证了基本的生存和经济方面的需求以后,老人会更重视精神上的追求,如个人兴趣的发展、参与各种社会活动以实现自我价值等。休闲娱乐不仅可以满足老人的精神需求,在娱乐中陶冶性情,还可以让老人结识更多的老人,参加一些老人集体活动,比如安排老年人旅游、运动会、书画比赛,创办老年人活动中心、老年大学,开展老年人再就业咨询、培训等,让老人在集体中发展出一些非正式的社会关系,从而满足他们的心理需求和社会需求。

5.4.2 残疾人福利

1. 残疾人及残疾人福利的含义

残疾人是社会中有困难的特殊群体,应当受到社会的特殊关怀与照顾,但是对残疾人的不同定义会影响到残疾人社会福利的理念。世界卫生组织根据卫生工作的经验,对缺陷、残疾和障碍三者进行了区分。缺陷是指心理上、生理上或人体结构上某种组织或功能的任何异常或丧失。残疾是指由于缺陷而缺乏作为正常人以正常方式从事某种正常活动的能力。障碍则是指一个人由于缺陷或残疾而处于某种不利地位,以至于限制或阻碍该社会成员发挥按其年龄、性别、社会与文化等因素应能发挥的正常作用。

国际劳工组织大会 1983 年 6 月 1 日在日内瓦举行的第 69 届会议通过了第 159 号《残疾人职业康复和就业公约》,该公约中第一条对残疾人是这样定义的:残疾人指因经正式承认的身体或精神损伤在适当职业的获得、保持和提升方面的前景大受影响的个人[①]。

---

① 人力资源和社会保障部.(残疾人)职业康复和就业公约[EB/OL]. (2010-11-12). http://www.mohrss.gov.cn/xxgk2020/fdzdgknr/gjhz/gjgy/202011/t20201117_397452.html.

联合国大会《关于残疾人的世界行动纲领》指出，残疾泛指世界各国任何人口出现的许许多多的各种功能上的限制。人们出现的残疾既可以是生理、智力或感官上的缺陷，也可以是医学上的状况或精神疾病。此种缺陷、状况或疾病有可能是长期的，也可能是过渡性质的。

世界卫生组织在 2011 年《世界残疾报告》中指出：本报告采用《国际功能、残疾和健康分类》（ICF）作为理论架构，该分类定义"残疾"（disability）为一种涵盖损伤、活动受限和参与局限在内的概括性术语。具体指的是有某些健康状况（如脑瘫、唐氏综合征、抑郁症）的个体与个人因素和环境因素（如消极态度、使用公共交通设施和进入公共建筑障碍以及有限的社会支持）之间相互作用的消极方面。残疾（功能减弱或丧失）是人类的一种生存状态，几乎每个人在生命的某一阶段都有暂时或永久的损伤，而步入老龄的人将经历不断增加的功能障碍[①]。

我国 1990 年 12 月 28 日通过的《中华人民共和国残疾人保障法》第 2 条规定：残疾人是指在心理、生理、人体结构上，某种组织、功能丧失或者不正常，全部或者部分丧失以正常方式从事某种活动能力的人。中国残疾人福利基金会宣传提纲指出：残疾人是指由于心理状态、生理功能、解剖结构的异常或丧失，而导致其部分或全部失去以正常人的方式从事某种活动的能力，因而在社会生活中不能充分发挥正常作用的人。按中国的残疾分类，残疾人包括听力残疾、言语残疾、智力残疾、肢体残疾、视力残疾、精神残疾、多重残疾和其他残疾人。

在世界总人口中，大约 15%的人有某种形式的残疾，其中 2%至 4%的人面临严重的功能性障碍。根据世界卫生组织和世界银行 2011 年 6 月 9 日发布的《世界残疾报告》，全球有 10 亿多人患有某种残疾，占全球人口 15%。残疾限制了他们参与家庭、社区和政治生活的机会。80%的残疾人生活在低收入和中等收入国家，在这些国家，人们往往只能获得有限的基本卫生和社会服务，而残疾人受到的影响更为深重。在全球范围内，残疾人在参与社会活动方面仍有诸多不便，生活水平也较低。未来年代由于人口老龄化（老人有更高的残疾危机）和全球慢性疾病增加（如糖尿病、心血管疾病、癌症和精神疾病）等原因，世界人口残疾率将上升[②]。

中国残疾人联合会根据第六次全国人口普查我国总人口数，及第二次全国残疾人抽样调查我国残疾人占全国总人口的比例和各类残疾人占残疾人总人数的比例，推算 2010 年末我国残疾人总人数 8 502 万人。各类残疾人的人数分别为：视力残疾 1 263 万人；听力残疾 2 054 万人；言语残疾 130 万人；肢体残疾 2 472 万人；智力残疾 568 万人；精神残疾 629 万人；多重残疾 1 386 万人。各残疾等级人数分别为：重度残疾 2 518 万人；中度和轻度残疾人 5 984 万人。

---

① 邱卓英，李沁燚.《世界残疾报告》及其对残疾和康复的重要意义[J]. 残疾人研究，2012(3)：9-14.
② 世界卫生组织，世界银行. 世界残疾报告[EB/OL]. http://www.cjrtponline.com/CN/Y2011/ V17/I6/501.

2. 残疾人福利的内容

残疾人福利则是国家和社会在保障残疾人基本物质生活需要的基础上，为残疾人在生活、就业、教育、医疗和康复等方面提供的设施、条件和服务，是社会福利的一个重要项目。残疾人福利的目标，就是通过政府、社会和残疾人自身的共同努力，创造良好的物质条件和精神条件，使残疾人享有全面参与社会生活的权利，分享社会经济发展所带来的物质文化成果。残疾人福利的主要内容包括就业、生活、教育、医疗康复和社会服务等多个方面。

1）就业保障

生存权、劳动权是人类最基本的权利。残疾人劳动就业是残疾人实现自身价值、自立于社会的基础，是社会文明进步的标志。国家和社会为有一定劳动能力的残疾人提供力所能及的劳动就业，为残疾人提供就业保障，是保障残疾人生活的根本途径[①]。

目前我国安置残疾人就业主要有以下几种方式：

第一种是安排残疾人到社会福利企业集中就业。福利性企业的特点在于：一是社会效益和经济效益并重。二是人员结构上，安置一部分残疾人就业，并配备一定比例的健全劳动力，以便生产经营能顺利进行。三是具有残疾人工作的适应性。福利性企业要结合残疾人生理功能的代偿和社会补偿，积极开展适合残疾人生理特点的技术革新和改造，为他们设计适宜的岗位和配备适用的设备。四是政策的倾斜性。国家规定，福利企业可享受税收减免、立项登记优先等方面的优惠。五是加强残疾人的职业培训和教育，提高残疾人的就业素质等。在福利企业集中就业的残疾人数量不大。

第二种是将残疾人按企事业单位人数的一定比例分散安排到各企事业单位，由全社会承担起帮扶残疾人的社会责任。由于多数社会福利企业人员素质偏低，技术力量薄弱，尽管享受各种政策上的优惠，在激烈的市场竞争中，社会福利企业的发展还是困难重重，不可能作为残疾人就业的主要渠道。分散按比例安排残疾人就业可以使各企业在市场竞争中处于平等地位，分散竞争风险。国外许多国家也通常采取这种方式解决残疾人就业问题，收到良好效果。

安置残疾人就业的其他方式包括残疾人个体就业、公益性岗位就业、辅助性就业、灵活就业等。这些就业方式在残疾人就业形式中占比最大。

2021年，全国城乡持证残疾人就业人数为881.6万人，其中按比例就业81.8万人，集中就业26.8万人，个体就业63.5万人，公益性岗位就业14.8万人，辅助性就业14.3万人，灵活就业（含社区、居家就业）250.3万人，从事农业种养加430.1万人[②]。

[①] 参见：许琳，翟绍果，唐丽娜. 社会保障学[M]. 3版. 北京：清华大学出版社，2018.

[②] 中国残疾人联合会. 2021年残疾人事业发展统计公报[EB/OL].(2022-03-31). https://www.cdpf.org.cn/zwgk/zccx/tjgb/0047d5911ba3455396faefcf268c4369.htm.

2）生活保障

生活保障也称社会救助。在我国，贫困人口中有半数左右是残疾人，残疾人和残疾人家庭的生活境遇十分困难。据统计，截至 2019 年底，残疾居民参加城乡社会养老保险人数 2 630.7 万；636.2 万 60 岁以下参保重度残疾人中，618.2 万人得到政府的参保扶助，享受代缴比例达到 97.2%。299.1 万非重度残疾人享受了个人缴费资助政策。1 070.8 万人领取养老金①。对残疾人实行社会救助以保障他们的基本生活，是现阶段我国残疾人社会保障工作不容忽视的重要内容。制定生活贫困线，将包括残疾人在内的贫困者置于社会安全网内；同时，社会救助金随经济增长和生活费用的提高不断增加，以抵消物价上涨等因素对残疾人实际生活的影响。残疾人社会救助要同残疾人就业、教育、医疗等结合起来，从根本上消除残疾人群体中的贫困现象。

3）教育保障

发展残疾人教育事业是提高整个残疾人群体生活质量的基础和前提。残疾人受教育程度的高低影响着他们的就业机会、收入水平、社会地位和精神状态，因而残疾人社会福利的一个重要方面就是要保障残疾人受教育的权利，为他们提供受教育的机会。残疾人教育主要包括以下几个部分。

一是基础教育。对那些有学习能力的残疾学龄儿童和青少年，国家和社会要保障他们享受义务教育的权利，不应因身体缺陷而使他们失学。

二是特殊教育。身体的残疾使残疾人在受教育方面存在客观上的不利因素和特殊困难，为了弥补这方面的不利，社会应根据各类残疾人的特点，通过盲聋哑学校、培智学校、在普通学校开设特教班等形式对残疾人开展特殊教育，包括文化学习、生活自理能力教育和心理辅导。许多残疾人由于其身体的缺陷和障碍，生活自理能力以及适应环境的能力较差。掌握生活技能需要依靠涉及生理、病理的一套科学的方法，对那些严重智力残疾和截瘫者更是如此。此外，由于残疾人在社会中面对的最大障碍往往不是生理的障碍而是心理障碍，所以心理辅导显得尤为重要。心理辅导可以帮助残疾人正确对待和认识社会，正视自己的特点，勇敢面对人生，消除他们的自卑感和排他情绪，激励他们融入社会的勇气，增强其自信、自尊、自立、自强的决心。

三是职业教育和成人教育。根据残疾人的特点开展职业教育和成人教育，开启残疾人潜在智力和体能，补偿其生理缺陷，使他们拥有一技之长，以增加他们的就业机会，提高其社会生存能力。

四是残疾人高等教育。关于残疾人教育，我国继续实施《特殊教育提升计划（2014—2016 年）》，制定《第二期特殊教育提升计划（2017—2020 年）》。中国残疾人联合会与教育部、农业部、共青团中央和全国妇联制定实施《"十三五"残疾青壮年文

---

① 中国残疾人联合会. 2019 年残疾人事业发展统计公报[EB/OL]. (2020-03-31). http://2021old.cdpf.org.cn/sjzx/tjgb/202004/t20200402_674393.shtml.

盲扫盲行动方案》，同时修订《残疾人教育条例》，这为保障残疾人受教育权，进一步提高残疾人素质和平等参与社会的能力奠定了基础。

4）医疗康复保障

残疾人医疗康复保障主要包括医疗保健和医疗康复两个方面。残疾人因身体存在缺陷，疾病对他们的威胁也就更大，他们对医疗保健的需要比身体健全者更为紧迫。因此，社会要为残疾人提供完善的医疗服务，方便残疾人就医，定期对残疾人进行健康检查，积极开展疾病预防工作。

残疾人康复是指通过自身的努力和外力的辅助，使残疾人精神、肉体乃至劳动能力得到最大限度的恢复。康复工作是一项综合性工作，涉及心理康复、职业康复、精神病人的治疗康复、体疗、假肢与矫形器的装配等。残疾人康复有多种手段，康复训练具有适应面广、简便易行的特点，绝大多数残疾人可以通过康复训练，达到功能补偿、能力增强、改善参与社会生活自身条件的目的。社区康复遵循就近就地、便利实效的原则，适合残疾人数量多、分布广、经济条件有限的状况。因此康复训练与社区康复服务是残疾人康复的重点。同时残疾类别的特殊性、残疾人康复需求的多样性，决定了残疾人康复事业的社会性。建立并形成社会化的康复工作体系，是残疾人康复的首要前提。

我国 20 世纪 80 年代残疾人康复的重点是小儿麻痹后遗症矫治、白内障复明、聋哑儿童语言训练等抢救性治疗。此后，我国残疾人康复工作又扩展到"低视力康复""精神病防治康复""智力残疾康复"以及社区康复工作、残疾人用品用具供应服务等。截至 2019 年底，全国已有残疾人康复机构 9 775 个，其中，1 430 个机构提供视力残疾康复服务，1 669 个提供听力言语残疾康复服务，4 312 个提供肢体残疾康复服务，3 529 个提供智力残疾康复服务，2 022 个提供精神残疾康复服务，2 238 个提供孤独症儿童康复服务，1 970 个提供辅助器具服务，康复机构在岗人员达 26.4 万人[①]。

5）社会服务

残疾人社会服务是指社会为方便残疾人生活、满足残疾人物质和文化需要而提供的各种无障碍设施、信息交流无障碍服务、各种优先服务和照顾。残疾人社会服务应立足于残疾人实际生活，防止表面化、形式化。同时要加强社会管理，维护残疾人群体的切身利益。残疾人社会服务也包括为残疾人群体提供开展文体活动的机会。各种文化体育活动不仅可以满足他们丰富精神文化生活的需要，增强他们的自强精神和社会参与意识，而且还可以为残疾人提供展示自己才华的舞台，让社会上更多的人了解和关心残疾人生活。

我国在 1984 年成立了中国残疾人福利基金会，它是为残疾人服务的团体；1988

---

① 中国残疾人联合会. 2019 年残疾人事业发展统计公报[EB/OL]. (2020-03-31). http://2021old.cdpf.org.cn/sjzx/tjgb/202004/t20200402_674393.shtml.

年成立了中国残疾人联合会，它是政府批准的全国性残疾人事业团体，既不同于政府机构，又不同于一般的群众团体，融代表功能、服务功能和社会化管理功能于一身，既代表残疾人利益，又为其服务，还承担政府委托的任务，推行社会化管理、发展残疾人事业。1987年和2006年进行了两次大规模的全国残疾人抽样调查，为进一步发展残疾人事业提供了依据。改革开放以来，我国通过实施《中华人民共和国残疾人保障法》和国家残疾人事业发展规划，针对残疾人的基本生活、康复、教育、就业、扶贫、社保、维权、文体、无障碍环境等保障与服务不断拓展，政府和社会为残疾人提供公共服务的能力和水平不断提高，残疾人福利不仅在理论上与法制上较其他福利事业的发展更具规范意义和社会意义，残疾人社会保障制度建设也得到不断加强。《"十三五"时期残疾人事业发展规划》指出，残疾人事业发展的任务包括六个方面：努力促进残疾人及其家庭脱贫与增收；进一步完善残疾人社会保障和福利补贴制度；加快残疾人服务体系建设；统筹城乡和区域残疾人事业发展；积极推动残疾人事业法治化和信息化；大力营造扶持助残的社会环境。

5.4.3　妇女福利

1. 妇女福利的含义

妇女福利是指面向全体城乡妇女的社会福利。它主要包括为妇女提供保健服务、为育龄妇女提供孕产福利津贴，以及保障妇女的就业权利及就业劳动中的一些特殊保护措施等内容。妇女福利的目标是照顾妇女的身体特征和生育负担，维护妇女的合法权益。

妇女福利应该具有比较宽泛的内涵，包括妇女在经济、政治、文化等一切领域中应享有的各种福利，体现了女性的权利和利益。当前，将妇女问题与全球政治和经济发展密切相连已经成为国际社会的普遍共识，女性的利益实现和保障程度，已经成为衡量一个国家人权状况和综合发展的重要指标[①]。强调女性的福利，就是要通过确定女性的优先发展地位和加强依法维护力度，使社会资源配置充分考虑到性别差异，使女性能够获得相应的生产生活资料和平等发展的机会，能够享受到自己的社会保障和福利，最终实现男女在社会发展各个领域的平等、和谐与共同进步。

2. 妇女福利的内容

妇女福利在内容上包括生育津贴、就业福利及相关福利设施和福利服务。

1）妇女生育津贴

妇女生育津贴是指政府和社会为怀孕和分娩的妇女提供的物质帮助和产假，以保

---

① 谢冬慧. 中外妇女权益保障制度的比较研究——以妇女的教育、劳动和参政等权益为视角[J]. 金陵法律评论，2007(2)：142-150.

证母亲和孩子的基本生活及孕产期的医疗保健需要。针对妇女生理特点提供特别的健康保健，为母亲提供更优惠的减费或免费健康服务，在很多国家已经成为制度。生育保证了人类繁衍、世代延续，具有社会价值。生育津贴在某些国家又被称为生育现金补助。由于生育会导致身体发生一系列生理变化，母亲要付出巨大的身体损耗甚至生命，很多国家把照顾母亲的健康作为社会福利的重要方面，把生育津贴纳入社会福利的范畴，但有的国家也建立专门的生育保险制度，面向工薪劳动者中的妇女。

实行生育津贴制度主要是保护女性的生育功能，保护母婴健康，维持人类自身繁衍。同时是保护女性劳动力资源，为她们创造参与和发展的机会，这对一个国家的经济发展具有积极意义。生育津贴提供的渠道有若干种，其中包括健康保险、疾病和生育补助金；还有在较为综合与全面的国民补助计划中，含有单列的生育分支项目；还有一种渠道是直接向家庭提供津贴，特别规定对家庭妇女在怀孕和生育时给予津贴补助。

1952年国际劳工大会通过的《生育保护公约修正案》《生育保护建议书》和国际劳工大会此前通过的《生育保护公约》，在世界范围内提供了照顾妇女生育的政策框架，它的宗旨就是确保妇女在产前产后使其本人及婴儿得到支持和照顾。我国生育津贴的支付方式和支付标准分两种情况：一是在实行生育保险社会统筹的地区，支付标准按本企业上年度职工月平均工资的标准支付，期限不少于98天；二是在没有开展生育保险社会统筹的地区，生育津贴由本企业或单位支付，标准为女职工生育之前的基本工资和物价补贴，期限一般为98天。部分地区对晚婚、晚育的职业妇女实行适当延长生育津贴支付期限的鼓励政策。

2）妇女就业福利

妇女就业福利是通过立法和政策措施，保证妇女享有与男子同等的就业权利和机会，创造男女平等的就业机制，使妇女平等地参与社会经济生活。妇女就业福利既是照顾妇女身心特殊需要的重要方面，也是为了保护社会生产力、保护妇女及下一代身体健康所采取的必要措施。因此，各国的劳动法及相关法律，均有对妇女在就业及劳动过程中提供相应的保护措施的规定，并要求用人单位严格执行。妇女就业福利具体包括以下几方面。

一是对妇女就业权益的保护。保障妇女享有同男子平等的就业权利，不得以性别为由拒绝录用妇女或者提高对妇女的录用标准；保障妇女享有同男子平等的就业服务的权利，政府的劳动主管部门及各类职业介绍机构在提供就业服务时，不得歧视妇女；保障妇女的就业权益不因生育和抚养子女而受到歧视或者侵害，任何单位不得以结婚、怀孕、产假、哺乳等为由辞退女职工或者单方面解除劳动合同。

二是对妇女职业权益的保护。实行男女同工同酬；不得因女职工怀孕、生育、哺乳而降低其基本工资；在晋职、晋级、评定专业技术职务及职业培训等方面，坚持男女平等的原则；根据妇女的身体和生理特点合理安排女职工的工种和工作。

三是对妇女特殊劳动权益的保护。在妇女经期、孕期、产期和哺乳期，不得安排其从事高空、低温、冷水、有毒有害等劳动；在孕期、哺乳期不得延长女职工的工作时间和安排其夜班劳动，并为其提供特殊保护设施；生育时享受一定天数的产假等。

3）福利设施和福利服务

生育津贴与劳动保护，均是针对劳动妇女设置的，并且只适用于特定的阶段，如生育津贴保障的是育龄妇女，劳动保护保障的是就业期间的妇女。不仅未参与社会劳动或未受雇的妇女无法享受到这种福利，而且妇女超过生育期间亦不能再享受这种保护。因此，真正具有普遍意义的妇女福利是国家和社会为全体女性提供的福利设施和服务。例如建立女性卫生室、孕妇休息室、哺乳室、托儿所、幼儿园等设施，并妥善解决女性在生理卫生、哺乳、照料婴儿方面的困难。另外，妇女活动中心、咨询服务中心、健美中心、妇女用品专门店等都是为女性提供福利服务的场所。在许多国家和地区，还设有专门的妇女庇护所，以为受虐妇女或遭遇特殊困难的妇女提供特殊救助。

5.4.4 儿童福利

儿童对自身的保护能力和对社会的适应能力还未形成，具有心理、生理上的依赖性，是社会的弱者。世界范围内尤其是在部分发展中国家中虐杀、毒害、贩卖儿童的现象也还存在。因此，需要给予儿童社会保护、家庭关心、帮助和教化。

1. 儿童福利的含义

儿童福利是指为了保障儿童的身心健康和正常全面发展，国家和政府通过立法和制度安排，为全体儿童提供的社会化服务和设施。儿童福利属于社会政策范畴，保护儿童和确保儿童身心健康发展是国家最基本的责任，发展儿童福利事业是国家义不容辞的责任。联合国1989年《儿童权利宣言》宣称："儿童因身心尚未成熟，在其出生以前和以后均需要特殊的保护和照料，包括法律上的适当保护。"我国从国情出发，参照世界各国有关保护儿童权益的法律和国际文件，制定了一系列有关儿童生存与发展的法律法规，形成了较为完备的儿童福利法律体系，包括：《中华人民共和国义务教育法》(1986年)、《幼儿园管理条例》(1989年，国家教育委员会)、《禁止使用童工规定》(1991年制定，2002年修订，国务院)、《中华人民共和国未成年人保护法》(1991年制定，2006年修订)、《中华人民共和国义务教育法实施细则》(1992年，国务院)、《中华人民共和国母婴保健法》(1995年)、《中华人民共和国教育法》(1995年)、《中华人民共和国预防未成年人犯罪法》(1999年)、《中华人民共和国残疾人保障法》(2008年修订)等。

在我国学者的研究中，一般将儿童福利的概念分为广义和狭义两种。广义儿童福利是由国家或社会为立法范围内的所有儿童普遍提供的旨在保证正常生活和尽可能全面健康发展的资金与服务的社会政策和社会事业。包括：儿童的医疗保健设施和服务、儿童的活动场所和条件、普及义务教育等。狭义儿童福利是指政府和社会为有特殊需要的儿童及其家庭提供的各种支持、保护和补偿性服务，主要针对的是孤儿、弃儿和各种伤残儿童。例如鼓励家庭领养、代养、收养孤儿、弃儿和伤残儿童，或者由国家和社会兴办儿童福利院、孤儿院、弃婴院、伤残儿童康复院等福利设施和机构，集中收养孤儿、弃儿和伤残儿童。一般认为，狭义儿童福利概念虽然具有针对性，特别是在我国社会资源有限的情况下，便于社会和政府有针对性地对急需帮助的儿童提供支持，但它是一种消极的儿童福利。在现今社会条件下，随着社会经济的发展和社会人道主义观念的发展，人们已开始更多地认同广义的儿童福利，这种面向所有的家庭和儿童的福利具有较强的发展取向，逐步成为我国一种制度性的福利。

2. 儿童福利的内容

台湾学者曾华源、郭静晃对现代社会中青少年（包括儿童）福利需求的内容做了非常详细的阐述，并将青少年（儿童）福利需求归结成八类：获得基本生活照顾；获得健康照顾；获得良好的家庭生活；满足学习的需求；满足休闲和娱乐需求；拥有社会生活能力的需求；获得良好心理发展的需求；免于被剥削伤害的需求。根据儿童的需求，我们可以把儿童社会福利的主要内容分为两大块：普遍福利和特殊福利。

1）儿童普遍社会福利

家庭保护：国家通过立法，规范儿童在家庭中的权利和应受到的保护。保护儿童的生命健康权；父母或者其他监护人应当依法履行对未成年人的监护职责和抚养义务，不得虐待、遗弃未成年人；不得歧视女性未成年人或者有残疾的未成年人；禁止溺婴、弃婴。父母或者其他监护人应当以健康的思想、品行和适当的方法教育未成年人，引导未成年人进行有益身心健康的活动，预防和制止未成年人吸烟、酗酒、流浪以及聚赌、吸毒、卖淫。父母或者其他监护人应当尊重未成年人接受教育的权利，必须使适龄未成年人按照规定接受义务教育，不得使在校接受义务教育的未成年人辍学。父母或者其他监护人不得允许或者迫使未成年人结婚，不得为未成年人订立婚约。父母或者其他监护人不履行监护职责或者侵害被监护的未成年人的合法权益的，应当依法承担责任。父母或者其他监护人有前述违法行为经教育不改的，法院可以根据有关人员或者有关单位的申请，撤销其监护的资格，另行确定监护人。

医疗卫生与保健福利：卫生部门对儿童实行预防接种制度，积极防治儿童常见病、多发病，加强对传染病防治工作的监督管理和对托儿所、幼儿园卫生保健的业务指导。学生在校学习期间，卫生部门和学校应当为儿童提供必要的卫生保健条件，做好预防疾病工作。同时国家还兴办专为儿童医疗保健服务的儿童医院，或者在全科医院中设立儿科；开展儿童保健工作，定期进行儿童健康检查、预防接种，防治常见病、多发病，使儿童健康成长。

教育福利：儿童的受教育权和发展权是儿童权利的重要组成部分。20世纪中叶以来，随着儿童权利意识的不断增强，"教育机会均等""保证每个孩子都能享受到有效地促进其身心和谐发展的良好教育"成为一种社会需求。在学前教育方面，许多国家根据《儿童权利公约》的基本精神和本国的实际情况，纷纷采用立法的形式确立学前教育的地位。在一些发达国家，甚至出现了把学前教育纳入义务教育体系的倾向。例如，美国1985年9月规定，5岁儿童的教育纳入学校公立教育中。这一规定，使得全国90%以上的5岁儿童进入学校的幼儿班接受学前教育。法国政府规定，学前教育与初等教育处于同一系统，属于初等教育的基础性或准备性教育。自20世纪80年代初开始，法国的4岁和5岁儿童的入园率已达到100%。有的甚至明确规定5岁以后的幼儿教育就是义务教育，国家对该阶段的教育不仅在师资、设施、财政上给予保证，而且也要求家庭尽量保证5岁以后儿童接受教育的义务。各国还纷纷通过多种途径发展多样化的幼教机构，特别是适应各种文化背景的、单亲家庭和各种"社会处境不利"儿童的幼教机构，以"补偿"这些儿童因家庭照顾和教育不足而带来的发展缺失。在义务教育方面，许多国家实行九年义务教育制度，有些国家的儿童还免费接受中、小学教育，免费享有课本、文具和在校午餐等。

文化福利：努力创造条件，建立和完善适合儿童文化生活需要的场所和设施，如博物馆、纪念馆、科技馆、文化馆、影剧院、体育场（所）、动物园、公园等场所，并对中小学生有适当的优惠。鼓励社会团体、企事业单位和其他社会组织、公民个人，开展多种形式有利于儿童健康成长的社会活动。鼓励新闻、出版、广播、电视、文艺等单位和作家、科学家、艺术家等，创作或者提供有益于儿童健康成长的作品。出版专门以儿童为对象的图书、报刊、音像制品等出版物，国家给予扶持等。

2）特殊儿童社会福利

特殊儿童是指残疾儿童、孤儿、弃婴和流浪儿童，他们除与普通儿童享受同等待遇外，还应该受到特殊的保护，它是儿童社会福利工作的重要组成部分，也是通常所认为的狭义的儿童福利。

残疾儿童的预防和康复。残疾儿童的预防是指以实行预防为主的方针，由政府颁布一系列的法规，采取一系列的政策措施来预防儿童的先天致残。比如《中华人民共和国母婴保健法》作出相关规定，来控制有害遗传，加强婚育、孕产系统管理，搞好婚前检查、婚前教育、产前检查、遗传咨询、预产期保健、母婴保健、早期教育等服务工作。残疾儿童的康复是指建立儿童康复中心，为残疾儿童提供门诊和家庭咨询，开展各种功能训练和医疗、教育、职业培训，以减轻残疾程度，帮助残疾儿童恢复或者补偿功能，恢复自理生活和从事劳动的能力，为他们走向社会创造条件，增强其参与社会生活的能力。

特殊教育。许多国家都制定了教育法、义务教育法、残疾人保障法、残疾人教育条例等法律法规，全面、系统地规范残疾儿童教育的职责、特点、发展方针、办学渠道、教育方式等。各国都逐步形成共识，构建特殊教育和普通教育相融合的一体化教育，让残疾儿童进入普通学校随班就读，使他们更多地接触社会，逐渐学会一些社会所认可的行为，掌握社会规范和道德准则，最终适应社会生活。

培育良好的社会环境。动员社会采取多种方式关心和帮助残疾儿童的成长，大力弘扬残疾儿童自强不息的精神，倡导团结、友爱、互助的社会风尚，为残疾儿童的生存和发展创造良好的社会环境。

特殊儿童的监护养育。举办相关的社会福利设施，如儿童福利院、康复中心、孤儿学校、儿童村等，负责孤儿和被遗弃的病残儿童的监护养育和安置工作。此外，城市的社会福利院、农村敬老院以及优抚社会福利设施，也会承担相应职责[1]。

5.5 面向劳动者的职业福利[2]

随着世界经济产业形态的转变、全球经济竞争的加剧，传统的福利国家理论与实践受到了批判与挑战。在对福利国家的批判声中，主张发展一种多元、混合的福利制度的福利多元主义（welfare pluralism）理念兴起，即将国家的全面福利提供转变为市场、志愿组织和非正式组织对福利供给的作用，从福利国家转型到福利社会，在这一背景下，职业福利重要性被重新认识[3]。

以美国为例，职业福利支出占总人力成本的比例由1959年的2%上升到1990年的38%，1995年职业福利成本占员工薪酬达到40%[4]。各家公司也越发重视职业福利的设计，例如，惠普公司对员工的上班时间实行弹性管理，如果员工有私事，一般可以优先处理。员工可以以家中暖气试水为由晚到半天，甚至一天不上班。加班结束后，乘坐出租车回家的费用由公司报销，还可享用免费晚餐。惠普公司让员工把办公室当作像在家生活一样，给予员工充分的信任，施以绝对的人性化管理，惠普公司通过这样的管理模式，不仅留住了人才，也把自己推向世界名企的行列。越来越多的组织开始重视职业培训计划。"职业培训计划"是指使员工把自我培训和企业培训紧密结合，使员工把个人素质的提高同职业培训的要求紧密结合，旨在通过员工人力资本的提升实现个人和企业的双赢。例如，中国房地产企业复地（集团）股份有限公司每年的培训费用列支占工资总额的4%，还专门成立了自学成才奖励基金。复地公司的这种做法

---

[1] 参见：许琳，翟绍果，唐丽娜. 社会保障学[M]. 3版. 北京：清华大学出版社，2018.
[2] 本节撰写者：翟绍果，范昕。
[3] 丁学娜，林闽钢. 职业福利的定位及其发展趋势[J]. 社会保障研究，2013(3)：92-99.
[4] GRAPMAN J B, OTTEMAN R. Employee preferences for various compensation and fringe benefit options[M]. New York: Macmillan Publishing Co.Inc., 1997: 86.

将每位员工都看作人才,企业用人注重"人尽其才,才尽其用",在员工不断成长的同时,企业也渐渐成为行业内的佼佼者。

由此可见,职业福利的发展是社会经济结构变化、企业和个人长远发展需要共同作用的产物,其既是对传统社会保险与社会福利的有效补充,亦有助于企业和个人的双赢。本节中,将首先介绍职业福利的基本原理,其次将介绍职业福利的运行机制,并在此基础上了解职业福利的实践模式。

5.5.1 职业福利概述

职业福利的概念最早由英国社会政策学家蒂特马斯提出,他从整体性的角度出发,将所有为满足个体的某些需要和服务于社会的更为广泛利益的集体性干预宽泛地划分为三种主要的福利类型:社会福利(social welfare)、财政福利(fiscal welfare)和职业福利(occupational welfare)。其中职业福利专指由雇主提供给雇员的实物或现金福利[①],这些福利主要集中于针对年老、疾病和残疾、年幼、鳏寡等特殊状态的给付。而随着职业福利概念的不断发展,其内涵也在拓宽,并逐渐成为一个涵盖员工生活、发展、工作环境等方面的综合性福利体系。其基本内涵包括薪酬激励、福利计划、学习与发展、工作环境四个方面:①薪酬激励包括固定工资、服务奖金、绩效奖金、专项奖励和股票期权;②福利计划包括员工养老计划、医疗保障计划、员工带薪休假计划和其他福利计划;③学习与发展包括职业发展体系、学习与培训等;④工作环境包括办公环境、组织氛围、工作/生活的平衡。

在讨论职业福利的问题时,我们不能回避以下三个问题:第一,薪酬和福利是怎样的关系?第二,社会保障和职业福利之间是怎样的关系?第三,人力资源管理、社会保障和劳动关系三者之间又是怎样的关系?基于人力资本的主线,如果说工资和薪酬是工作的劳动报酬,社会保障则是为了维持劳动力的可持续性所做的补偿和风险化解,劳动关系则是一种润滑剂,由此构成了人力资本的这条主线,并且职业福利在其中发挥了重要作用。在现实生活中,职业福利通常可分为法定的福利和非法定的福利。法定的福利包括社会保险、住房公积金、法定假期等由劳动法、社会保险法等法律明文规定的福利项目,非法定的福利则是由企业自我设定的,包括现金、实物给付或相关服务供给在内的福利计划。

一个企业如果想有长久的发展,必须建立健全的职业福利计划。职业福利需要和企业的成长规律、员工的发展变化相适应,特别是与先进的管理理念以及政府的优惠政策相融合。在这样的前提下,职业福利计划的设计受到微观层面上企业和员工的需要,宏观层面上国家法定政策、以国际劳工组织为代表的国际组织所提倡和推行的国

---

① TITMUSS R M. The social division of welfare: some reflections on the search for equity[M]//TITMUSS R M. Essays on the welfare state. Bristol: Policy Press, 2018: 17-30.

际劳动保护条约和国际公约等因素的影响。其中最大的影响因素来自企业的利润水平和员工个体层面的员工需求、福利偏好等。也就是职业福利计划受到以上多种因素的影响，并且将员工的发展目标与组织的发展目标，以及国家和社会的发展目标相契合。

1. 职业福利的特点

与其他社会福利项目比较，职业福利具有以下一些特点。

1）职业福利强调业缘性

只有在本行业、本单位就业的员工才能享受本单位所提供的职业福利，有些职业福利项目，员工家属也可享受。职业福利的直接目的，在于保证职工维持一定生活水平和提高生活质量。单位提供职业福利的出发点，在于造就职工的向心力、凝聚力、职业归属感和群体意识，吸引和留住高质量的劳动力服务于本单位，为本单位创造效益，提高本单位的社会声望，增强竞争力。

2）职业福利具有普遍性与差异性相结合的原则

有些职业福利项目面向单位全体员工，所有本单位员工都可以享受；有些福利项目仅仅面向单位部分员工，只有需要某种项目激励的那部分员工才能享受，这就导致同一单位内部员工之间在享受职业福利的项目或水平上存在差异。

3）职业福利具有功利性

单位设立职业福利的出发点在于通过满足员工生活保障、生活服务、成长机会、娱乐休闲等方面的需求，提高员工一定的生活水平和生活质量，增强员工的向心力和凝聚力，造就员工的归属感和群体意识，吸引和留住高质量的劳动力竭诚为本行业、本单位服务，提高单位整体工作绩效，提高单位的社会声望，树立单位的形象，增强单位的竞争力等。

2. 职业福利的内容

根据职业福利的含义及特点，从世界大多数国家实施职业福利的情况看，职业福利的内容包括以下几方面。

1）福利津贴

津贴一般以现金形式提供，是职工工资收入以外的收入，是用人单位根据国家有关法律法规规定，直接发放给员工个人的现金补助。福利津贴涉及衣、食、住、行、乐等多个方面，可以多种形式存在，以多种名目出现，主要项目有以下几种。

（1）带薪年休假。带薪年休假是指机关、团体、企业、事业单位、民办非企业单位、有雇工的个体工商户等单位的职工在连续工作1年以上的情况下可以享受的带薪假期。

（2）职工探亲假补助。员工根据政策规定享受探亲假，用人单位除照常支付职工工资，还要承担职工探望配偶和未婚职工探望父母的往返路费和已婚职工探望父母的往返路费中超过本人标准工资30%以上的部分。

（3）职工上下班交通津贴。职工上下班交通津贴主要适用于大中城市家庭所在地距工作地点较远的各单位职工。

（4）职工生活困难补助。用人单位对职工因负担本人及其家属生活费有实际困难，不能维持当地最低生活水平或因职工发生特殊经济、生活困难时所给予的定期或者临时性质的补助制度。

（5）住房津贴。住房津贴是为缓解员工住房困难而发放的津贴。

2）福利设施

职业福利设施是指用人单位为满足和提高员工的物质与文化生活，为员工提供生活上的方便，为解除员工生活上的后顾之忧和特殊困难所举办的各种设施的总称，包括以下四类：一是直接为减轻员工的生活负担和家务劳动提供便利条件的各种设施，如职工食堂、职工宿舍、托儿所、幼儿园、浴室、理发室、休息室等生活福利设施。二是为活跃和丰富员工文化娱乐生活而建立的各种设施，如文化室、俱乐部、职工图书馆、歌舞厅、电影院等文化设施。三是为增进员工身体健康而设立的防病治病设施，如医务室、疗养院、健身房、游泳池、运动场等康乐设施。四是为帮助职工解决子女入学举办的福利事业，如职工子弟学校等。

3）福利服务

职业福利提供的服务相当广泛，既包括与上述各项设施相关的各项服务，还包括如接送上下班的班车、提供健康检查、组织员工旅游、疗养等特别服务。

5.5.2 职业福利运行机制

在进行职业福利规划与管理的过程中，现在人力资源管理最新的发展是将 HRBP（人力资源业务合作伙伴）、人力资源的战略性管理都融入职业福利体系中。在这其中涉及福利规划中的典型因素包括：为何提供福利？即职业福利的作用与必要性问题；提供多少福利？即职业福利的水平问题；提供什么福利？即福利形式内容问题；如何实施职业福利？即职业福利的实施问题。

1. 为何提供福利？

首先，职业福利是对国家社会保障体系的重要补充。国家提供社会保障的目的是为全民提供普惠性的福利。这使得政府社会福利的供给水平总是有限的，因而无法满足每一位社会成员的要求。在这种情况下，职业福利就成为由雇主提供给雇员的自愿性职业福利项目，一定程度上补充了政府社会福利供给的不足。

其次，职业福利对于劳动关系具有改善作用，职业福利的基本原理是雇主自愿从利润中让渡出一部分，以为员工提供工资以外的福利报酬，这并非源自国家强制。雇主愿意作出利润的让渡，不是源于善心或慈悲，而是希望借此改善劳资关系，从而增强员工劳动回报率。管理实践证明，职业福利不仅能实现对员工的有效激励，还能增强员工的工作成就感和对组织目标的认同感，改善组织内部的工作关系[①]。

最后，职业福利对于人力资本具有提升作用。前文中，我们已经提及现今企业越发重视职业福利中的职业教育和技能培训项目。为员工提供职业教育与技能培训项目不但有助于提高本单位员工的人力资本，而且可以使蕴藏在劳动者体内的人力资本含量得到不断增加，客观上对提高全社会人力资源的综合素质起到了积极的作用。

综上，企业实施职业福利计划是重要且必要的。而在企业实施职业福利计划的过程中，必须遵循两条原则：一是健康丰盛人生，关怀员工，留住人才；二是鼓励相对公平，特色传递关爱。

2. 提供多少福利？

作为国家社会保障体系的重要补充，职业福利的水平一定有别于法定的基本社会保障制度水平。因此，职业福利的水平应当是市场领先型，保障基本需要，满足差异化需求。同时职业福利的水平设计又必须与公司的实际情况相符合，不适应公司条件与实际需要的职业福利水平，不仅难以有效发挥职业福利的作用，还可能对企业的长远发展、员工对于企业的认可等都造成不利影响。表 5-1 展示了职业福利规划需要考虑的因素。在考虑这些因素之后，将组织类型、工作环境和报酬形式进行匹配，就可以设计出与组织情况相对适应的职业福利水平。

表 5-1　职业福利规划需要考虑的因素

组织类型	工作环境	报酬形式			
		现金		非现金	
		基本工资	短期激励	水平	特点
成熟行业	平稳	中等	中等	中等	平稳
发展中行业	成长，有创造性	中等	高	低	短期定位
保守资金	安全	低	低	高	长期安全定位
非营利组织	社会影响	低	无	低到中等	短期安全定位
销售	成长，行动自由	低	高	低	短期定位

3. 提供什么福利？

职业福利的内容与员工的需求息息相关，职业福利内容的设计应由员工与企业共同参与，将物质与服务相互结合，并由员工医疗健康计划、员工住房计划、员工养老

---

① 杨艳东. 试论当前我国职业福利的社会功效及政策保障[J]. 求实，2008(8)：52-55.

计划、员工服务计划共同对其进行作用。

同时值得注意的是，职工的福利需求有时候是潜伏的，很难通过观测、量表所获得，正如管理学、心理学领域经典的冰山理论所说的，一个人的"自我"就像一座冰山，我们能看到的只是表面很少的一部分——行为，而更大一部分的内在世界却藏在更深层次，不为人所见，恰如冰山（图5-1）。这种需求是变化多端且弹性的，此时就需要作出全面理性的、带有动态性的福利项目设计。

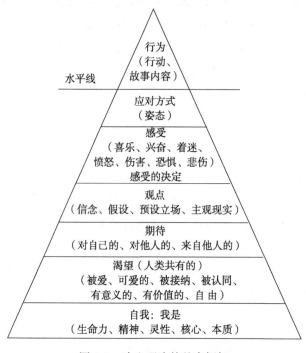

图 5-1　冰山理论的基本框架

因此在进行职业福利的设计时，需要充分考虑员工的年龄、婚姻状况、性别、教育背景，特别是员工的心理健康，将这些因素进行综合性的考量，进而设计出健全的职业福利体系。

4. 如何实施福利？

职业福利的实施问题，首先是福利的实施主体问题：主体并不总是用人单位。这是由于用人单位自身也并不是专业的福利提供机构，特别是涉及服务提供的环节。因此，根据职业福利内容的不同，应当有不同的职业福利实施主体。如现金、实物给付项目，可以由用人单位自主供给；而涉及服务的提供、基金的运行等问题，则应当考虑外包服务，由商业保险公司、社会工作机构等专门承担。在外包成本较大时，用人单位亦可以选择内部设立专门机构提供福利，如用人单位设立的幼儿园、健身房等。

职业福利的实施问题，其次应当考虑职业福利的实施方式，即如何促进职业福利的激励性。职业福利重要的功能之一就是提升员工的生产积极性,因此,可以考虑使用阶梯式的职业福利实施方式,运用职能型福利等级设置、激励福利点数管理办法、补贴性福利点数设置等方法调整不同员工的职业福利水平,从而实现对员工工作的激励。

职业福利的实施问题,还应当考虑到职业福利的实施对象,即职业福利的实施对象仅针对员工一人还是其直系亲属均可享受。关于这个问题,有些职业福利具有专享性,如用人单位提供的职业培训;而有些职业福利具有天然的家庭共享性,如住房福利的供给天然就可以使员工家庭受惠。而在此之外,企业可以设计专门针对员工家庭的职业福利,用以更好地为员工提供保障,但在这一问题上,企业应当量力而行,既要保障员工及其家庭的幸福生活,又要防止过高的职业福利给付影响企业的运行。

在回答了上述四个问题后,我们将就职业福利的流程与主体内容——制定职业福利规划的步骤进行讨论。制定职业福利规划的流程如图 5-2 所示,从福利的目的、福利的内容、福利的过程,到福利的实施,构成了福利规划的一个完整体系。体系在设计出来之后,需要导入组织的内部管理过程中,在导入的过程中我们需要考虑,是直接在组织内部实施还是借助福利外包的方式来实现。不管是哪种方式,最终我们需选择一个既节俭又有效的福利方案。

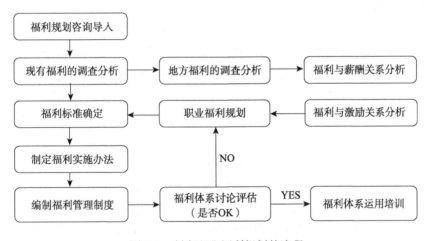

图 5-2 制定职业福利规划的流程

在了解这些之后,我们还需要重视的一个关键问题是:福利是需要沟通和调整的。职业福利并不总是一成不变的,而要根据企业的实际情况与员工需要的变化进行沟通和调整。这一过程需要利用视听展示、与员工面谈、印刷材料、计算机网络等沟通媒介,根据国家政策、国际劳工组织规范、市场条件等职业福利调整外部因素以及用人单位条件、员工需要等内部影响因素综合考量,进行福利的沟通与调整。

实现这一过程要求用人单位对职业福利进行战略性管理,设置专门的机构与岗位,在福利实施的全过程进行反馈。用人单位应当设置以下专门机构与岗位。

（1）人力资源领域专家（COE）：设计弹性福利方案，搭建平台，设置运营流程。

（2）人力资源共享服务中心（SSC）：福利核算，弹性福利的回顾和升级。

（3）人力资源业务合作伙伴：直接与员工沟通弹性福利事项。

（4）供应商服务中心（call center）：帮助员工选择福利，解答员工的疑惑。

5.5.3 职业福利的实践模式

在了解了职业福利的构成、职业福利的规划和管理后，本小节将介绍现实生活中的几种典型福利方式或者福利形式，这些典型福利计划涵盖员工健康、住房、利润分享、员工持股等几个方面。

1. 企（职）业年金计划

企（职）业年金计划，又称为补充养老保险、职业养老金、私人退休金等，是用人单位为员工提供的除基本养老保险之外的养老金福利。在员工工作期间，通过缴纳一定的保险费和投资运营进行资金积累，直到老年时才可以享用，因此企（职）业年金是一笔延期支付的工资收入。在实行现代社会保险制度的国家中，企（职）业年金已经成为一种较为普遍实行的企业补充养老金计划，是基本养老保险的重要补充，具有保障功能、分配功能、激励功能和理财功能四大功能。

企（职）业年金计划一般可分为待遇确定制（defined benefit，DB）和缴费确定制（defined contribution，DC）。从宏观角度来看，企业年金是整个社会养老保险体系的"第二支柱"，是对国家建立的基本养老保险制度的一个补充；从微观角度来看，企业年金是市场经济体制下企业薪酬福利结构的一部分，是企业人力资源管理战略的组成部分，是企业用于吸引人才、稳定高素质员工，以提高自己在市场上竞争力的重要手段。

美国的 401（K）计划是企（职）业年金计划的世界典范。1978 年，美国《国内税收法》新增第 401 条 K 项条款，明确规定通过税收优惠政策鼓励雇主设立退休金计划，401（K）计划由此诞生[①]。以 401（K）计划为代表的企（职）业年金计划通过雇主为雇员建立个人账户，由雇主和雇员定期共同向账户缴费，缴费费率确定而退休待遇不确定，账户中本金和投资收益归雇员所有，雇员拥有投资选择权，同时也承担账户资产投资所有风险。截至 2021 年 9 月 30 日，401（K）计划拥有 7.3 万亿美元的资产，覆盖了美国 6 000 万在职员工与数百万退休人员[②]。

[①] 李瑶，柏正杰. 美国企业年金制度的经验、教训与启示——以 401（K）计划为例[J]. 社会保障研究，2018(6)：103-111.

[②] ICI.401(K) Resource Center[EB/OL]. https://www.ici.org/401k.

2. 职业健康保险计划

职业健康保险计划也称补充医疗保险计划或医疗保障计划，是用人单位为员工建立的、用于提供医疗服务和补偿医疗费用开支的福利计划，是工作单位除社会医疗保险之外，给予员工的补充性的医疗保险。这类医疗保险往往是商业保险形式的，即由雇主缴费或者雇员和雇主共同缴费，由商业保险公司按照利润最大化原则管理；投保人和保险人约定保险待遇，满足法定医疗保障之外的医疗服务需求[①]。

除去商业保险型的补充医疗计划以外，管理型医疗也是职业健康保险计划的一种新型模式。管理型医疗出现于20世纪60年代，其初始目的是方便参保人和提高医疗服务质量，并提供预防保健服务。后来逐渐发展成为集医疗服务提供和经费管理为一体，以控制医疗费用增长为主要目标的医疗保险模式。以美国健康保健组织（Health Maintenance Organization）为代表的管理型医疗，将医疗保险和医疗服务整合给总体提供商，通过这种综合性的保险方式，解决职工的医疗福利问题。管理型医疗模式的最大特色就是医疗保险者开始将其主要精力放在基本服务包的设计之上，并且高度重视在保证服务质量和降低服务价格两者之间保持平衡[②]。

3. 职业住房福利计划

格力公司的董事长董明珠女士曾很自豪地说：我们的目标是让每一个员工都能够住得上房。类似于此的公司发展目标，对于员工的吸引力是巨大的。而用人单位实现这一目标的方式方法就是企业住房福利计划。

职业住房福利计划是企业通过现金、实物、贷款等方式，为员工解决住房问题的福利计划。住房福利计划可以分为法定企业住房福利与非法定企业住房福利。现今中国最典型的法定企业住房福利计划即为住房公积金，而非法定住房福利体现为以下几种模式：补充性住房公积金；住房补贴；企业直接为无房员工提供宿舍或公寓；提供购房贷款；公司集体购房后，以相对较低的价格出售给员工。

住房公积金是国家机关、国有企业、城镇集体企业、外商投资企业、城镇私营企业及其他城镇企业、事业单位、民办非企业单位、社会团体及其在职职工缴存的长期住房储金。员工在一定条件下可以提取住房公积金进行消费，这些情况包括：购买、建造、翻建、大修自住住房的；离休、退休的；完全丧失劳动能力，并与单位终止劳动关系的；出境定居的；偿还购房贷款本息的；房租超出家庭工资收入的规定比例的。

除法定公积金之外，很多单位还给员工提供了一些额外的住房福利计划，如补充性住房公积金。补充性住房公积金是企业向员工住房公积金账户所缴存的超过员工个人公积金缴存额的部分，特点是自愿性和多样性。例如，美国礼来公司的"小猪计划"

---

① 贾洪波. 补充医疗保险的实际运作：四个国家比较[J]. 改革，2012(11)：144-153.
② 顾昕. 全球性医疗体制改革的大趋势[J]. 中国社会科学，2005(6)：121-128.

就是为了解决中国员工的住房压力问题而诞生的。现今也有许多公司采取储蓄性、阶梯贷款或者无偿贷款的方式，让自己的员工拥有一套属于自己的房子或是住上一套自己满意的房子。

4. 利润分享计划

利润分享计划是雇主建立并提供资金支持，让其雇员或受益者参与利润分配的计划，特征是风险转移性、长期激励性、管理灵活性。利润分享计划的支付是建立在对利润这一组织绩效指标评价基础之上的，它是一次性支付的奖励，不会进入员工的基本工资中去，因而不会增加企业的固定工资成本。[①]

首先，利润分享计划应当确定所分享的利润的界定及比例。利润分享计划应当在弥补企业以前年度亏空、提取法定盈余公积金、提取公益金、向所有者分配利润的基础上进行，而不能影响公司的基本运作。

其次，关于利润分享时机的设计。企业的利润一般情况下以年度来计算，所以利润的分享应以上年度结算的利润为基础，在后期进行分配。企业对于员工绩效的评估应当分为年中、年度的评估与月份、季度的经常性评估，而利润分享的时机应当在年终兑现。

最后，最为重要的是利润分享方式的设计，这一计划必须规定事先确定的公式，在一定的年限以后，或者雇员达到一定的年龄，或者在特定的情况下如解聘、生病、伤残、退休、死亡以及劳动关系终止时，积累的基金在受益者中间分配。

5. 员工持股计划

员工持股计划（employee stock ownership plan，ESOP）是由公司内部员工个人出资认购本公司部分股份，并委托公司工会的持股会（或信托机构等中介组织）进行集体管理的股权组织形式。

员工持股计划最早是由美国经济学家和律师路易斯·凯尔索提出的。他的理论认为人具有通过劳动和资本获得收入的基本权利。其基本内容是：在企业内部或外部设立专门机构，这种机构通过借贷方式形成购股基金，然后帮助职工购买并取得本企业的股票，进而使本企业员工从中分得一定比例、一定数额的股票红利，同时也通过员工持股制度调动员工参与企业经营的积极性，形成对企业经营者的有效约束。职工持股制度从20世纪50年代中期开始出现，之后，在西方国家特别是美国和日本普遍推行，已成为企业中一个重要的制度。员工持股计划的特征是持股员工具有广泛性特征，股权具有时间限制，持股者参与企业治理，持股者的身份必须是本企业内部员工[②]。

除上述四种典型职业福利计划外，随着996工作制、中年危机等职工工作压力问

---

① 娄季春. 中小型企业"薪酬股"利润分享计划探讨[J]. 中国人力资源开发，2011(2)：49-52.
② 剧锦文. 员工持股计划与国有企业的产权改革[J]. 管理世界，2000(6)：85-92.

题的日益增多,在未来,健康福利和心理健康等问题会越来越重要。在未来职业福利计划方案的设计过程中,应当越来越关注涉及员工内心层面的员工援助计划。无论是公共组织还是私人组织,都越来越强调员工援助,即在员工想要、想哭、想玩的时候,让他们能够哭得出来、笑得出来,心理压力得到大大缓解,以上种种均属于职业福利。

总体来看,职业福利已经成为社会福利体系的一个重要的菜单。在这个菜单中,未来我们可能会从职业福利等方面进行强化。也就是说,在工作福利、职业福利和社会福利之间寻求动态的功能互补,进而达成中国特色的福利体系。关于职业福利的未来发展,应从以下三个方面开展:一是加强法治建设与政策支持,二是设计科学合理的职业福利项目,三是发展和完善弹性福利计划和福利外包。未来我们将以职业福利完善职工管理,以职工管理促进目标愿景,以目标愿景助力组织发展。

公共福利能够确保所有人获得基础水平的福利,针对特殊人群的福利能让他们弱有所扶,对工作人群则是通过职业福利的叠加,进而形成一个分工相对明确、功能互相配合的整合型福利体系。

5.6 社会福利小讨论:如何避免公共福利的"面子工程"[①]

公共福利是社会福利的重要项目,它是国家和社会为满足全体社会成员的物质及精神生活基本需要而兴办的公益性设施和提供的相关服务。公共福利的内容十分广泛,涉及人民生活的诸多方面,包括公共教育福利、公共卫生福利、公共文化康乐福利以及住房福利等。

公共福利保障了社会成员的基本生活,解除了社会成员的后顾之忧,而且促使社会成员的生活质量不断得到改善和提高。但是在公共福利实践中却存在一些问题,比较典型的是一些公共福利沦为"面子工程"。俗语说,"人活一张脸,树活一张皮"。"面子工程"长了"面子",但却失了民心。"面子工程"好看,但浪费公共资金,耗费大量的人力、物力。接下来将引入四个案例,以供读者讨论与思考。

案例1:城市建设中的"面子工程"

贵州黔南州的独山县,是一个名不见经传的小县城,只有1条街道和8个乡镇。就是这个小县城,却创造出了一个"奇迹"。该县借债400亿元,打造旅游景点。按人头算,独山县36万人,平均每个独山人就要负债11万元!

其中一处景点——水司楼,始建于2016年9月。它融合了水族、苗族、布依族等少数民族建筑的特色。这座水司楼建筑群,外观呈弧形布局,楼高99.9米,进深240

---

① 本节撰写者:聂建亮,邱杰。

米，共24层，是世界上最高大、最壮观的水族建筑，被称为"天下第一水司楼"。该水司楼功能上是集会展博览、酒店住宿、游览观光等于一体的大型综合体。而如今，花2亿元建造的天下第一水司楼，已成为烂尾景区。独山县只是一个小小的县城，也没有特别的旅游资源。为了建设超级景点，大量的田地被征用，一部分农民因此失去了耕作的土地，家园被拆迁。水司楼突兀地矗立在那里，成了一个笑话[①]。

案例2：乡村治理中的"面子工程"

2016年，我国提出了农村"厕所革命"，目标是让老百姓都用得上卫生厕所。同年，沈阳市积极响应国家号召，在农村进行了多年的旱厕改造。2016—2018年，沈阳市为农村厕所改建每户补贴2 800元，不论室内或室外，一视同仁。于是为了快速完成目标，施工方便、造价较低的室外厕所成了基层改建的首选，在施工过程中也没有考虑冬季寒冷、管道冰冻堵塞等实际问题。直到2019年之后，沈阳市才把农村室内和室外改建厕所的补贴标准分开了，金额也都有了提升，每座室内厕所补贴提高到了4 500元、室外厕所补贴提高至3 500元。沈阳地区就因改厕工作中"上面强推、下面蛮干"，耗费国家财力、物力建成大量使用价值不高的"尬厕"而受到新华社的点名批评。有的村民把厕所当成了菜窖，便池上面堆满了大葱；有的村民把厕所当成了杂物间，里面堆满了管子、网笼等杂物，连便池坑都找不到了；最尴尬的是，竟然有村民家的厕所被改建在了厨房，并正对着灶台。沦为摆设的厕所，不仅造成了大量人力、物力的浪费，还对农村公共福利产生了巨大的消减作用[②]。

案例3：养老服务中的"面子工程"

根据第七次全国人口普查的数据，截至2020年，我国60岁以上的老年人达到了2.64亿人，占总人口的18.7%，我国的老龄化程度逐渐加深。目前我国仍以居家养老和社区养老为主要的养老模式。2018年11月22日，北京市民政局提出积极鼓励社会力量建设社区养老服务驿站，到2020年，北京市将至少建成1 000家社区养老服务驿站。记者询问了北京市朝阳、海淀、东城、丰台四个城区的近70家养老驿站，竟无一个养老驿站具备专业的医护人员，医疗设备也仅限于血压表和体温计，面对紧急情况，他们能做到的只是给120打电话和通知家属。很多社区养老驿站表示，不愿接受患病的老人，在签约前会对老年人的健康进行评估，并根据老人的健康情况提出不同的收费标准，被认定有"健康风险"的老年人会被拒之门外。专门建设的养老服务机构却

[①] 超级烂尾：花2亿元建天下第一水司楼，贵州小县城的"壮举" [EB/OL]. (2020-07-14). https://baijiahao.baidu.com/s?id=1672182094922333388.

[②] 中国投入百亿的厕所革命，是不是农村的"面子工程"？[EB/OL]. (2021-02-18). https://www.163.com/dy/article/G34OEKQS0511BCOA.html.

不为有特殊情况的老年人提供服务，那么政府投资支持建设的养老服务机构岂不是沦为"摆设"？

案例4：养老服务中的"面子工程"（养老机构的"入住争夺"）

2012年10月东方早报记者报道显示，原本承担"托底"作用的公办养老院，正在自主经营中慢慢变味儿：养老资源被"特权"老人争相占用。他们在走访北京、广州等地多家养老院后发现，原本接收"三无"老人、五保老人等弱势群体的公办养老院，因"物美价廉"成为"特权"老人争相享用的"蛋糕"。找关系、打招呼"插队"入住"火爆"的公办养老院，已是行业内部心照不宣的"潜规则"。在"一个床位千人等"的北京市第一福利院，一名不愿透露姓名的业内人士说，住进来的老人一般都要托关系、批条子，住"一福"已经变成了身份地位的象征。在"特权"老人风光无限的背后，一些真正需要入住公办养老院的困难老人反被拒之门外[①]。

对于以上关于公共福利"面子工程"，不同的人有着不同的思考。

A学者认为在现实中，一些政府官员为了提高政绩而打造形象工程，导致很多公共福利沦为"面子工程"。A认为，要避免这种"面子工程"，需要从公共福利的供给方出发。具体来说，在每一项公共福利政策的制定和运行过程当中，政府需要承担起相应的责任，完善决策的信息系统和咨询系统。一方面通过实地调研、民意调查等方式，了解群众的真正需求；另一方面，聘请有关专家、学者组成咨询小组，为福利政策的落实提供专业意见。在公共福利政策运行的过程中，不断完善监控系统，保证决策的动态性，及时听取群众的反馈意见，不断改进，力求政策落实到位。

B学者认为要避免公共福利"面子工程"需要做到以下几点：一是考虑人民的实际需求。必须认真做好各项前期工作，广泛征求意见，科学论证评估，提前谋划、统筹考虑，不断细化、完善、提升推进方案，确保真落实、真见效。二是在落实中，应该构建社会效应评估的监督和保障机制，构建权责分明、独立专业的监督管理机构，强化评估和反馈结果的应用，提高问责效率。三是公共福利分配时要照顾到不同个体间的差异化需求，赋予其更多的自主选择权，实现社会整体资源配置最优化。例如，2016年上海市宣布取消可以免费乘坐公交车的"敬老卡"，代之以按不同年龄等级发放的老年综合津贴。取消"敬老卡"改发货币补贴后，老人们不必为了享受福利而去乘车，减少了不必要的出行，把宝贵的公共资源让给真正需要的人群，从而实现了社会整体福利最大化。

那么你有什么思考呢？

---

① 城市公办养老院被指"逐富弃贫"拷问养老公平[EB/OL]. (2012-10-11). http://district.ce.cn/newarea/roll/201210/11/t20121011_23743568.shtml.

本 章 回 顾

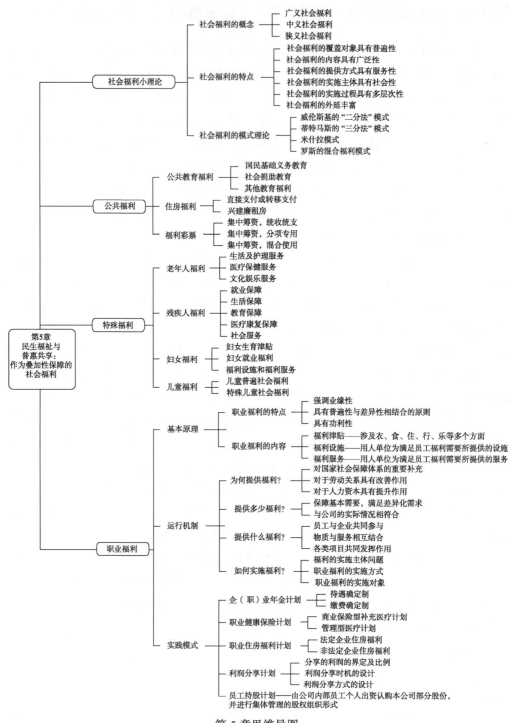

第 5 章思维导图

思 考 题

1. 如何理解社会福利的概念?
2. 简述社会福利制度的基本框架。
3. 如何理解人口老龄化与老年人福利的关系?
4. 为什么说残疾人福利事业最能体现社会文明进步的水平?
5. 妇女儿童福利通常包括哪些内容?
6. 试比较社会福利与社会救助、社会保险制度的差异。
7. 如何理解作为民生福祉与普惠共享的社会福利?

即 测 即 练

第 6 章

志愿公益与社会共助：作为补充性保障的慈善公益与保险年金

> 慈悲不是出于勉强，它是像甘露一样从天上降下尘世；它不但给幸福于受施的人，也同样给幸福于施与的人。
>
> ——（英）莎士比亚

补充保障是基本社会保障制度安排之外的，以非政府主导性、非强制性为特征的各种社会化保障机制的统称，如慈善事业、社区服务、企业年金、商业保险和家庭保障等。这些补充性保障和社会保障并存，与政府主导的基本社会保障制度一起，共同构成国民生活保障系统，发挥着相应的社会保障功能作用。

6.1 慈善公益小故事：为什么会有"水滴筹"？[①]

自 2014 年开始，基于微信平台的新型公益活动传播方式开始出现，由个别人发起进而扩展到全民参与。而 2016 年创建的"水滴筹"，通过微信朋友圈的传播实现筹集善款的目标，以零手续费的概念开创了行业先河。

19 岁的盛夏就读于清华大学，作为曾经的高考状元，她不仅是家乡人的骄傲，更是妹妹学习的榜样。然而现在的她却不得不躺在医院里和病魔做斗争。盛夏的同班同学为了帮助她尽快渡过难关，在免费公益筹款平台"水滴筹"上发布了求助信息，希望通过网络的力量为她筹集治病所需的费用。

盛夏出生于湖北省一个普通的农村家庭，全家人所有的生活开销全靠家里的六亩地。爷爷奶奶都长期患病，妹妹还在上初中，为了帮助家里分担经济压力，懂事的她从大二就报名了学校的勤工助学分队，利用课余时间赚取生活费。乐观又坚强的她还积极参加各类活动，比如加入支教团体在空闲的周末前往河北的农村支教、加入校足球队担任女足的前队长。19 岁的花季、清华的高才生，未来将有太多的可能性。然而

---

① 本节撰写者：任行，张佳忆。

人生的道路总是充满了坎坷，2017年2月14日当天，盛夏被上海市第六人民医院确诊为（左胫骨上段）恶性软骨肉瘤。医生告诉她，如果想要治愈这一恶疾，需要90多万元，虽然医保可以报销30万元左右，但是对于一个本就不富裕的家庭来说，剩下的60万元也无异于天文数字。

在得知盛夏的情况后，清华大学学生会、校友基金会及盛夏所在院系积极努力，联系到了免费的公益筹款平台"水滴筹"，希望可以为盛夏发起爱心筹款，帮助她渡过难关。"水滴筹"的筹款顾问在了解到盛夏的情况之后，专门安排了一对一的筹款顾问跟进指导。筹款发起后，网友们在第一时间向盛夏伸出了援手，并积极帮她转发求助信息。善款在"水滴筹"以近乎直线的速度增长，1分钟1万元，5分钟8万元，用于治疗疾病的60万元善款，在一个小时便筹集完成。

资料来源：水滴筹：熟人社交筹款让公益之光照进基层[N]. 公益时报，2017-05-09.

"水滴筹"是一款诞生于2016年6月、借助微信朋友圈达到朋友互助目的的服务平台。当前，"水滴筹"的微信公众平台主要包括三大板块的内容，分别是发现筹款、发现生活和我的筹款。其中，"发现生活"模块又被划分为四大部分，即平台重点推送的关联平台"水滴互助"的公益社群、关联平台"水滴保"的精选保险业务、健康日报、水滴集市；"发起筹款"模块则是以发现筹款中的四大板块内容为基础，发起相对应的大病筹款、梦想筹款及咨询项目，与轻松筹平台类似，一般情况下，众筹项目的筹款时间为7～30天，直到达到预定的筹款数额；"我的筹款"模块则囊括了与用户相关的服务信息。

"水滴筹"为什么会这么流行？原因可以总结为以下三个方面。

（1）免费公益理念。当前，基于公共社交平台的公益活动已经在很大程度上取代了传统意义上的公益募捐形式，相较于国内较早发起的大病求助平台，"水滴筹"是一个完全免费的平台，整个筹款过程不收取筹款者的任何费用。一直以来，人们对于微众筹项目所产生的高额服务费都有所诟病，公众参与的积极性也受到了一定程度的影响。而"水滴筹"恰恰抓住了大众这一参与心理，开创了国内微众筹项目零手续费的先河，推动了平民化免费众筹的开展，为民众提供了更为便捷、更为放心的公益活动参与途径。

（2）熟人效应。基于微信公众平台的"水滴筹"虽然建立时间不长，但是却取得了显著的成果，究其根源，微信朋友圈是其流行的原因之一。朋友圈是建立在熟人关系基础上的社交网络，而公益活动则是一项非营利性的项目，在其传播过程中存在着诸多不确定因素，但借助朋友圈进行传播，则大大减少了不确定因素的影响。人们可以通过朋友圈或者微信群实现公益众筹活动熟人到熟人的扩散性传播，其可信程度和影响力将直线上升，而这恰好符合"水滴筹"的创建理念，即感动家人朋友，打动陌生人。朋友圈所形成的熟人效应是其他社交平台无法比拟的，其公益众筹速度也远远快于其他平台。

（3）价值认同。相较于其他公益众筹平台而言，"水滴筹"所依托的不是一般意义上的流量，而是基于用户之间的社交网络。现阶段，华丽的语言已经难以打动人心，相反，最为质朴的语言反而能够提升众筹的成功率。在"水滴筹"活动传播的过程中，由于接受者均为朋友或家人，在阅读过程中接受者往往会从情感角度出发，以真诚为基点，进而大大提升了对筹款项目的认同度。除此之外，"水滴筹"公益众筹活动在达到预期效果之后，参与者会在心理上感受到帮助他人的愉悦感，进而在一定程度上加强了参与者与传播者之间的关系，从而实现了自我的价值认同。

"水滴筹"最初的创建目的是帮助更多追梦者以及家庭困难的人，以实现扶大病、圆小梦的愿景。自2016年6月底上线以来，"水滴筹"累计帮助超过4万家庭筹得治病钱，累计捐款用户达2000多万。随着平台的普及化和平民化，越来越多不同类型的公益众筹活动出现在"水滴筹"平台上。近年来，公益众筹活动逐渐增大了对公众的依赖程度，而且该活动项目也日益成为我国重要的慈善项目，体现了慈善公益行为作为补充性保障项目社会保障功能的有效发挥。

6.2 慈善公益小理论：交往理性与公益行为[①]

6.2.1 交往理性的含义

"交往理性"这一概念的提出源自哈贝马斯对韦伯新教伦理与资本主义精神中关于"理性"解读的批判。韦伯认为，应当将"事实"与"价值"相分离，"价值理性"应当让位于"工具理性"。随着"工具理性"逐渐运用到国家机构和社会组织的运行中，经济迅速发展，人们却逐渐丧失了在社会生活中的自由与社会价值，沦为经济发展中的附庸。哈贝马斯认识到工具理性会使"理性"走向灭亡，因此对韦伯的"合理性"思想进行深入分析，并进行批判，进而提出了"交往理论"。哈贝马斯的"交往理性"是其交往理论的核心内容。哈贝马斯认为，近代的理性概念不具合理性，其内涵仍表现为主客体二元对立，主体至上。哈贝马斯的"交往理性"概念中将主体间性取代了主体性，将主客体二元对立进行消解，建构为现代的主体间性的新范式。哈贝马斯认为，"交往理性"是具有行为能力和语言能力的主体的一种素质，它表现在总是能够得到充分证明的行为当中。由此我们对交往理性的定义是"个体通过言语行为进行相互理解为目的的一种认识和行动能力，它是解决真理、道德善和价值正当性等的理性方式"。

---

① 本节撰写者：任行，张佳忆。

6.2.2 交往理性的主要内容

哈贝马斯的交往理性理论通过对生活世界和以语言为媒介的人际交往活动的语用学分析，发现了交往行为的理性内涵，并从交往的三大有效性要求，即真实性、正确性和真诚性之中，归纳出生活世界的理性结构与基本规范①。哈贝马斯的交往理性思想主要内容包含三个方面：主体间性理论、语言交往的有效性理论和生活世界理论。

（1）以交往理性为指导的交往行动的核心是主体间性。"交往行动是行为主体之间的互动，他们使用语言和非语言符号，以相互理解为目的，在意见一致的基础上遵循语言和社会的规范而进行的，被合法调节的，使社会达到统一并实现个人同一性和社会相统一的合作化的、合理的内在行动。"只要进行交往和对话，就必定以这种或那种形式承认和遵循一些规范的要求，在这种意义上，主体性意味着互主体性。主体间性的本质是言语交际和交往资质。

（2）人际交往最基本、最核心的形式是语言。唯有通过语言交往，单独的人才能组合成为社会。语言交往原初地蕴含着"有效性要求"，即合乎理性的要求，这便是哈贝马斯称之为"交往理性"的基本内涵。具体说来："交往的陈述、陈述对象及其直接语境之间，存在一种结构性联系。而生活世界的结构，同语言世界图像的结构，呈现出内在的对称性。"

在哈贝马斯那里，语言交往所指涉的对象即是"世界"，它作为"所有事实即现象构成的总体"，并不仅仅指由物所构成的实体世界，还进一步包括由人与人组成的社会关系网络以及人的内心自我。哈贝马斯将这三种构成分别称为客观世界、社会世界、主观世界，通过语言言说的三种不同方式，语言行为者即可分别与不同世界建立起不同的关系：①通过对客观世界（外在实体的综合）中事物的言说，与作为外部世界的自然发生关系；②通过对社会世界（合理调节的人际关系）中事态的言说，与别的行为者发生关系；③通过对主观世界，即个人内心情感或体验的言说，与自我发生关系。

（3）生活世界是一种象征性结构，是与"客观世界""主观世界"完全不同的独特世界。"生活世界"指人类在文化传承上、社会秩序的构成上以及相互交往过程中所必需的资源。它以语言为内在核心，构成一张包容人际交往与行为规范的动态网络。生活世界代表了一个社会共同体的集体行为期待，以及民众公认的道德常识，它提供世界观、约定俗成的符号以及其他人们相互作用所需要的要素。在其涵盖下，不但个体经验与行为准则，就连整个社会的文化传统也都是这种常识的产物。人类之所以可以进行交往并且发展出一套非强制性的理论作为协调行动的准则，在于每个人都拥有一组庞大的、"并不明确"的背景资料和知识。生活世界是主体间认可的共同视野，始终与以理解为目的的交往行动联系在一起。

---

① 章国锋. 交往理性[J]. 外国文学，2004(1)：57-62.

6.2.3 交往理性与交往行为

哈贝马斯对社会行为进行了系统的划分，他把社会行为区分为四个类型：一是目的行为，主要在于行为者为了实现一定的目标而采取的方法，具有强烈的功利主义色彩，强调凭借适当的方法促进目的的实现；二是规范调节行为，指在某个社会群体内部，在确定了一套行为规范作为准则的基础上，每个群体成员都按照行为规范的要求所做的行为；三是戏剧行为，主要以互动的主题形式出现，行为实施者为了在观众或者社会团体面前留下好印象或者取得目标表演效果下意识地表现自己，迎合受众，以此获得认同；四是交往行为，指两个或两个以上具有语言行为能力的主体通过语言、文字或其他手段进行相互理解和协调，语言作为沟通和解释的重要手段促使社会成员相互理解，保持行为的一致性。[1]前三种行为与交往行为区分的关键在于前者对语言在行为中的作用的认识是片面的，在交往行为中，语言的作用得到了各个向度的发挥，语言的相互理解功能是主体之间的行为得到相互协调的基本机制。

哈贝马斯认为，相互理解是交往行动的核心，而语言占据特别重要的地位。交往行为是一种"主体—主体"遵循有效性规范，以语言符号为媒介而发生的交互性行为，其目的是达到主体间的理解和一致，并由此保持的社会一体化、有序化和合作化。简言之，劳动偏重的是人与自然的征服与顺从的关系，交往偏重的是人与人的理解和取信的关系。

在哈贝马斯看来，交往实践中的理性要求，实乃思维着、行动着、言说着的主体在日常生活和科学活动中的根本态度与最终立足点。他确信只有按照交往理性要求，一个社会或语言共同体的成员才能达到对客观事物的共同理解，进而协调他们的行动，在以客观世界为对象的生产活动中取得成功。也只有这样，才能建立起大家认同一致的伦理道德规范，保持和谐的人际关系，维护生活世界的合理结构。重建交往理性，便是在公共生活中真正实现符合交往理性"话语意志"的平等自由：无论话语活动参与者的社会政治经济地位如何，在摒弃权利和暴力的前提下，每一个人都应享有平等的话语权利。那些符合交往理性要求的、在平等主体间达成的共识，无不强调一种程序与规则的合理性。就是说，它们所反对的，都是社会压抑。它们所追求的，都是这种压抑的否定和摈弃。而它们努力寻找的，恰是一条将人从社会压制下解放出来的道路。

交往理性理论认为人们的社会交往应当在主体间公平、平等的原则下进行对话与协商，从而实现对国家事务的共同理解与认识，进而不断提升公共管理的效率与科学性。基于交往理性，人们间的相互理解与交往行为的合理性密不可分。同时，人们也开始基于社会共同体的共有身份，通过实施慈善志愿活动等公益行为，实现社会运行

---

[1] 周雪. 浅析哈贝马斯的交往理性及其当代价值[J]. 今古文创，2021(30)：61-62.

的公益性目标。

6.2.4 公益行为

在西方思想史上,慈善公益行为自古以来就被誉为人类最高境界的伦理美德。亚里士多德曾经这样称赞人的慷慨和施与之举:"在一切德性之中,慷慨可说为人最钟爱,因为在给予中可以有助于人。"在西塞罗看来:"没有什么比仁慈和慷慨更能够体现人性中最美好的东西了。"梭罗曾经说:"慈善事业几乎是唯一受到人类倾力称赞的美德。"

志愿公益行为也强调公民为了其他社会成员或者公共事业而自觉自愿地提供时间、精力和劳务。美国管理学大师彼得·德鲁克认为,志愿服务的本质与特性主要是改善人类生活以及提升生命品质的一种无形的东西,即使人获得新知、使空虚的人获得充实。其精神是仁爱的、利他的、为公益着想的,其做法应兼具系统性、持续性与前瞻性。

社会政策学者施教裕认为,志愿公益服务是现代人们一种民主的、自愿自发的日常生活方式和行为习惯,是基于个人内在价值和社会伦理所表现的直接利他行为,强调服务供给者与受惠者的双向互惠过程,并且兼顾物质与非物质、专业与非专业的服务内涵或社群关系,其目标在于建立福利资源网络和服务输送体系等。可以看出,公民社会的公益行为具有自发性、自愿性、利他性、公益性、非经济性等主要特征。

6.3 慈善事业:社会资源的第三次分配①

慈善事业是现代社会保障体系的必要组成部分。党的十六届四中全会决议明确提出要"健全社会保险、社会救助、社会福利和慈善事业相衔接的社会保障体系"。慈善事业作为社会保障体系的一个组成体系,可以对弱势群体进行有效的社会援助,弘扬中华民族传统美德;可以缩小贫富差距,拓宽社会保障的范围,维护国家和社会的稳定发展,促进社会主义精神文明建设以及和谐社会的发展。

6.3.1 慈善事业基本原理

1. 慈善事业

现代的慈善事业是众多的社会成员在志愿基础上所从事的一种无偿的、对不幸无助人群的救助行为,是建立在捐献基础之上的民营社会性救助事业。它通过合法的社会中介组织,以社会捐献的方式,按特定的需要,把可聚集的财富集中起来,再通过

---

① 本节撰写者:任行,张佳忆。

合法途径，用于无力自行摆脱危难的受助者。慈善事业以社会成员的慈爱之心为道德基础，以人道主义为思想基础，以社会捐助为经济基础，以民间公益团体为组织基础，以社会成员的广泛参与为发展基础。

2. 我国慈善事业的发展

1）我国古代的慈善事业

中国的慈善行为源远流长。"慈"与"善"在中国古代是分开使用的。"慈"，有母慈、子女孝以及父母爱三层含义。"善"的含义是"吉也，与美同意"，有美好、吉祥之意。"慈善"二字合体使用的最早记载是《北史》，即"宽和慈善，不忤于物，进退沉浮，自得而已"。作为一种美德，慈善被中国历朝历代的道德家高度赞同。孔子和孟子都认为慈善是人类的特质，是高贵人格的基本组成成分之一。当弟子向孔子问及慈善时，孔子答道："泛爱众。"

中国封建王朝实行的政府慈善救济工程就是一直流传下来的赈灾行为，各个历史时期特别是一些盛世时期，统治者大都重视救灾救荒的工作，做过一些有益的事情。官方的救灾救荒措施主要有两个方面：积极的防灾备荒，消极的临灾治标和灾后补救。积极的防灾备荒主要是兴修水利和仓储，而消极的临灾治标和灾后补救主要有赈济、移民救助、以工代赈等。这些措施对于减少灾害、减轻灾民的困苦起了一定的作用。但是，由于历史的局限性和社会制度的影响，救荒政策不能从根本上解决灾荒的问题，每遇大灾，仍然会造成失地千里、十室九空、活人相食的悲惨局面。

2）新中国成立后的慈善事业

新中国成立后在一定历史时期受革命思维和政治情绪的影响，对慈善公益的认识有一定的片面性。而自 20 世纪 90 年代以来，我国慈善公益事业新的内在需求主要成因是社会发展过程中存在的新问题。

（1）在人口初始评分方面，人群分化的加剧使得在改革开放中被"发展的车轮"抛弃、碾压的社会弱势群体面临饥饿、教育、疾病等实际困难和问题，弱势群体的现实性烦躁和预期性焦虑降低了社会安全指数，贫困者、社会弱势者需要帮扶，单凭政府"独木难支"。

（2）在人居环境方面，生态恶化的加剧，如雾霾、水污染、土壤污染、垃圾围城等产生的巨大的社会矫治需求，使得环境公益需要超越个人进行社会化推进。

（3）农村人口扶贫救助、城市最低生活保障以及自然灾害的灾民救助、残疾人救助等社会弱势群体帮助，政府精力和财力均有限的同时，需面临职能的转换，需要依靠民间组织经常性地参与解决一部分环境公益问题。

由此，社会开始经办慈善，政府也开始发展和培育慈善公益组织，一批官办民主的慈善机构开始设立。1993 年 1 月，全国第一家地方性慈善组织——吉林省慈善总会成立。1994 年 4 月，中华慈善总会在北京成立。1994 年，第一家佛教慈善组织厦门南普陀寺慈善事业基金会也正式成立。这些官办或者宗教类的公益慈善组织在贫困救济、灾害救助、医疗救助、教育救助、扶老助残等领域发挥着积极作用。

3）21世纪我国的慈善事业

进入21世纪之后，我国慈善事业突飞猛进，慈善公益组织的数量和质量也在探索中稳步提升。2012年，全国共有县级以上各类慈善会1 923家，乡镇和村一级的慈善会总数超过2 000家。2015年3月，全国社会组织已突破60万个。2017年，全国共有社会组织80.1万个。截至2020年底，全国共有社会组织89.4万个[①]，中国慈善联合会接收捐赠531 336万元，全国每年接收的捐赠款物额1 000亿元左右。

慈善公益组织尤其是民间慈善机构在数量大大增加的同时，有品牌示范效应的慈善机构的募款能力也不断提升，具有社会影响力的人士以及明星群体充分发挥社会影响力和粉丝号召力，参与慈善募捐活动。比如，2006年李亚鹏、王菲倡导发起在中国红十字基金会下设立的专项公益基金——嫣然天使基金正式启动，救助贫困家庭的唇腭裂儿童。2007年，李连杰与中国红十字总会合作，成立中国红十字李连杰"壹基金"计划，"壹基金"频频出现于重大灾难救援之中。2011年，"壹基金"落户深圳，转型成为中国第一个有公募资格的民间公益组织。

同时，网络微公益迅速崛起，极大地创新了公众公共参与模式，公益逐渐大众化、平民化，全新的全民公益时代正在孕育中。尤其是微信、微博和互联网的发展呈燎原之势，腾讯公益和支付宝搭建起了千万级的捐赠平台，释放公众的慈善潜力。比如以免费午餐为代表的网络微公益依托平民英雄，借助互联网微信平台发动小额募捐，动员普通民众参与到公益财物的募、捐、用当中来。越来越多的社会公众开始参与到门槛低、负担轻、捐赠方式多样化、任何人都可以参与进来的创新性和体验性都很强的网络募捐当中。

3. 慈善事业的法制化进程

随着慈善公益形式的多样化，我国慈善制度建设的法制化进程也在逐步完善。2016年3月16日，《中华人民共和国慈善法》（以下简称《慈善法》）表决通过，并于同年9月1日开始施行。总则第三条规定，慈善活动是指自然人、法人和其他组织以捐赠财产或者提供服务等方式，自愿开展的下列公益活动：扶贫、济困；扶老、救孤、恤病、助残、优抚；救助自然灾害、事故灾难和公共卫生事件等突发事件造成的损害；促进教育、科学、文化、卫生、体育等事业的发展；防治污染和其他公害，保护和改善生态环境；符合本法规定的其他公益活动。《慈善法》对慈善活动的定义丰富了慈善事业的内涵，也使我国慈善事业进入一个新的发展阶段。

---

① 中国慈善联合会. 与国家发展同频共振——我国社会组织蓬勃发展的历史轨迹[EB/OL]. (2021-07-02). http://www.charityalliance.org.cn/gov/14236.jhtml.

6.3.2 慈善事业运行机制

慈善事业虽然属于个人或组织行为，但其运行起来也要有科学合理的制度进行规范与支撑，也就是有效制度安排。慈善事业是全人类的事业，其在推动人类社会发展与进步过程中需要得到广泛的支持与鼓励。不过这不是说慈善事业可以随意进行，不受任何因素的制约，尤其是为了保证慈善事业作用的真正发挥，构建科学的管理体系十分关键，也需要对慈善事业的行为提供充分的法律保障与约束。只有这样，才可以保证慈善事业实现正常的运行。

现代意义上的慈善救助运作过程主要包括以下环节：组织社会捐助、资金管理、实施救助和接受监督等。组织社会捐助是整个慈善事业的财政基础。[1]慈善组织通过开展慈善宣传教育工作，培养人们的互助美德，有组织地进行募捐，动员和调动具有一定助人能力的单位和个人向慈善组织进行捐献。对捐献款物的管理构成了慈善机构运行中的重点与关键。在资金管理方面，慈善组织的任务是保证每一笔慈善捐助资金的安全，使之真正用于捐献者指定的救助项目。慈善组织对于慈善资金只享有管理权和看护权，而不具有对慈善捐助资金的所有权。实施救助来促进社会的和谐发展则是现代慈善事业的最终目的。在实施救助方面，慈善组织必须充分发挥自身的优势，明确界定救助对象，做好社会调查工作，在尊重捐助者意愿的前提下，保证将救助资金用在最适当的地方。接受捐献者和社会各界的监督则是确保慈善机构乃至整个慈善事业正常运行和健康发展的保证。在接受监督方面，慈善组织需要建立健全财务账册，严格财务管理制度，自觉接受捐献者、政府有关职能部门以及社会各界的检查与监督。

6.3.3 慈善事业实践模式

《慈善法》自 2016 年实施以来，极大地激发了社会成员的慈善意识和参与热情，促进了大众参与的社区慈善与网络慈善，推进了慈善组织与慈善活动的不断规范，提升了包括款物捐献与志愿服务在内的社会资源动员能力，也开创了各种新型慈善活动形态及其与社会救助、社会福利及公共服务等相融合的创新性局面。目前，我国的慈善事业正在从传统走向现代、从少数人参与走向大众化。

近几年来，我国慈善事业的发展进步主要体现在企业慈善、社区慈善、网络慈善和以慈善信托为代表的家族慈善等方面，充分体现了我国慈善事业发展的特色。[2]

1. 企业慈善

企业慈善是指企业在追求自身发展过程中自觉地将慈善行为作为自身发展战略的

---

[1] 许琳，翟绍果，唐丽娜. 社会保障学[M]. 3 版. 北京：清华大学出版社，2018：254.
[2] 【实践新论】探索中国慈善事业的发展新路[EB/OL]. (2020-09-24). https://share.gmw.cn/theory/2020/09/24/content_34208149.htm.

重要组成部分，并逐步将它内化为企业员工所共同遵守的体现在企业的规章制度、经营管理和员工具体行为中的一种自觉的道德实践行为。[1]企业慈善有四个关键特征[2]：①行为的主体：企业。这里的企业不是系统层面意义上的企业，组织中的团体或个人以企业的名义做出的有益于社会和他人的行为也属于企业慈善行为的范畴。②表现形式：主办、协办或参与。企业参与社会公益，可以自己策划、组织和实施一个公益项目，也可以和慈善组织合作举行公益活动，还可以以一个参与者的身份参与一项公益活动。③参与媒介：企业提供的有形或无形资源。企业参与社会公益，可以通过提供现金、产品等有形资源来进行，也可以通过提供技术、知识、经验等无形资源来进行。④行为指向：社会。企业通过慈善行为达到保护和改善社会福利的目的，这是企业慈善行为最典型的特征。

2020年捐赠总额在1 000万元以上的企业有404家，其中43家企业的年度捐赠额在1亿元以上。企业捐赠涵盖医疗卫生、扶贫济困、教育助学、志愿服务、社会公益等多个领域。企业捐赠在我国社会捐赠总额中的占比达到60%以上。

2. 社区慈善

凡以社区为基础、向社区居民提供社会服务的慈善活动均可称为社区慈善。社区慈善以救助贫困社区居民为主要目的，包括提供款物、陪护或照料服务、志愿服务、救助政策咨询服务、社工服务、慈善公益宣传等。社区慈善的具体内容因社区不同、时间不同而呈现出一定的差异性。从社区慈善的参与主体看，主要可分为社区内主体和社区外主体两大类。其中社区内主体包括社区居民、社区社会组织、社区准行政机构、社区单位等；社区外主体主要包括在本社区开展活动的其他社会组织、单位和个人等。社区慈善的形式呈多样化态势，总体上看，目前我国社区慈善主要包括捐助帮扶、慈善超市、志愿服务和社区基金会四种形式。[3]2013年，上海成立了全国首家社区公募基金会（上海洋泾社区公益基金会）。截止到2018年9月，上海共有74家社区基金会，数量占到全国注册社区基金会的七成左右。在上海差不多每3个街道、镇、乡就有一家社区基金会，注册的社区基金会覆盖到近35%的行政区域。

社区是社会的根，人离不开社区，社区慈善往往与基层政权建设和群众自治组织有机结合，不仅符合中华邻里互助的传统与现行体制，而且畅通了社会成员参与社区治理的途径，增进了社会团结，进而可以为国家治理奠定稳定的根基。

---

[1] 王永明. 论企业慈善文化建设的社会治理功能及其当代路径[J]. 常熟理工学院学报（哲学社会科学），2020(1)：60-65.

[2] 徐雪松. 企业慈善行为研究[D]. 上海：同济大学，2007：13-14.

[3] 杨荣. 社区慈善:我国慈善事业发展的新方向[J]. 东岳论丛，2015(10)：43-48.

3. 网络慈善

互联网的出现改变了人们的社会生活形态，社会交往呈现出多元化、移动化的特点，一众互联网公益慈善平台获得历史性的发展机遇。这种"以网络为载体、以网络技术为支撑，利用信息通信技术以及互联网平台，使互联网与慈善事业进行深度融合实现传统与现代结合"的"互联网＋慈善"新模式对中国慈善事业的发展产生重大影响。特别是网络新媒体和移动客户端的出现与发展，带来了"指尖公益"的繁荣。网络慈善实现社会慈善资源的共享与整合，提高了慈善资源的运作效率，降低慈善组织的善款募集成本，为我国慈善事业的创新提供有益的探索与尝试。

与传统慈善捐赠相异，网络慈善捐赠有着独特的特点。

（1）具有一定"柔性"。互联网的加持，使传统慈善捐赠摆脱了时空束缚和捐资渠道的局限。发起和参与捐赠的时间地点几乎不受限，募捐者和捐赠者具有极大的柔性选择自由度，捐赠渠道除了传统渠道，还有支付宝、微信支付、手机银行等多条线上路径，选择资金划转方式的回旋余地更大。

（2）成本大为压缩，筹、捐效率均得到提高。线上交互对接，为捐赠者节约了时间和精力，发起捐赠需要投入的人、财、物成本也极大削减。加之捐赠渠道的丰富、数字货币划转的即时性，便有了提高慈善捐赠发起和参与频率的现实基础。

（3）捐赠资金引流范围广、能力强。手机、电脑等电子产品的普遍化，数据信号和宽带在全国的基本全覆盖，会在互联网的居间作用下，使线上的每个人都有可能从自己的电子窗口看到慈善捐助需求信息；且互联网上的信息传播具有发散性和藤蔓般的延伸性，一旦某项信息开始传播，信息知晓者的数量就有可能呈指数暴增。拓宽了慈善捐赠的资金引流范围，一定程度上打破了传统慈善捐赠资金引流范围的局域性限制。线上支付手段的便捷高效的辅助则为短时间募得大额资金提供了技术保障。[1]

2018年以个人捐赠为主的网络募捐总量继续攀升，民政部指定的20家互联网募捐信息平台全年共为1 400余家公募慈善组织发布募捐信息2.1万条，网民点击、关注和参与超过84.6亿人次，共募集善款超过31.7亿元，较2017年增长26.8%。其中，腾讯公益、蚂蚁金服、阿里巴巴公益在筹款金额及捐赠次数方面以绝对优势领跑全网，慈善组织通过这3家平台分别募款17.25亿元、6.7亿元、4.4亿元，占筹款总额的89%[2]。借助互联网捐赠便捷的优势，我国大众小额捐赠量呈现不断增长态势，网络慈善成为社会公众，尤其是年轻人参与慈善事业的首选途径。

网络慈善捐赠和传统慈善捐赠的区别见表6-1。

---

[1] 贾林悦. 农村居民参与网络慈善捐赠的影响因素研究——以晋南Y村为例[D]. 重庆：中共重庆市委党校，2021：24.

[2] 中国慈善联合会. 2018年度中国慈善捐助报告（精要版）[EB/OL]. (2019-09-23). http://www.charityalliance.org.cn/givingchina/12781.jhtml.

表 6-1　网络慈善捐赠和传统慈善捐赠的区别

类别特点	基本属性	成本	资金引流范围	效率	监管	捐赠行为能力要求
传统慈善	具有一定"刚性"	成本相对较高	范围较狭	相对低,资金汇聚周期长	相对完善	要求较低
网络慈善	具有一定"柔性"	成本相对较低	范围较广	相对高,资金汇聚时间短	尚不完善	需要线上判断、选取、支付等操作行为能力

4. 家族慈善

家族慈善是指家族将其合法私有资源（包括财富和影响力等）捐赠用于公共目的，以家族或家族成员、家族企业字号命名慈善机构或慈善项目，且家族成员深度参与慈善事务的行为。从国内外实践看，当前家族慈善的形式主要有家族大额捐赠、家族慈善基金会、家族慈善信托、家族慈善专项基金、家族捐赠者建议基金等，其中家族慈善基金会和家族慈善信托是组织化程度较高的家族慈善形式。

中国有悠久的家族慈善实践传统，900多年前，范仲淹创办的范氏义庄就是典型代表。至明清时期，以义庄为代表的家族慈善遍及全国各地，很多渡口、桥梁、公路、善堂、医院、收容安置所等，都是由当地名门望族出资建立。以江苏省无锡市为例，仅荡口古镇就有10多家义庄。义庄依托义田等家族公共财产，由族人轮流管理，按照差序格局，义庄的慈善财产用途优先辅助族人，其次惠及社区，与今日美国之"社区基金会"有相似性。

中国内地第一家家族慈善基金会是1986年注册的福建省泉州贤銮福利基金会。1980年，爱国华侨何瑶煌先生捐资兴建"贤銮福利大厦"，贤銮福利大厦租金和所有收益作为长久提供贤銮福利基金会的资金。何瑶煌和哥哥何瑶焜当时分别担任会长和永久会长，二人过世后家族成员继续管理运营，历任理事名单中都有何氏家族成员的名字；贤銮福利基金会于1988年设立"贤銮奖"，2022年有1 282名优秀学生获得"贤銮奖"，奖学助学支出155.2万元。2019年1月15日，北京师范大学中国公益研究院联合深圳国际公益学院发布《中国家族慈善基金会发展报告（2018）》。2021年4月中旬，《家族慈善白皮书2020》正式在北京"2021家族慈善论坛"发布，该报告显示，在中国沪深A股、港股中资股和美股中概股拥有上市公司，并通过家族上市公司、家族基金会或家族个人的形式实际参与社会公益慈善捐赠的家族共计2 075个，有实际慈善捐赠行为的家族共984个，成立家族基金会的有144个家族。2015—2019年，中国慈善家族公益投入年平均涨幅约为37%，其中2018年公益投入数额较高，为88.33亿元。家族慈善基金会的善款主要投向扶贫、基础教育、高等教育领域。半数的家族慈善基金会以200万元资金注册成立。其中，东南沿海的家族慈善基金会最多。家族慈善符合中华传统，而家族慈善基金会与慈善信托是适合家族行善代代相传的合理选择，应当认真研究中国的家族财富发展轨迹与传承文化，为家族慈善事业的发展创造良好的政策环境与社会氛围。

慈善公益事业促进了社会保障的发展，成为正式保障制度的有效补充，在我们所处的风险社会当中，每一个社会成员都有可能因不幸事件而沦为不幸者，政府的社会保障制度不可能满足全体社会成员的各种社会保障需求，社会上需要救助的社会成员大量存在，从而决定了民间慈善和互助行为的必要性。慈善事业也发挥了社会保障的救济性与福利性功能，为处于困境而无力自行摆脱危难的社会脆弱群体提供了更多来自社会的援助和关爱，成为有效的补充保障方式。

6.4 年金保险：养老保险第三支柱的新模式[①]

6.4.1 基本概念

年金保险指保险人承诺在一个约定时期内，以保险人生存为条件的定期给付保险金的一种保险。年金保险的定期给付可以按年、半年、季、月计，通常多为按月给付。

年金保险的设立原则是保险中的大数法则。把相对死得早的那部分人的基金转移给那些长寿的人；长寿的人将会拿到比他所支付保费更多的钱；相反，那些寿命短的人则不能领到与所付保费相当的年金给付。

年金给付的资金来源有以下三个方面：最初保费收入、本金利息收入、生者利。生者利指由相对寿命短的年金受领人所建立起来的基金。

6.4.2 年金保险的分类

依据不同的分类形式，对年金保险有以下不同的分类。

1. 按缴费方式分类

按缴费方式分类，可将年金保险分为趸缴年金和期缴年金。趸缴年金指一次交清保费的年金保险，于约定时间开始，按期由年金受领人领取的年金。期缴年金，也叫年缴年金，指在给付日开始之前，分期交付保险费的年金保险。

2. 按给付开始日期分类

按给付开始日期分类，可将年金保险分为即期年金和延期年金。即期年金指保险合同成立后，保险人即行按期给付年金的年金保险。延期年金指保险合同成立后，经过一定时期或被保险人达到一定年龄后，保险人才开始给付年金的年金保险。

[①] 本节撰写者：雷晓康，费炀。

3. 按被保险人的数量分类

按被保险人的数量分类，可将年金保险分为个人年金、联合年金、最后生存者年金和联合及生存者年金。

个人年金是指以一个被保险人的生存作为年金给付条件的年金保险。

联合年金是指以两个或两个以上被保险人的生存作为年金给付条件的年金保险，年金的给付持续到最先发生的死亡时为止。

最后生存者年金是指以两个或两个以上被保险人中至少尚有一个生存作为年金给付条件，且给付金额不发生变化的年金保险，年金给付持续到最后一个生存者死亡为止。

联合及生存者年金是指以两个或两个以上被保险人中至少尚有一个人生存作为年金给付条件，但给付金额随着被保险人人数的减少而进行调整的年金保险，年金给付持续到最后一个生存者死亡为止，但给付金额根据仍生存的被保险人人数进行相应的调整。

4. 按给付方式分类

按给付方式进行分类，可将年金保险分为终身年金、最低保证年金和定期生存年金。

终身年金是指年金受领人在一生中可以一直领取约定的年金，直到死亡为止的年金保险。最低保证年金是为了防止年金受领人过早死亡丧失领取年金权利而产生的一种年金保险。最低保证年金有两种类型：指定最低给付年限和退还年金。

指定最低给付年限规定了一个领取年金的最低保证确定年数，在规定期间内无论被保险人生存与否均可得到年金给付（受益人）。多数保险公司限定最长保证期间为20年，在确定保费的情况下，确定期间越长，则每期给付额越小。

退还年金是指当年金受领人死亡而其年金领取总额低于年金购买价格时，保险人以现金方式一次或分期退还其差额的年金保险。

定期生存年金是一种以被保险人在规定期间内生存为给付条件的年金保险。若被保险人一直生存，则年金给付到期即满；若被保险人在规定期限内死亡，则年金给付立即停止。

5. 按给付额是否变动分类

按给付额是否变动分类，可将年金保险分为定额年金和变额年金。

定额年金是指每次按固定数额给付年金的年金保险。变额年金是指年金给付额按资金账户的投资收益水平进行调整的年金保险。

6.4.3　年金给付额的确定

年金给付额通过生命表来确定。年金领取时，受领人的年龄越大，保险人给付年金的平均期限就越短，每笔年金的数额也就越大。此外，因为女性的预期寿命比男性长，所以相同的支付量和相同年龄的男性或女性，男性的每月领取额会高于女性。保险人会将女性受领人与比其年轻4~5岁的男性受领人做同样处理。

6.4.4 年金给付的方式

年金给付的方式有定额给付和变额给付两种。

定额给付，也称定率给付，指每次按固定数额给付年金。年金给付额是固定的，不随投资收益水平的变动而变动。定额年金的价值不会受到市场利率的影响，因而客户的本金永远是安全的，适用于较为谨慎保守的客户。

变额给付，也称可变给付，指年金给付额按资金账户的投资收益水平进行调整。变额年金是针对定额年金在通货膨胀下保障水平降低的缺点而设计的，客户所得会随着保险公司投资收益率的变化而变化，客户的收益甚至本金价值都不确定，所以客户承担相对较高的风险，但也给客户提供一种可以提供转为定额年金的机会。

6.4.5 年金保险的税收

一份年金保险合同的整个生命周期可以分为三个阶段，分别为缴费期（缴费时点）、积累期和领取期。以T代表征税，E代表税收免除，根据这三个时期（时点）的征税情况不同，可以将年金保险的税收分为TEE、TTE、ETT、EET、ETE、TET六种方法。

以我国为例，我国目前采取的是TEE，即在缴费的时候征税，在投资和受领时免除税收。但随着我国当前改革的不断推进，未来我国养老金收税在缴费、投资和受领期的税收状况将演化为EET，即缴费时进行税前抵扣、在投资期免税、在受领期缴税。由于受领期的老人收入水平通常相对较低，所以此时的税基低、税率低，税额也相应降低。

这一节主要介绍了年金保险。年金保险与三支柱的养老保险模式中的第二支柱密切相关。企业年金和职业年金作为一种补充，能够一定程度上解决老年人退休后养老金不足的问题。我们可以通过构建适合自己的年金保险、购买商业性年金保险等手段补充退休后养老金不足的问题。

6.5 养老金融：资本市场中养老资源的新整合[①]

"养老金融"一词，从字面上看是将养老和金融放在一起，这样的组合会对养老产业、养老金融产生什么影响呢？这要先理解养老金融这个概念。

---

① 本节撰写者：雷晓康，费炀。

6.5.1 养老金融的内涵及其现状

CAFF50（中国养老金融50人论坛）发起人董克用等指出：养老金融是一个概念体系，对应的英文是"Aging Finance"，指的是围绕着社会成员的各种养老需求，以及应对老龄化社会的挑战，所进行的金融活动的总和，包括三方面内容：养老金金融、养老服务金融、养老产业金融。

1. 养老金金融

英国学者大卫·布莱克教授在《养老金金融学》中使用的就是"Pension Finance"，他指出养老金金融主要研究对象是养老基金投资于金融资产、不动产、衍生工具和另类投资。可见养老金金融指的是养老金资产管理。

如何管好养老金资产，就是养老金金融所研究的主题。养老金金融的发展，将使得养老金、金融资本市场和国民经济形成良性互动。从数据上来看，2001年到2016年全国社保基金历年的平均收益率为8.37%；在企业年金方面，2007年到2016年的平均收益率为7.57%，将两者进行简单平均后收益率可达8%。连续9年年均收益率保持在约8%，是一个较高水平，意味着投资资产将接近翻倍。据此可推算出，如果全面快速地实行养老金金融化、市场化管理，并进行投资，总计约10万亿元的各类养老金基金结余在9年后就能达到20万亿元之多。

当前，专业养老金金融管理机构也正在快速成长，银行、证券、基金、保险、信托公司纷纷成立各自的养老金金融事业部。在银行业方面，养老金储蓄高企、养老理财产品畅销，养老金受托、账户管理、托管管理业务大规模增长；在保险业方面，商业养老保险一直是保险公司的重要保费收入来源，职业年金、企业年金、信托型和税收递延型商业养老保险更是打开了保险公司新的增长点和成长空间；在基金管理公司方面，已经开发了储蓄生命周期基金，正在探索养老目标的证券投资基金，基金管理公司已成为全国社保基金、企业年金、职业年金、基本养老保险基金的主力投资管理人。

2. 养老服务金融

养老服务金融是指金融机构围绕社会成员养老相关的消费、投资及衍生需求进行的金融服务活动，其目标是未来的养老，重点是当下的服务，落脚点是金融产品。

养老服务金融与人的生命周期息息相关。生命周期消费理论认为，人们在生命周期的不同阶段，所处的经济条件和可支配的收入水平各不相同，需要对消费和储蓄进行优化安排与合理配置，以实现个人与家庭效用在整个个人的生命周期最大化的目标。对个人而言，应该为老年阶段做好资产储蓄，并保持长久的消费能力，保障老年生活有品质，养老服务金融将成为我国社会普通老百姓或家庭的一个非常重要的选择。

养老服务金融涉及的家庭经济资源，目前包括金融资产、实物资产、不动产等。金融提供的服务就是考虑个人在整个生命周期中完成家庭经济资源在不同投资产品中的配置或选择、规划实现养老的关键目标。而现阶段家庭资产配置可以选择的投资产品有银行储蓄、银行理财产品、产品股票、国债基金、信托、商业保险、商品房等不动产、书画古董等收藏品。

3. 养老产业金融

养老产业包括很多领域，如养老场所、日常护理、老年人文化娱乐基础设施、老年人日常消费，都需要相应的养老金融支持，这些产业的发展构成了对金融的需求，金融与养老产业相结合，已成为第三个养老金金融中所关注的主题。

6.5.2 养老服务金融未来发展方向

未来养老金融发展的方向会是如何？结合我国目前各大金融公司和金融机构的养老服务、养老金融的发展方向可总结为以下几点。

1. 专业化养老服务金融产品

专业化养老服务金融产品层出不穷。

从银行业看，有养老储蓄、养老理财、住房反向抵押贷款等产品，以及发行为老年群体提供特定服务的银行卡等非现金支付工具。

从保险业看，有个人与团体商业养老保险、老年人住房反向抵押养老保险等。商业保险研发出许多符合老年人养老需求的长期护理保险。需要注意的是，此处为商业长期护理保险，与社会长期护理保险有所差异，目前我国正在进行的社会长期护理保险应该考量到老年人未来的照护需求。此外，在失能和半失能领域，健康保险、意外伤害保险等保险产品也层出不穷，以及养老保障委托管理业务等也成为保险公司新的增长点。

从信托业看，各类附带养老保障的养老信托产品，以及与养老地产、老年医疗、老年健身、老年旅游等养老产业领域融合的信托产品不断出现。

从基金业看，有养老型基金产品，包括生命周期基金、目标风险基金等产品。

2. 提供便利性的金融服务

提高老年群体金融服务的可得性和便利性，譬如金融机构优化网点布局，并对营业网点和服务设施进行亲老适老化改造，提供老年专用窗口、绿色通道等便捷服务。

金融机构优化老年客户服务流程，比如银行提供符合老年需求的网上银行、手机银行以及保险业提供针对老年人特点的保险理赔服务等。

金融机构探索提供综合性金融服务，将与老年生活密切相关的生活服务与金融产品结合，提高老年人生活便利度。

3. 基础金融服务和权益保护

金融机构积极介入社会保险、企业年金、职业年金、员工福利计划等业务，做好支付结算、账户管理、托管和投资等基础服务，为居民养老提供基础金融支撑。

加强老年金融消费者教育和权益保护，关注老年客户金融权益保护，比如对大额转账进行特别要求、禁止误导销售和错误销售、防范老年人理财诈骗等。

随着老龄化程度的不断加深，老年人作为社会中非常重要的群体，其金融服务、金融需求也在不断增加。根据CAFF50的观点，养老金融包括了养老金金融、养老产业金融和养老服务金融。近年来，中国金融机构、各类基金公司都有大的发展，为各类基于养老的养老产品提供了非常广阔的市场。相信在未来，产品会更加丰富，使得老年人的养老需求在金融服务方面得到满足。

6.6　慈善公益小讨论：如何更好地发展补充养老保险？[①]

目前，我国的养老保险制度已经形成了多支柱的养老保险制度模式，但这种多支柱的养老保险制度模式在发展过程中还存在着局限和不足。补充养老保险作为国家法定基本养老保险体系外的重要制度安排，是我国构建社会养老保障体系的重要组成部分。我国自1991年开始发展补充养老保险以来，受多种因素影响，补充养老保险发展总是"雷声大，雨点小"，导致其未能成为我国社会养老保障体系的重要支柱。基于以上背景，应如何从制度发展、制度建构、经办管理等方面更好地对现有养老保险进行补充，以促进我国养老保险制度更好地发展？

（1）要更好地补充和发展社会保障制度，首先要明确制度的优化需要一定的基础，在谈论如何更好地发展社会保障制度之前，必须回到社会保障制度本身。我国的社会保障制度还在不断优化的过程中，更好地探索和发展社会保障制度也需要经历一个过程，在此所探讨的是完善制度的顶层设计，因为它是更好地发展社会保障制度的基础和前提。具体来说，对于社会保障基金的投资、管理、收缴和发放等环节，要将其投入一个统一的体系中，同时也要为潜在的参保单位和个人提供制度参考和选择，要关注到如何在确保公平的前提下尽快达到世界银行规定的替代率，在省级统筹的基础上更好地达到全国统筹水平。每项制度的有效开展和有效实施都需要顶层设计作为制度的引领，顶层设计为制度的未来发展提供了明确的方向，是非常重要也是应当首先给予考虑的。

（2）从经济政策方面来看，一方面可以从税收优惠方面补充养老保险发展。税收优惠也叫作税收抵，在国外，补充养老保险已经有很大进展，一般来说，这种税收优惠体现在缴费、投资、给付三个阶段。如美国的EET型税收优惠在年金和私营养老保险等的缴费阶段和投资阶段不征收税费，而在个人收益索取阶段征收税费。对我国而言，通过这种方式可以更好地激励工作单位和企业为个人建立补充性养老保险。税收

[①] 本节撰写者：任行，张佳忆。

优惠可以提高补充养老的待遇水平，使补充养老保险制度更好发挥它的保障作用。但对个人而言，税收优惠还存在发展空间，可以进行补充发展。另一方面，要从内、外两方面加强监督监管。就内部监管而言，可以发挥企业工会的力量。企业工会作为职工利益的保护者，通过工会进行缴费监督可以在一定程度上保证缴费率。就外部监督而言，可以采用信托公司的信托基金设立一定的收益率并降低风险。信托公司有信息披露的义务，政府机构要建立一种机制保证信托基金市场和养老保险市场的稳定。为了更有效地化解补充养老保险制度在运行过程当中的风险，更好地发挥补充养老保险在保障人民养老保险待遇方面的作用，减少因逆向选择和道德风险所带来的制度风险也是需要考虑的因素。

（3）在法律法规层面，要加强补充养老保险的强制性。从国际经验来看，立法先行是最普遍的经验，从法律上对雇员和雇主的责任进行规定，可以使补充养老保险有章可循、有法可依，避免碎片化的问题。一项制度的有效实施需要法律制度进行强制性的规定，使其逐渐成为正式的制度安排，成为多层次养老保障体系的重要组成部分。

本 章 回 顾

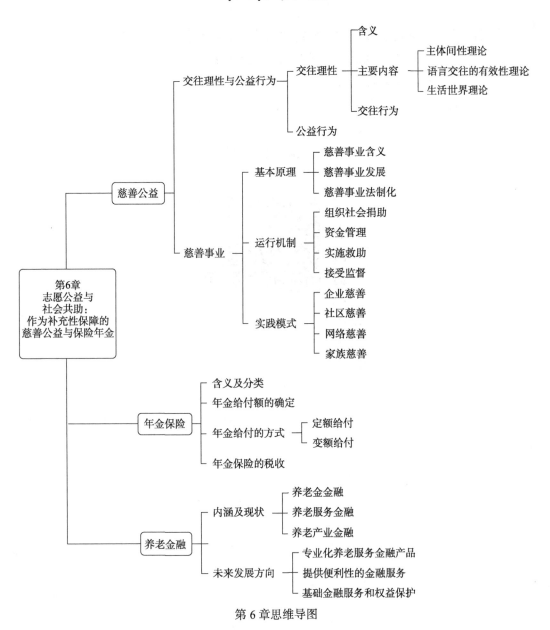

第 6 章思维导图

思 考 题

1. 通过慈善事业的实践模式,分析我国慈善事业的发展。
2. 企业年金与基本养老保险的联系和区别是什么?
3. 养老金融的社会功能是什么?
4. 如何理解作为志愿公益与社会共助的补充保障?

即 测 即 练

自学自测　扫描此码

第 7 章

制度规范与行为约束：
社会保障经办管理与基金运营[1]

> 权力导致腐败，绝对的权力导致绝对的腐败。
>
> ——阿克顿勋爵[2]

社会保障制度运行成效与社会保障经办管理及基金运营密切相关，不同的社会保障经办管理与基金运营模式对于社会保障制度的设计和运行会产生迥异的制度后果。但是，世间并不存在唯一有效的社会保障经办与基金运营模式。可以说，适合某一国家或某一地方政府具体治理情境的模式就是有效的社会保障经办管理与基金运营模式。

7.1 社保小故事：最多跑一次

办退休手续、医保转接、申请失业保险、领取社保待遇……居民和社保部门打交道越来越多。如何让百姓少跑腿？浙江人社部门推行"最多跑一次"改革，创新流程、提升服务，使社保高频事项尽可能一次办结。

张雪芬家住舟山市衢山镇万良社区。前不久，她在万良社区只用10分钟就办完了灵活就业社保补贴手续。换作以前，办同样的事，张雪芬必须先到社区填表、盖章，再到镇劳动保障平台复核，再乘船70分钟到县就业处办理补贴登记，然后到县社保局参加失业保险，最后到银行办理社保代扣手续。

社保牵涉面广，如何做到"最多跑一次"？浙江省人社部门确定了"减、优、废、加"四种途径。减材料，有些申请材料是多年前的政策规定的，现在明确没必要再提供或者可借助信息化手段获取。优表单，将能整合的表单尽量整合，实现多表合一；能共享的表单尽量共享，实现一表多用。废文件，将一些不适应"最多跑一次"改革

---

[1] 本章撰写者：周明，魏志飞。
[2] 参见：达尔伯格-阿克顿. 自由与权力[M]. 南京：译林出版社，2014.

要求的文件修改或废止，不让过时的规定成为办事的阻碍。加入互联网，改进材料信息获取方式，提倡由经办机构通过数据共享或内部流转自行获取。

浙江省人社厅副厅长刘国富介绍，目前，浙江省人社厅39项（101项子项）"最多跑一次"事项的申请材料由417份减少到307份，减少26%；格式表单从99份减少到79份，减少20%；20项子项办理时间进行了提速，平均提速49%；22项子项可以全程网上办理，实现"跑零次"；着手修改或废止不适应"最多跑一次"要求的规范性文件4份。

如今，浙江省人社部门通过服务流程再造，打破"信息孤岛"，突破了网上身份认证难、材料流转难、费用支付难等诸多障碍。老百姓可通过社保卡银行账户、支付宝、微信等多种渠道直接在线支付个人承担费用；退休老人可以在家中轻松完成养老保险金资格在线认证；参保人可以在网上进行实名认证……人社领域基本实现了"公共服务零距离""网上服务不打烊"，极大地方便了百姓。

资料来源：浙江办社保，最多跑一次[EB/OL]. (2018-10-31). http://right.workercn.cn/156/201810/31/181031134429596.shtml.

社会保障作为由政府安排或提供的一项重要的公共服务，其管理模式的变迁与政府行政体制改革息息相关。长期以来，政府重视的是公共服务的相对价值，老百姓更多在意的是公共服务的使用价值[①]，由此造成了公共服务供给领域政府供给与百姓需求之间的"供需不对称"。在此驱动下，各地方政府纷纷进行"政府公共服务供给侧改革"，探索形式各样的公共服务供给模式，甚至由公共服务的"供给方"转变为公共服务的"安排方"，将部分公共服务外包，以此推动公共服务供给效率的提升。除了公共服务供给模式的探索外，部分行政改革先行区地方政府还从更深层次的理念层出发，变革公共服务的供给理念，以"刀刃向内"的政府革命、着眼治理理念的深层诱因，形成了"以人民为中心"的公共管理。这其中犹以浙江省的"最多跑一次"改革为代表。

2016年底，浙江省率先发起并实施"最多跑一次"改革。通过接续实践探索，从初期的方便群众、企业到政府办事，延伸到公共服务、经济管理、社会治理、环境保护、民主法治等全方位多领域，从浙江起步，推广至全国，绘制了一幅政府整体性变革的新蓝图，吹响了新时代公共管理转型的号角。[②] "以人民为中心"的发展思想是习近平新时代中国特色社会主义思想的集中体现，而"最多跑一次"改革则可以看作是浙江省把"以人民为中心"这一根本理念和浙江群众、企业呼声结合起来所进行的一个改革创新。"最多跑一次"改革的核心理念是"以市民、个体工商户和企业办事人员的实际需求为出发点，倒逼各级政府及其职能部门推

---

① 郁建兴. "最多跑一次改革"浙江经验 中国方案[M]. 北京：中国人民大学出版社，2019: 238.
② 阳盛益，张瑶. "最多跑一次"改革研究趋势与评述[J]. 治理研究，2020(4): 119-128.

进、深化放管服改革"。因此,在这场改革里,"政府"不再是公共行政管理的"主语",而由"民众"所代替,强调公共服务供给过程中的民主参与和体验评价。浙江省在社保领域积极践行的"最多跑一次"改革,也是对其社会保障管理能力的一次考验。也能够看作由民众需求推动,"互联网+"作技术依托的具有累积性效益和逻辑上递进关系的在社会保障领域的全方位改革。社会保障制度作为我国重要的制度建设,社保领域的制度改革,对我国治理体系和治理能力现代化具有重要意义。

7.2 社保小理论:"委托—代理"与公共治理

社会保障是理论与实践密切衔接的系统性制度安排,其内涵的行为逻辑可用许多经济学、管理学和社会学等学科的理论来加以理解和阐释。前文述及社会保障的本质是公共服务,并且政府在公共服务供给中的角色逐渐由"供给者"转变为"安排者",而这正体现了"委托—代理"的理论涵要,由政府委托具有相应资质的私营企业或其他第三方来经营社会保障基金、提供部分社会保障服务,在这个过程中,"政府-企业"等第三方之间的关系就符合"委托—代理"理论;另外,包括社会保障在内的公共服务的受惠方是全体或部分民众,而民众作为社会个体,具有个体和组织两种存在方式,并且在当今治理场景中,各类组织如企业、社会组织和群众组织日益发挥更大的治理作用。"以人民为中心"的公共服务供给理念不仅要求政府更加注重民众的个性化需求,还要求政府保障和推动社会组织、群众组织等非政府组织积极参与到社会保障的供给和制度设计中来,而这正是公共治理理论的基本内容。以下,我们就从"委托-代理"和"公共治理"两个理论出发,探析其主要内容及其与社会保障经办与管理之间的联系。

7.2.1 "委托—代理"理论

"委托-代理"理论的研究最早可追溯到亚当·斯密及其著作《国富论》,在书中,斯密最早发现股份制公司中存在着"委托-代理"的关系。斯密指出:"股份公司中的经理人员使用别人而不是自己的钱财,不可能期望他们会有像私人公司合伙人那样的觉悟性去管理企业……因此,在这些企业的经营管理中,或多或少的疏忽大意和奢侈浪费的事总是会流行。"[①]现代经典的"委托—代理"理论则发端于伯利和米恩斯,他们指出企业所有者兼具经营者的做法存在着极大的弊端,倡导所有权和经营权分离,企业所有者保留剩余索取权,而将经营权利让渡。但是,此时的"委托—代理"理论框架并没有真正建立起来,他们的理论还仅限于

---

① 参见:斯密. 国富论[M]. 西安:陕西人民出版社,2001.

"两权分离"的问题。到了19世纪60年代末70年代初,一些经济学家开始深入"黑箱"内部,研究企业内的信息不对称和激励的问题,"委托—代理"理论才真正发展起来。"委托—代理"理论早已成为现代公司治理的逻辑起点。"委托—代理"理论是建立在非对称信息博弈论的基础上的。非对称信息指的是某些参与人拥有但另一些参与人不拥有的信息。信息的非对称性可从以下两个角度进行划分:一是非对称发生的时间,二是非对称信息的内容。

"委托—代理"理论是制度经济学契约理论的主要内容之一,主要研究的"委托—代理"关系是指一个或多个行为主体根据一种明示或隐含的契约,指定、雇用另一些行为主体为其服务,同时授予后者一定的决策权利,并根据后者提供的服务数量和质量对其支付相应的报酬。授权者就是委托人,被授权者就是代理人。

"委托—代理"关系起源于"专业化"的存在。当存在"专业化"时,就可能出现一种关系,在这种关系中,代理人由于相对优势而代表委托人行动。现代意义的"委托—代理"的概念最早是由罗斯提出的:"如果当事人双方,其中代理人一方代表委托人一方的利益行使某些决策权,则代理关系就随之产生。"[①]"委托—代理"理论从不同于传统微观经济学的角度来分析企业内部、企业之间的"委托—代理"关系,它在解释一些组织现象时,优于一般的微观经济学。

"委托—代理"理论的主要观点:"委托—代理"理论是随着生产力发展和规模化大生产的出现而产生的。其原因一方面是生产力发展使得分工进一步细化,权利的所有者由于知识、能力和精力的原因不能行使所有的权利了;另一方面,专业化分工产生了一大批具有专业知识的代理人,他们有精力、有能力代理行使好被委托的权利。但在"委托—代理"的关系当中,由于委托人与代理人的效用函数不一样,委托人追求的是自己的财富更大,而代理人追求自己的工资津贴收入、奢侈消费和闲暇时间最大化,这必然导致委托人和代理人的利益冲突。如果没有有效的制度安排,代理人的行为很可能最终损害委托人的利益。而在世界范围——不管是经济领域还是社会领域——都普遍存在"委托—代理"关系。

由于存在信息不对称,委托代理双方利益存在冲突。因此"委托—代理"理论的中心任务就是研究在利益相冲突和信息不对称的环境下,委托人如何实施最优契约激励代理人,从而使代理人也能够实现自身利益。

7.2.2 公共治理理论

20世纪80年代,随着社会化进程加快,公共事务的复杂性和动态性不断增加,

[①] 参见:科斯,阿尔钦,诺思,等.财产权利与制度变迁——产权学派与新制度学派译文集[M].上海:上海人民出版社,2000.

仅靠政府单一主体已经难以应对，与此同时，倚重市场机制、意图通过企业家精神改造政府的新公共管理运动也在实践中陷入困境："超级保姆"式的政府机构效能低下且臃肿不堪，财政和税收危机四伏，导致西方福利国家呈现管理危机。[①]而单一的市场机制也存在着市场失灵问题，即市场机制解决不了社会公平问题，不能主动地完成产业布局的调整，以及存在一定的自发性、盲目性和滞后性。将市场机制与政府治理相结合的新公共管理运动对效率的偏执导致公平原则的缺失，其将公民等同于顾客实际也是矮化了民主的内容，因此市场与政府的简单结合还不能有效解决公共管理所面临的各种问题。作为对政府和市场两种机制的补充，社会的重要性开始显现，学界开始提倡政府向社会放权，利用社会组织和公民自治的力量来解决政府失灵与市场失灵问题。[②]总的来说，这三种机制各有利弊，单独依靠某一种或两种治理机制是难以实现有效治理的。因而，提倡政府及其他公共部门，包括社会组织等第三方机构，形成自组织的治理网络，从而实现对公共事务的合作治理，公共治理理论逐渐兴勃。史蒂芬·奥斯本认为，公共治理可能是当今政府活动更好的表述。[③]公共治理应成为未来社会体制建构的基本方向。公共治理的出现标志着现代治理观念的演变。从传统的政治传统逐渐演化到现代的政治管理的理念，再向公共治理方面进行转换。

公共治理理论的主要内容包括以下几方面：

（1）治理的主体多元化。公共治理是由多元的公共管理主体组成的公共行动体系，包括政府部门（中央政府、地方政府、其他公共权威）与非政府部门（私营部门、第三部门）等。公共治理的主体包括政府，但又不限于政府。只要各种公共部门和私营部门行使的权力得到公众的认可，这些部门就可能成为不同层面上的权力中心，即可成为社会治理的主体。

（2）主体间责任界限的模糊性。公共治理主体间的责任界限存在一定的模糊性。这与治理主体的多元化有密切联系。人们对政府全面履行公共管理责任的能力抱有的期望大大降低。在"社会经济"领域中涌现大量非政府组织，这些非政府组织具有满足多方面需要、解决社会问题而无须让政府干预的优势，所以部分公共责任转移到在公共管理领域表现杰出和勇于承担义务的非政府组织和个人身上。其具体表现在：①许多民营组织向传统公共领域进军；②政府对传统意义上的社会领域进行干预；③公共领域和社会领域的区分不像以前那样明显。

（3）主体间权利的互相依赖性和互动性。参与公共活动的各个组织，无论其为公营还是私营，都不拥有充足的能力和资源来独自解决一切问题所需的充足知识和充足资源；它们必须相互依赖，进行谈判和交易，在实现共同目标的过程中实现各自的目

---

① 何翔舟，金潇. 公共治理理论的发展及其中国定位[J]. 学术月刊，2014(8): 125-134.
② 许珂，周伟. 治理理论的中国场景：复合治理的勃兴[J]. 深圳社会科学，2020(3): 82-87.
③ 李超雅. 公共治理理论的研究综述[J]. 南京财经大学学报，2015, 192(2): 89-94.

的。正是因为存在权力依赖关系，治理过程便成为一个互动的过程，于是政府与其他社会组织在这一过程中便建立了各种各样的合作伙伴关系。

（4）自主自治网络体系的建立。公共治理拥有多元化的公共管理主体，相互间的权力依赖和合作伙伴关系以及其中的协商谈判和交易机制，最终必然会推动公共管理朝着一种自主自治的网络化的方向发展。在该体系中各方主体为获得支持而放弃部分权力。人放弃部分经济权，政府放弃部分强制权。各主体依靠自己的优势和资源，通过对话以增进理解，树立共同目标并相互信任，建立短期、中期、长期的合作以减少机会主义，相互鼓励并共同承担风险，以此实现各自的目标。

（5）政府在社会公共网络管理中扮演"元治理"的角色。它其实是强调政府在社会公共管理中的重要功能。在社会公共管理网络中，政府虽不具有最高的绝对权威，但它却承担着建立指导社会组织行为大方向和行为准则的重任。在"元治理"理论中政府应发挥以下制度作用：①社会治理规则的主导者和制定者；②与其他社会力量合作，通过对话、协作，共同实现社会的良好治理；③要促进社会信息透明，使政府和其他社会力量在充分的信息交换中了解彼此的利益、立场，从而达成共同的治理目标；④做社会利益博弈的"平衡器"，避免社会各阶层因利益冲突而损害治理协作。

公共治理理论是社会环境不断推动的结果。公共治理的核心，是广泛的公众参与和开放的公共管理二者整合而形成的一种公域的治理模式，具有治理主体的多元化、治理依据的多样化、治理方式的多样化等典型的特征。就治理主体而言，公共治理模式主张，国家和其他的权利主体（比如说行业协会、自治团体）各尽其能，协同合作来实现对公共事务的合作治理。就治理依据而言，公共治理模式不仅包括国家立法，还包括社会共同体形成的规则，甚至不同主体之间的协议。就治理方式而言，公共治理模式主要依照公益之治的实际需要，在进行综合成本、收益分析的基础之上，能使用非强制的方式就避免使用强制的方式，尽量采取双方协商的方式，让各关涉主体平等充分地参与进来。

公共治理理论最重要的一点就体现在它的公共性上。公共治理是为了达到集体的秩序和共同目标，公共私人部门和非营利组织共同参与其中，相互之间形成一种伙伴关系，通过谈判、协商、讨价还价等政策的手段来提供公共产品、公共服务，管理公共资源的过程，它与近年提出来的一些名词（比如新治理、合作治理）有一些共通之处。

7.2.3 "委托—代理"理论与公共治理理论在社会保障中的应用

1. "委托—代理"理论在社会保障中的应用

以全国社会保障基金为例，全国社会保障基金是我国社会保障管理的战略储备基金，应对的是未来人口超级老龄化时期，我国的养老压力达到高峰期时的战略基金。

根据《全国社会保障基金投资管理暂行办法》，全国社会保障基金理事会负责管理全国社保基金，并负责制定全国社保基金的投资策略，选择并委托基金投资管理人、托管人对基金资产进行投资运作和托管等职能，存在多层的委托代理关系。

我国社会保障基金投资管理委托代理关系的形成基金通常由投资者、管理人、托管人三者作为基金的当事人。投资者享有投资收益；基金管理人负责基金的管理操作；基金托管人作为基金资产的名义持有人，负责基金资产的保管和处置，对基金管理人的运作实行监督。在基金的投资、管理和运营中存在多重委托代理关系：投资者将资金交由管理人（基金公司）运营，管理人将基金交由托管人托管，基金公司聘请基金经理对基金进行具体运作。社会保障基金属于广义基金概念中的一种，因此其管理模式也存在着多层委托代理关系，有着较长的委托代理链。

（1）一级委托代理关系。社会保障基金由政府、雇主和雇员三方为主分担，用于保障受保障者基本生活需要，因此实际权属主体为最终受益的被保障人；而社会保障基金在性质上属于社会公共基金，所以名义权属主体为国家。全国社会保障基金理事会从表面上来看管理的是社会保障基金，但此基金真正的实际受益者则是广大被保障者的长期稳定的社会保障权利。由此可以看出，缴纳社会保障基金的被保障者与管理社保基金的全国社会保障基金理事会之间便形成了第一级的委托代理关系。

（2）二级委托代理关系。全国社会保障基金理事会由于不是专门的理财专家，所以不能直接对社保基金进行投资和营运，而是委托给一个基金管理公司来具体进行基金的管理和运作。值得注意的是，办法中原则上规定了全国社保基金的投资比例，银行存款和国债投资的比例不得低于50%，其中银行存款的比例不得低于10%。企业债、金融债投资的比例不得高于10%；证券投资基金、股票投资的比例不得高于10%，由此可以看出，全国社会保障基金理事会不会将全部基金委托给经理人，全国社会保障基金理事会保留了对基金管理的部分管理权和监督权。全国社会保障基金理事会把基金的部分经营权委托给具有社会保障基金投资管理资格的基金公司，从而形成了全国社会保障基金的二级委托代理关系。

（3）三级委托代理关系。基金公司的经理人即社会保障基金投资管理人运用基金的现金资产选择投资工具——金融投资和实业投资，金融投资工具包括股票、债券、以资产为基础的证券、衍生证券等；实业投资包括房地产、基础设施等不动产。但是社会保障基金投资管理人不能直接投资创办实业公司。在这里，基金经理人投资的社会保障基金参与实业公司在资本市场上的融资等金融活动，与实业公司形成了第三级委托代理关系。

2. 公共治理理论在社会保障中的应用

社会保障治理实际上是国家治理的重要内容之一，是一个包括社会保障计划、决策、执行、管理、监督、评估等多个环节的综合系统。公共治理的利益沟通、协商、谈判、整合及协调机制，为社会保障更好地服务群众提供可能的借鉴思路。公共治理，提倡跨部门、跨机构的治理，它包括政府、市场以及社会在内的各利益相关者共同参与的多元化的主体格局。在社会保障问题上，政府既要制定法律政策，为规范社会保障的运行提供法律保障，又要明确各方之间的权利和义务，建立政府部门、私营机构、志愿组织和家庭之间的一种合作伙伴的关系，同时还要承担着社会保障兜底责任，从而建立起可持续的发展机制。另外，社会保障政策计划的决策、执行、实施以及监督管理中都有非政府部门和公众等多元主体参与，经办服务中的PPP模式的运用，社会保障基金的委托代理运营以及与第三方参与构成的社保监督委员会，等等，都体现了社会治理活动中的各方的多元参与和社会参与。

7.3 社会保障的管理体制与经办体系

社会保障管理是为了实现社会保障目标，通过一定的机构和程序，采取一定的方式，对各种社会保障事务进行计划、组织、协调、控制和监督的过程，最终目标是满足居民对各项社会保障服务的需求。基于各国不同的政治经济制度和不同的社会文化，不同国家有不同的社会保障管理体制。社会保障经办体系作为社会保障制度的执行机构，其运行效能直接决定了社会保障制度目标的实现程度。

7.3.1 社会保障管理体制概述

社会保障管理体制是社会保障事务的管理方法、管理制度及其管理机构、机构的设置，具体包括上级社会保障管理机构与下级社会保障管理机构之间的关系，以及与其他部门之间、投保单位与受保人之间、基层社会保障管理机构与受保人之间在职责与权利、义务等方面的各种规章制度及其实施关系等的总和。社会保障管理体制是社会保障制度的组织保证措施，它通过明确不同社会保障管理机构的职责和权限，来贯彻和执行社会保障制度，实现社会保障机制的有效运转。社会保障管理体制是国家设立的社会保障行政机关和经办机构对社会保障事业进行宏观指导和微观管理的体制和具体措施，它在整个社会保障制度中占有重要地位，是社会保障制度正常和有效运作的基础。

从内容上来看，社会保障管理体制由三个部分构成：管理主体、管理客体和管理方式。

1. 社会保障管理主体

社会保障管理主体即社会保障管理机构，是社会保障事业的组织者、实施者和管理者。按照管理机构权限进行划分，社会保障管理机构主要分为中央级的高层管理机构、省级的中层管理机构、地方级主管业务经办的基层管理机构。按照管理机构的职能和业务范围进行划分，管理机构主要分为社会保障行政主管机构、具体的业务经办机构、社会保障基金运营机构和监督管理机构。

2. 社会保障管理客体

社会保障管理客体即社会保障管理内容，一般分为社会保障行政管理、基金管理、对象管理等。

社会保障行政管理是指政府部门依法行使对社会保障事务的管理与监督权利，它是社会保障制度良性运行的保证。社会保障行政管理的内容主要包括：拟订社会保障发展规划和计划，统筹协调社会保障政策，统筹处理地区和人群之间的利益和矛盾；制定社会保障法律、法规和政策，以及相关法律的实施办法；贯彻、组织和实施各项社会保障法律法规，并负责监督、检查；受理社会保障方面的申诉、调解和仲裁；建立和完善社会保障信息化、社会化服务体系；培养、考核、任免社会保障管理干部。

社会保障基金是指社会保险征税机构通过各种方式征集的、用于社会保障事业的专项基金，它是劳动者所创造的价值的一部分。社会保障基金管理主要包括基金的筹集、运营管理、待遇支付以及监管等方面的内容。

社会保障的服务对象主要是退休者、失业者、生活困难者、伤残者等。对社会保障对象的管理，包括向他们提供物质保障、日常生活帮助、健康服务，提供参与社会活动和就业方面的机会，以及提供精神和心理慰藉等。社会保障对象管理主要包括社会保障对象的登记、审查；保障金的发放；丧失劳动能力的医务鉴定；劳动技能的培训和职业介绍；无生活自理能力人员的家务助理或院舍转介等。在社区化、社会化的前提下，管理工作是通过政府组织和引导，依靠社会各团体、工会以及慈善机构、家庭等各种社会力量共同来完成。

3. 社会保障管理方式

社会保障管理体制的形成主要取决于国家的政治经济条件、国家的基本制度和历史文化传统等一系列因素，因此，社会保障存在不一样的管理方式。社会保障管理方式按管理权力划分为三种：集中管理模式、分散管理模式和集散结合管理模式。社会保障管理方式按政府介入程度以及责任大小划分为三种：政府直接管理、半官方自治管理和商业保险管理。

7.3.2 社会保障管理机构与各国实践

社会保障管理机构是实施执行和具体操作社会保障事务的部门，社会保障管理机构的设置是否适当，会对整个社会保障管理体制目标的实现产生重大影响。

1. 社会保障管理机构类型

（1）决策机构（行政管理机构）。这一层次的社会保障管理机构往往由政府有关行政主管部门担任，与相关部门一起制定社会保障的有关法律、法规、政策，编制社会保障的发展规划预算和决算计划，并对重大社会保障问题进行决策。同时，对其他社会保障管理机构进行指导和监督。

（2）具体业务实施机构（经办机构）。这一层次的社会保障管理机构通常根据不同的社会保障管理模式可以由政府主管部门下属的事业部门或者独立的法人单位来担任。该机构执行政府主管部门制定的社会保障方针、政策，落实各项实施方案，具体负责社会保障基金的征收、核算和支付等工作。另外，该机构除了对社会保障决策机构负责以外，还要对社会保障基金运行机构的工作进行监督和指导。

（3）基金运行机构。这一层次的社会保障管理机构既可以由社会保障基金理事会担任，也可以由私营基金管理公司担任。它的主要职能是对社会保障基金中的积累资金进行统一运行，以便达到保值、增值的目的，从而使得社会保障制度更好地发挥作用。基金运行机构在决策机构和具体业务实施机构的指导下开展工作，并接受它们的监督和检查。

2. 社会保障管理机构职能

社会保障管理机构的职能是指在社会保障管理事务中所承担的职责，这种职责随着社会经济等因素的发展而不断发生变化。社会保障经办管理机构的服务职能主要体现在社会保障经办管理机构之间的互动与参保单位之间的互动以及与广大受保人之间的互动这三个方面。

（1）社会保障经办管理机构之间的互动，是指上下级管理机构、不同地方管理机构以及与行政部门之间的事务活动关系。其主要内容包括社会保障法律法规政策系统、社会保障公文系统、社会保障行政管理系统、社会保障管理机构办公系统、社会保障工作人员培训和就业培训系统，以及社会保障业绩评价系统等事务的上传下行和下行上管等关系。

（2）社会保障经办管理机构与参保单位之间的互动，包括参保单位对社会保障经办管理机构的活动和社会保障经办管理机构对参保单位的活动这两个方面。参保单位对社会保障经办管理机构的活动主要是指参保单位根据规定向社会保障经办管理机构缴纳各种社会保障费（税）。社会保障经办管理机构对参保单位的活动主要是指社会保障经办管理机构向参保单位发布各种社会保障方针、政策法规，以及向参保单位提供各种相关的咨询服务。

（3）社会保障管理机构与广大受保人之间的互动，包括社会保障管理机构对受保人的活动和受保人对社会保障管理机构的活动这两个方面。前者实际上是社会保障管理机构向广大受保人提供各种社会保障服务,其中为受保人提供各种信息服务是其主要内容。应该让广大受保人了解社会保障政策、规定,了解缴纳社会保障费(税)、领取社会保障待遇的具体手续和条件以及社会保障主管部门的基本信息等。后者是指受保人个人向社会保障管理机构缴纳各种社会保障费(税),咨询和了解各种社会保障信息,具体包括就业信息、介绍及其培训服务,以及医疗服务和养老保险服务等。

3. 主要国家或地区社会保障管理机构

主要国家或地区社会保障管理机构设置情况见表7-1。

表7-1 主要国家或地区社会保障管理机构设置情况

国家或地区	管理社会保障事务的主要政府部门	主要的全国性半自治或自治机构
英国	社会保障部、卫生部、就业部、国内税务部	
法国	卫生和社会保障部、社会事务和就业部、联合征收机构、财政部	全国养老保险基金会、全国疾病保险基金会、全国家属津贴基金会等
德国	劳工和社会事务部、卫生部	联邦劳工协会、联邦保险协会等
荷兰	劳工部、国民收入部、财政部	社会保险委员会、社会保险银行
美国	社会保障署、劳工部、财政部、联邦人事局	政府劳工补偿基金会、蓝十字与蓝盾组织等
智利	劳动和社会福利部、卫生部、社会保障总监	社会保险资助基金会、国民保险基金会、紧急社会基金会
澳大利亚	社会保障部、公众服务与卫生部、就业与工业关系部	劳工赔偿委员会或理事会
日本	厚生省、劳动省、卫生和福利省	全国劳动者共济组合联合会、国家公务员互助工会联合会
中国内地	人力资源和社会保障部、民政部、卫生部、财政部	中国残疾人联合会等
中国香港	社会福利署、劳工处	香港社会服务联会等
中国澳门	社会工作局、社会保障基金、澳门退休基金	

资料来源:郑功成. 社会保障学——理念、制度、实践与思辨[M]. 北京:商务印书馆,2000: 424.

1)美国

美国的社会保障管理机构由社会保障署、社保和医疗统筹基金信托董事会、社会保障咨询理事会、财政部、劳工部和国税局组成。[1]社会保障署是美国最重要的社会保障管理机构,独立行使对各项主要社会保障事务的管理职责。社保和医疗统筹基金信托董事会统一管理美国社会保障信托基金和医疗统筹信托基金。社会保障咨询理事会负责向总统、国会和社保总局局长提供社会保障体系的长期财务、社会保障基金的风险评估、社会保障署长期跟踪评估等有关社会保障计划的战略和政策建议。财政部是社保基金信托董事会的具体办事机构。劳工部负责全国就业人员福利的监督。国税局

---

[1] 穆怀中. 社会保障国际比较[M]. 北京:中国劳动社会保障出版社,2014: 155.

负责征收工资税,并将其中属于社保体系的部分上缴到财政部的特定信托基金账户。

2)英国

卫生和社会保障部是全英社会保障最高行政管理机构,直接对首相和议会负责。[①] 主要负责制定、监督和实施养老保险、医疗保险、伤残津贴、遗属津贴、儿童津贴、失业救济、优抚安置等方面的政策,监督各区级机构的具体业务,不直接管理各项基金和面对受益人。

社会保障行政管理机构包括政策规划局、财务局、法律事务局。这些行政管理机构隶属于社会保障部,其主要职责是:协调各机构之间的业务关系;协助常务次官(具体负责总部的事务),研究制定社会保障方面的各项政策法规;协助常务次官为国务大臣解释和落实制定的法制服务,争取在议会上获得通过;为有关机构议会提供法律方面和政策方面的分析、咨询服务;与外国建立和发展社会保障方面的合作关系。

社会保障部外设的相对独立的执行机构包括津贴管理局、基金收缴管理局、信息技术局、救济局、儿童福利管理局和战争优抚局6个管理局,分别经办各自的业务。

3)德国

德国的社会保险机构实行自治管理,国家在管理上只起监督作用。德国联邦劳工和社会事务部是德国社会保障的最高行政管理机构,主要负责立法和监督。德国社会保障实行分部门立法,最高行政机关负责养老保险、失业保险、意外伤害保险和护理保险的立法;联邦卫生部负责医疗保险和社会救济的立法;国防部负责军人保险;立法内务部负责公务员保险立法;司法部负责法官和律师保险立法。

联邦劳工和社会事务部连同联邦保险局负责联邦范围内保险机构的监督,各州设立的社会保险局负责监督执行各州保险计划。联邦政府还设立了保险监督局,负责检查、监督保险机构的行为规范。德国社会保险的业务通过自由法人团体具体实施,其最高领导权属于代表大会。代表由雇员和雇主各占一半的比例产生,任期6年。代表大会负责确定章程、选举理事会,对预算和决算进行审批,对一些重大异议进行协调。理事会在代表大会闭会期间代行代表大会职权,理事会任命总经理主持日常业务工作。

德国的保险机构往往按行业和地域建立。如全国共设有23个州工人养老保险机构,另外还按行业设立了联邦铁路雇员、联邦海员、联邦矿工养老保险机构、联邦职员以及农民养老保险机构;在工业、商业、手工业、农业均设有负责意外事故保险的职业联合会;医疗保险机构既有地方性的,又有行业性的。德国的法定医疗保险机构按区域分为联邦、州、地方三级。其中,联邦级1个,州级17个,地方级227个。医疗保险机构分为七大系统:一是地方医疗保险机构;二是企业医疗保险机构,投保人均为企业的雇员;三是农民保险机构;四是海员医疗保险机构;五是手工业者医疗保险机构;六是矿工医疗保险机构;七是替代性医疗保险机构。这些机构均接受联邦政

[①] 许琳,翟绍果,唐丽娜. 社会保障学[M]. 3版. 北京:清华大学出版社,2018:288.

府卫生部的监督。失业保险在联邦劳动局的领导下由各级劳动局实行自治管理。

4）新加坡

新加坡以中央公积金制度为基础，政府中央公积金局直接全面管理由雇主和雇员强制性缴费的社会保障基金，中央公积金为每个被保障人设立个人账户，提供养老、医疗、住房和家庭意外事件保障，公积金利率由政府决定。[①]新加坡中央公积金局是一个具有本国特色的社会保障管理机构，它是在政府劳工部一般监督下的半官方机构，实行董事会领导下的总经理负责制。新加坡对社会保障基金实行集中管理体制，公积金集中于中央公积金局统一管理。中央公积金的具体投资运营由新加坡货币管理局和新加坡政府投资管理公司负责。

7.3.3　社会保障管理方式与各国实践

受社会经济发展、社会保障制度设计、统筹层次等多方面因素影响，各国社会保障管理方式呈现出多样化的特点。

（1）从世界范围来看，社会保障管理方式按管理权力划分为三种：集中管理模式、分散管理模式和集散结合管理模式。

①集中管理模式是社会保障的管理权限较多地集中于中央政府的一种制度。政府集中管理模式是把社会保险项目、社会救助项目、社会福利和其他社会保障项目全部统一在一个管理体系内，建立统一的社会保障管理机构，对社会保障各项目基金筹集、基金营运、待遇给付及监督等实施集中管理的方式。在实行集中管理模式的国家，一般从中央到地方都设立专门的社会保障行政管理机构和业务机构，配置专职的工作人员。集中管理模式具有以下几个特征：社会保障决策权统一集中在中央；社会保障预算权统一；政府间的社会保障联系是一种直接的双重联系，即地方各级政府不仅要在横向上对同级政府负责，还要在纵向上服从中央政府的指令，同时地方社会保障收支规模与基本结构要由中央政府决定。

②分散管理模式是社会保障管理权限更多地集中于地方政府，或者根据社会保障项目各自建立一套社会保障执行机构、运营机构、监督机构。各机构、各保障项目之间相互独立，资金不能相互融通使用的一种制度。政府分散管理模式具有以下特征：各级政府及社会保障部门事权独立；各级政府社会保障部门社会保障预算独立；政府间的社会保障联系是间接的，政府将社会保障事务委托给社会保障经办机构管理，只对社会保障进行监督，并根据各类保险项目的财务状况进行必要的平衡。

③集散结合管理模式是将社会保障中共性较强的项目集中起来，实行统一管理，而将特殊性较强的项目单列出来由相关部门分散管理的一种制度。根据社会保障项目

[①] 穆怀中. 社会保障国际比较[M]. 北京：中国劳动社会保障出版社，2014: 160.

的不同,把集中统一管理和分散自主管理有机地结合起来。其优势是既能体现社会保障社会化、一体化的要求,又能兼顾个别项目的特殊要求,有利于调动各方面的积极性,提高工作效率,降低管理成本,更好地促进社会经济发展。集散结合管理模式兼具集中管理模式和分散管理模式的优点。当然,这种模式的顺利实施需要较为有利的内部条件和外部环境。目前,美国和日本等国采用这种管理模式。

a. 英国。英国的社会保障管理方式是典型集中管理。社会保障部是英国统一的社会保障管理机构,负责全国的社会保障事务。社会保障部内部设立有三个行政管理机构(政策规划局、财务管理局以及法律事务局),全国性的社会保障政策由中央统一制定,同时中央对社会保障的许多项目提供资金支持。社会保障的具体事务则由社会保障部外部设立的相对独立的执行机构以及中央政府在各地设立的派出机构承担。具体来说,社会保障部的待遇发放机构负责管理年金和支付津贴;社会保障部的基金收缴机构负责征收、记录和管理国民保险费;就业部负责就业服务管理。除此之外,还设立有信息技术服务机构、儿童扶助机构、战争优抚机构等。英国的公共卫生事业也由中央政府集中统一管理,社会保障部通过其在地方设立的派出机构负责管理医疗保险费和现金补助。社会救济事务则由专门建立的国民救济署负责管理。另外,英国还建立了完全独立的监督机构,以便监督社会保障各项事务的展开。这些监督机构有:社会保障的司法机构、法律仲裁机构、社保基金的检察机构、抚恤金监察机构等。这些监督机构完全独立于社会保障部,依法行使监督权。

b. 德国。德国的社会保障管理方式是典型的分散管理。德国没有一个像英国一样的统一管理全国社会保险事务的机构——社会保障部。社会保险的各项事务都是由各个地区和行业建立的社会保险机构负责。被保险人依据自己所在的地区和行业,由相对应的社会保险机构负责管理。联邦政府一般负责立法和制定社会保险政策,具体事务都是由分布于全国的社会保险机构负责。这些保险机构一般都是独立存在的,而且每一类保险机构基本只承担一种保险业务,各类保险机构都有明确的业务范围,这样可以避免业务上的相互重叠和交叉。社会保险机构有专门的管理委员会负责管理,管理委员会先由代表大会推选理事会成员,再由理事会提名确定会长。德国的公共卫生事业由州和市政府负责,各州设立的卫生局负责公共卫生保健和医疗设施建设,各市县设立的独立卫生所,主要负责一些公共卫生事务。德国的社会救济也是由州和市政府负责管理,社会救济资金由市县以及州政府的财政税收提供。

c. 美国。美国的社会保障管理方式是典型的集散结合管理。[①]社会保障总署负责全国社会保障事务的统一管理,社会保障总署下设多个部门,每个部门负责一项业务。财政部是具体的办事机构,挂靠在财政部的社会保障基金管理委员会主要负责管理信托基金,选择信托基金的投资方向,以及评估联邦社保基金的收支状况;劳工部的主

---

① 邓大松,丁怡. 国际社会保障管理模式比较及对中国的启示[J]. 社会保障研究,2012(6): 3-8.

要任务是负责监督私营的养老计划和退休计划,同时还要负责监管全国在岗员工的福利状况;国内税务部门负责征收职工的工资税,还要负责向社会保障总署汇报个体经营人员的纳税情况。社保基金的筹集和发放也是由社会保障总署负责,但不负责社保基金的投资运营。基金的投资运营由专门成立的社保基金信托投资委员会负责。

针对社会保障项目的复杂性和产生的一些特殊问题,美国还成立了一些机构专门负责管理各类社会保险项目和解决一些特殊问题。这些机构有社会保障局、健康筹资委员会、社会保障咨询团以及社会保障咨询理事会等。社会保障局主要负责管理老年、幸存者、伤残保险计划,以及其他几个社会保障计划;健康筹资委员会负责管理医疗方案,包括住院保险和补充医疗保险等;社会保障咨询团是一个临时性的组织,通常由社会保障局、国会或者其他一些有关部门,专门为了解决某些特殊问题而建立的。每个咨询团的目的、使命和组成都不一样,主要任务就是针对有关特殊问题提出可行的解决方案,一般在任务完成后便解散。社会保障咨询理事会是对社保基金进行监管的机构,主要负责评估社保基金的投资风险、提出社会保障财务问题对策,还负责完善国家社会保障体系。

除此之外,美国还成立了一些顾问机构和组织监督社会保障基金的营运。例如社会保障顾问理事会,这个机构是一个完全独立于行政部门的咨询理事会,主要负责监督与评估联邦社保基金的投资运营。

(2)社会保障管理方式按政府介入程度以及责任大小划分为三种:政府直接管理、半官方自治管理和商业保险管理。

政府直接管理是由政府设立专门的管理机构统一、集中管理全国社会保障事务。半官方自治管理是由政府成立的统一的协调机构,负责协调社会保障事务,由一个或者若干个中央政府部门实施统一监督,具体工作是由半官方、半独立的行业或者地区社会保障管理机构进行管理。商业保险管理是在政府社会保障主管部门的监督下,实施强制储蓄保险,采用"以收定支"的基金制的市场化管理方式。

7.3.4 我国社会保险事务经办体系概述

社会保险事务经办亦称社会保险经办,是指由法定主体依照法律授权,筹集管理社会保险基金办理社会保险事务,支付社会保险待遇,提供社会保险服务的所有公共管理和服务活动的总称。

1. 社会保险经办机构的职责

社会保险经办机构是为满足社会成员的社会保险管理服务需求而设立的机构,具体指具有法定授权、实施社会保险服务管理的职能机构,是社会保险经办的主体。《中华人民共和国社会保险法》中明确其地位和职责,有利于发挥服务功能,建立和完善社会保险执行体系，并保障参保人社会保险合法权益的顺利实现。社会保险经办机构的具体职责如下。

（1）社会保险登记。社会保险登记是确保参保人员参加社会保险的重要措施。用人单位应当自成立之日起30日内向当地社会保险经办机构申请办理社会保险登记。社会保险经办机构应当自收到申请之日起15日内予以审核发给社会保险登记证件。未办理社会保险登记的由社会保险经办机构核定其应当缴纳的社会保险费。

（2）建档。社会保险经办机构应当及时为用人单位建立档案，完整、准确地记录参加社会保险的人员、缴费等社会保险数据，妥善保管登记、申报的原始凭证和支付结算的会计凭证。

（3）个人权益记录。社会保险经办机构应当及时、完整、准确地记录参加社会保险的个人缴费和用人单位为其缴费，以及享受社会保险待遇等个人权益，定期将个人权益记录单免费寄送本人。

（4）咨询服务。社会保险经办机构应当免费为用人单位和个人提供社会保险咨询等相关服务。

（5）社会保险待遇支付。社会保险经办机构应当按时足额支付参保人按规定享受的社会保险待遇，向社会保险服务机构拨付规定的费用。

（6）公布和汇报社会保险基金情况。社会保险经办机构应当定期向社会公布参加社会保险情况以及社会保险基金的收入、支出、结余和收益情况。社会保险经办机构应当定期向社会保险监督委员会汇报社会保险基金的收支管理和投资运营情况。

（7）社会保险稽核。原劳动和社会保障部颁布的《社会保险稽核办法》规定，稽核是指社会保险经办机构依法对社会保险费缴纳情况和社会保险待遇领取情况进行的核查。

2. 社会保险经办管理的主要模式

受社会经济发展、社会保障制度设计、统筹层次等多方面因素影响，我国社会保险经办管理模式呈现出多样化的特点。

从管理权限来看，主要有垂直管理模式和属地管理模式两种。前者是指省级社会保险经办机构负责统一领导全省社会保险管理服务工作，对全省社会保险经办机构实行工作统一调度、人员统一管理、经费统一拨付。后者的特点是社会保险经办机构的人员、经费由当地政府和社会保障行政部门负责管理，业务工作接受上级社会保险经办机构的指导。目前，我国大部分地区实行的是后者。

从机构设置和职责分工来看，可分为集中统一经办管理模式、分类单一经办管理模式和统分结合的经办管理模式。第一种模式的特点是，各项社会保险业务全部集中在一个管理体系中，省、市、县（区）三级分别设立一个社会保险经办机构，五项社会保险实行统一参保登记、统一核定缴费基数、统一征收各项费用、统一检查稽核、统一实行待遇的社会化发放等;第二种模式的特点是,按照险种或者按照业务管理环节设立多个社会保险经办机构;第三种模式是上述两种模式的综合,把特征相近或者联系比较紧密的险种合并,实行相对集中的管理。我国一般为养老保险、医疗保险、失业保险、工伤和生育保险分别设立单独的经办机构。

7.3.5 我国社会保障管理体制和经办体系发展现状

1. 我国社会保障管理体制与经办体系现状

中国社会保障管理体制与经办体系总体呈现条块结合、以块为主、分级管理的特征。

(1)社会保障管理体制。从管理机构来看,我国已经建立了较为完善的社会保障行政管理体系,设立了各级社会保障行政管理机构,总体来看已经建立了包括决策机构、执行机构、基金运营机构、监督机构四种行政管理机构。从管理内容来看,初步实现了社会保障行政主管机构的相对集中与统一。社会保障的行政管理有所加强,总体的行政管理体制在一步步理顺。从管理方式来看,我国社会保障管理是一种政府直接管理的方式。政府直接介入社会保障管理的各个环节,并对社会保障事务负最终责任。从权力分布来看,是中央政府集权为主、地方政府适当分权的体制。

(2)社会保障经办体系。我国是由政府直接管理,覆盖全国的分层设置、分级管理的经办组织体系。目前我国社会保险经办机构基本上是按行政区划设立的。在中央一级人力资源和社会保障部下设社会保险事业管理中心,依据法律、法规授权和受部委委托,组织拟定全国社会保险管理服务工作总体规划和实施方案,综合管理、指导地方社会保险管理服务工作。在地方,各省、自治区、直辖市以及地市区县三级地方政府分别设立社会保险经办机构,负责具体执行社会保险政策,经办社会保险事务,管理社会保险基金,为参保人员提供政策咨询、权益记录查询和其他社会保险公共服务。而按照统筹层次设立经办机构,在本统筹地区设立分支机构,可以减少管理环节和管理层次,实现集中管理,有利于降低基金分散管理的风险,提高管理水平。从社会保险经办业务需要看,社会保险经办机构应尽量向基层延伸,在社区、街道、乡镇设立服务网点可以方便广大参保者个人和参保单位享受到优质高效的服务。

2. 我国社会保障管理体制与经办体系存在的问题

(1)社会保障管理体制存在的问题:社会保障管理依然存在职责交叉与分散问题,仍未解决多头管理问题,尚缺乏协调机制[①];社会保障行政主管部门与经办机构依然存在政事不分的状况,中央政府和地方政府的职责和分工缺乏法律依据;不同社会保障计划之间信息共享、一站式、城乡整合、便于携带的服务系统尚未建立;社会保障管

---

① 邓大松,丁怡. 国际社会保障管理模式比较及对中国的启示[J]. 社会保障研究,2012(6): 3-8.

理民主化和透明化程度不高，缺少社会参与和监督机制等。

（2）社会保障经办体系存在的问题：社保经办机构设置不合理，有的地区按照险种来分别设置，而有的地区按照多险种统一于一个机构来具体经办不同险种。这样在全国整体来看呈现经办机构分散、职能缺乏统一指导的现象。社保经办能力不足，有的地方五险分立，有的地方五险合一，各个地方不统一，这必然带来社保经办机构能力不足的结果。在一些经济发达的东部地区以及一些核心城市，一些经办机构人均负荷比已经接近极限，其服务质量也受到一定制约；有些地区，尤其是一些经济落后地区，社会保障经办机构经费得不到保障，整个社会保障的运行基本处于勉强维持的状态。社保经办机构信息化建设滞后，信息化分散、重复建设、自助服务设备和服务项目存在短缺现象。

针对目前我国社会保障管理中存在的诸多问题，我国社会保障管理呈现出以下发展趋势：社会保障管理的总体格局从分类分项管理走向相对集中统一管理；社会保障基金的管理从单一政府管理走向市场化管理；社会保障管理机构的设置从机构臃肿、效率低下向精简、高效、充满活力方向发展。

案例讨论：人社部门"快办"行动

2020年5月14日澎湃新闻发布新闻——"让'快办'提升人社服务成色——论人社服务快办行动"。近日，人社部决定在全系统开展"人社服务快办行动"，以"持续推进清减压，人社服务更快办"为主题，推动材料齐全一次受理、关联事项一次办理、更多事项网上办理，为广大企事业单位和群众提供更加优质便捷高效的服务。这是深入贯彻中央关于深化"放管服"改革、优化营商环境决策部署的具体行动，是一场刀刃向内的"行政效能革命"，是持续深化系统行风建设的重要举措。

"民之所乐，我则遂之；民之所苦，我则除之。"人社工作与人民利益紧密相连，与百姓生活息息攸关。这次开展"人社服务快办行动"，是践行党的宗旨的生动体现，也是对提高人社系统工作效率期盼的回应，更是要让优质服务闪耀在人社领域改革发展的每一个角落，成为广大人社系统干部的自觉行为，让群众有切实的获得感。服务需要担当，"快办"需要责任。"人社服务快办行动"是一种放权，要改变习以为常的管理服务方式。无论是"打包办"还是"提速办""简便办"，没有一种自我革新精神，没有一种责任担当，就可能成为空话。要有刀刃向内、敢于革故鼎新的勇气，不能相互推诿扯皮，防止出现表态多调门高、行动少落实差等突出问题。"不要人夸颜色好，只留清气满乾坤"。干部作风是群众观察评价人社行风的晴雨表。老百姓评价行风，不光看服务态度，还看事情能不能办得成、办得快、办得好。"快办"不仅是承诺，更是一种工作作风，不仅在一个"快"字，更在一个"好"字。人社系统上下要以自我革命的精神，以"人社服务快办行动"为契机，不断深化推进行风建设，促进人社事业不断迈上新台阶、铸就新辉煌。这个案例说明，社会保障管理体制与经办服务改革顺应大势，符合当前人民对于社保服务改革的期望，我国社会保障事业经办服务体系依然存在很多问题，比如参保登记、转移接续、各种手续办理等，社会保障管理体制与经办体系改革依旧是我国社会保障事业改革与发展的重点内容。

资料来源：让"快办"提升人社服务成色——论人社服务快办行动[EB/OL]. (2020-05-14) [2021-08-21]. https://m.thepaper.cn/baijiahao_7393818.

问题讨论：如何促进社保经办系统"快办"改革,经办体系未来的发展趋势是怎样的？

7.4 社会保障基金的投资运营与监管

社会保障基金是指国家为了实施社会保障制度，通过法定程序，以各种方式建立起来用于特定目的的资金，是实施社会保障制度的物质基础。社会保障基金的投资运营与基金的投资监管关系着社会保障基金的保值增值与基金安全，具有非常重要的意义。

7.4.1 社会保障基金投资运营

1. 社会保障基金投资原则

社会保障基金的社会公益产品的特征，决定了其投资与其他基金投资的不同，当社会保障基金筹资后，如果不进行投资，会有贬值的风险。为了实现社会保障基金的保值增值，应对社会保障基金进行投资运营。一般而言，社会保障基金的投资运营应当遵循以下原则。

1）安全性原则

安全性原则是社会保障基金投资遵循的首要原则，社会保障基金的性质有别于其他基金，关系到社会保障目标能否实现，影响着社会的和谐和稳定发展。社会保障基金作为社会公众的"养命钱"，不能承担高风险，如果投资风险过大，有可能出现不仅不能获取预期投资收益，而且连本金也收不回的情况，这样将给社会造成不安全因素，损害政府和受保人利益。因此，必须确保社会保障基金投资的安全，加强对风险的监测以及防范，制定严格的标准，按照规定进行投资运营，尽量避免高风险，比如财务风险、利率风险、汇率风险等，同时，这也是政府对社会保障基金投资实施较其他投资更为严格监管的依据。

2）盈利性原则

全国社会保障基金投资的盈利性原则是指在保障基金安全的前提下追求适当的收入，获取投资收益是基金保值增值的基本要求，要在可接受的风险范围内，实现投资的最大回报。全国社会保障基金积累过程中由于受益人的特殊性和通货膨胀风险，也要求基金必须考虑盈利性原则。全国社会保障基金的安全收益率，可以由国家社会保障基金管理机构和基金管理公司根据本国的收入与支出情况合理拟定。

3）流动性原则

流动性是指将投资资产转变为现金的难易程度和转化速度，在不发生损失或者将资产转让成本低于资金拆借成本的条件下，可以随时地变现，以满足随时支付需要的能力，因此，社会保障基金作为专项用途的基金，必须切实保证及时足额地支付。结合我国社会保险基金的支付情况，至年后将出现支付缺口，短期内社会保险基金仍将有盈余，所以，在考虑全国社会保障基金投资时，其流动性原则的顺序可排后，但是等到支付缺口出现时，流动性原则的重要性将显著提高。

4）公益性原则

公益性原则是指社会保障基金投资带来的和社会公众有关的福祉和利益，发挥基金的社会功能，社会保障基金投资不能违背人类的福祉的原则。

上述的四个原则中，安全性原则是首要原则，要求社会保基金投资的风险性最小，盈利性原则是在社会保障基金投资面临风险的情况下，追求一定的收益。在实际运作中，安全性、盈利性、流动性的原则往往难以同时满足，因此，全国社会保障基金的投资须从总体上体现安全性原则，在具体投资项目上有所侧重，灵活体现安全性、流动性、盈利性原则。根据不同的投资要求，三个原则彼此的优先顺序可做不同的调整。全国社会保障基金是社会保障的强有力补充，即在保证资产安全的前提下，尽量提高资产的收益水平。但长期的投资原则，比如至年后，应更加体现全国社会保障基金的特性，即在保证基金资产安全性、流动性的前提下，实现基金资产的增值。

2. 社会保障基金投资工具与方向

从当前世界各国的投资实操来看，社会保障基金投资工具主要分为两大类，分别是金融工具和实物工具，其中金融工具又分为传统金融工具和创新金融工具。实物工具则以房地产、基础设施为主。

1）金融工具

（1）传统金融工具。

①银行存款。银行存款具有较高的安全性和流动性的特点，投资的风险较小；但同时也面临银行利率政策的调整导致收益不稳定；并且难以抵御通货膨胀侵蚀，有着贬值的风险。在处于通货膨胀的情况下，基金投资银行存款，无法得到正的实际收益。因而，为了满足养老保险基金流动性的需求，只可将银行存款作为短期的投资工具。

②国债和地方政府债券。国债是由国家发行并且有政府的财政资金作为担保。地方政府债券是指地方政府根据信用原则，以承担还本付息责任为前提而筹集资金的债务凭证。由于政府债券的发行主体是国家和地方政府，所以它具有较高的信用度，被

公认为是安全的投资工具，具有比银行存款利率略高、投资的风险小的特点。

③企业债与金融债。企业债是由非金融企业发行的债券，分为信用债券和担保债券。企业债的平均期限与国债相比较高，在风险方面企业债介于国债与股票之间，但其收益方面相比同期银行存款利率较高。根据发行债券企业的经营状况与信用评级，企业债可分为两种，即投资级企业债和非投资级企业债。其中，投资级企业债的信用相比较非投资级企业债的信用较好，能够保证支付利息和本金。公司债与国债相比具有较高的收益率。

金融债是我国金融机构为筹集信贷资金发行的债券，从收益水平来看，金融债的收益水平要高于国债。金融债券主要由具有雄厚实力的大型金融机构发行，能够保证支付本金与利息，比企业债的投资风险较小。

④股票。股票是由股份有限公司所签发，以此证明股东所持有股份的凭证。股票的收入由两部分组成，即股息收入和买卖差价。股票作为投资工具可以最大限度地抵御由通货膨胀所导致的资产贬值，但股票自身也存在股票价格不确定与投资收益不确定等风险。随着世界各国养老保险基金投资管理水平的提升，以及金融市场的日趋完善，许多国家逐步提升了在股票投资上的比例。

⑤证券投资基金。投资基金主要是以上市股票为投资对象的证券投资基金。投资型基金分为主动型与被动型两类。主动型投资基金认为市场存在非有效性，通过主动选股和择时以获取超越市场的超额收益。被动型投资基金主要是以交易所交易基金（ETF）为代表的指数基金。其特点和优势在于投资风险分散化、投资成本低廉、追求长期收益和投资组合透明化，并具有良好的流动性。但需投资者具备良好的择时能力，短期风险也相对较大。

（2）创新金融工具。

①期货。股指期货是指以股价指数作为标的物的标准化期货合约，双方需要约定在未来某个特定时期，或者按照事先已确定的股价指数的大小，进行标的指数的买卖。期货可以作为一个投资工具，使投资者在投资运营过程中建立套期保值机制，规避股票市场投资风险，获得投资收益。期货投资具有投资收益高、风险高的特点，需要有专业技能、投资经验丰富的金融工程专业人员操作。

②对冲基金。对冲（hedging）是一种旨在降低风险的行为或策略。套期保值常见的形式是在一个市场或资产上做交易，以对冲在另一个市场或资产上的风险，例如，某公司购买一份外汇期权以对冲即期汇率的波动对其经营带来的风险。进行套期保值的人被称为套期者或对冲者（hedger）。对冲基金起源于20世纪50年代初的美国。当时的操作宗旨在于利用期货、期权等金融衍生产品以及对相关联的不同股票进行空买空卖、风险对冲的操作，在一定程度上可规避和化解投资风险。1949年，世界上诞生了第一个有限合作制的琼斯对冲基金。虽然对冲基金在20世纪50年代已经出现，但

是，它在接下来的 30 年间并未引起人们的太多关注，直到 20 世纪 80 年代，随着金融自由化的发展，对冲基金才有了更广阔的投资机会。

③期权。期权是指一种合约，该合约赋予持有人在某一特定日期或该日之前的任何时间以固定价格购进或售出一种资产的权利，其起源于 18 世纪后期的美国和欧洲市场。按期权的权利划分，有看涨期权和看跌期权两种类型。按期权的种类划分，有欧式期权和美式期权两种类型。按行权时间划分，有欧式期权、美式期权、百慕大期权三种类型。

④私募债券。私募债券的发行相对公募而言有一定的限制条件，私募的对象是有限数量的专业投资机构，如银行、信托公司、保险公司和各种基金会等。一般发行市场所在国的证券监管机构对私募的对象在数量上并不作明确的规定，但在日本则规定为不超过 50 家。这些专业投资机构一般都拥有经验丰富的专家，对债券及其发行者具有充分调查研究的能力，加上发行人与投资者相互都比较熟悉，所以没有公开展示的要求，即私募发行不采取公开制度。购买私募债券的目的一般不是转手倒卖，只是作为金融资产而保留。日本对私募债券的转卖有一定的规定，即在发行后两年之内不能转让，即使转让，也仅限于转让给同行业的投资者。

⑤风险投资。风险投资之所以被称为风险投资，是因为在风险投资中有很多的不确定性，给投资及其回报带来很大的风险。一般来说，风险投资都是投资于拥有高新技术的初创企业，这些企业的创始人都具有很出色的技术专长，但是在公司管理上缺乏经验。风险投资一般采取风险投资基金的方式运作。风险投资基金在法律结构上是采取有限合伙的形式，而风险投资公司则作为普通合伙人管理该基金的投资运作，并获得相应报酬。在美国采取有限合伙制的风险投资基金，可以获得税收上的优惠，政府也通过这种方式鼓励风险投资的发展。

⑥共同基金。共同基金亦称股份不定投资公司，是一种为小额财产所有者提供投资，经销可随时兑换成现金的股票的投资信托基金组织。由于有价证券市场发达，投机活动严重，人们无法决定购买哪种股票或何时买进和卖出为好。一些有证券经营经验的人从追求收益、资本增值甚至投机目的出发，组织起"共同基金"，自己筹资，并把投资者的资金集中起来购买多种证券，同时，向投资者提供可供选择的购买方案，从中收取佣金。投资者还可按需要付一些费用就可交换投资类型。其出售股票的价格不受市场的直接影响，只决定于共同基金所持有证券的价格。通常，每股只代表共同基金的净资产价值（资产总额减去负债总额再除以股份数）。近年来，中国部分地区也出现了共同基金组织，这为经济建设筹集资金、繁荣证券市场发挥了积极的作用。

2）实物工具

实体经济主要包括基础设施建设、房地产业、新型能源产业等，实体经济具有收入较稳定、投资风险相对较低以及投机性低的特点。近年来国外一些国家养老保险基金开始进入实体经济，谋求取得相对稳定的投资收益。这类投资工具投资期限长、流动性差，对宏观经济形势的变化比较敏感，交易成本也比较高，需要具有一定的资产评估经验。

3）社会保障基金投资方向

在遵循社会保障基金投资原则的基础上，各国根据本国基金的规模、资本市场完善程度及投资收益率情况，对投资运营做出不同规定。一般地，社会保障基金的投资方向分为以下五大类：第一，银行存款。由于通过银行存款可以获得稳定的利息收入，所以银行存款是最安全的投资途径。在物价比较稳定的情况下，投资于银行存款既安全又保值。然而在通货膨胀的情况下，银行实际利率低，甚至是负值。在这种情况下基金无法实现保值增值。第二，政府债券。政府债券是由国家和地方政府发行的债券，包括国库券、中长期公债及市政债券等，主要用于弥补财政赤字和筹集长期建设资金。由于政府债券有国家信用作担保，安全性高，流动性强，被称为"金边债券"；但政府债券的利率比公司债券低。第三，公司债券和金融债券。公司债券是由企业发行的债券，包括抵押债券和金融债券。金融债券是由金融机构发行的债券。一般地，公司债券由于风险较大，利率较高；金融债券的利率往往高于政府债券而低于公司债券。第四，房地产。房地产是一种中长期投资，在经济发展和稳定时期效益较好，但房地产的流动性较差。当经济萧条时，房地产价格会下降，投资房地产的风险很大。第五，股票。股票是风险最大但也可能收益率最高的投资途径。股票投资收益受宏观经济走势、资本市场的完善性、投资者管理水平及金融技巧等多方因素影响。由于投资股票的不确定性非常大，因此许多国家都对社会保障基金购买国内、外股票做了最高限额规定。不同资产的安全性、盈利性和流动性有所不同，一般地，各类资产的三原则关系如图7-1所示。

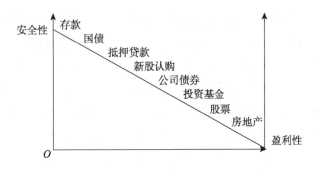

图7-1　社会保障基金投资组合及投资三原则①

---

① 许琳，翟绍果，唐丽娜. 社会保障学[M]. 3版. 北京：清华大学出版社，2018：328.

各国社会保障基金投资实践证明，对基金投资进行多种资产的组合，不仅有利于分散风险，而且可以提高基金投资收益率。从各国的养老金投资发展情况来看，国际养老金投资也倾向养老基金运营证券化、资金投资模式市场化、新的理念与投资品种关系型投资（投资长期化，关系型投资品种日益多元化）发展。

7.4.2　各国社会保障基金投资运营实践

1. 美国

美国的社会保障基金包括联邦政府社会保障基金、州和地方政府社会保障基金及私有退休基金三部分。美国社会保障基金的主要部分是社会保险信托基金（OASDI），OASDI 资金的来源主要是雇主、雇员及独立劳动者依法缴纳的工薪税。美联邦政府对州和地方政府社会保障基金及私有退休基金的投资范围及投资比例没有太多的法律限制。所以，它们投资范围很广，涉及银行存款、债券、股票、基金、建设项目、抵押贷款及海外投资等。2020 年，美国三支柱养老金占 GDP 比重为 180.4%（38 万亿美元），年均复合增速约 10%。养老金结构比例为 1∶6∶3，其中基本养老社会保障计划中覆盖面最广的第一支柱联邦政府养老及遗嘱和残障保险信托基金（OASDI）资金约为 3.8 万亿美元。这部分资产由美国联邦政府成立的社保信托基金管理委员会进行管理，投资范围主要限制于本息全额担保的国债，规避投资风险大的金融产品，收益率总体稳定，大部分年份在 0.4%~0.9% 之间，收益较为可观，可以抵抗通货膨胀带来的风险。

2. 新加坡

新加坡的公积金规模很大，2019 年，中央公积金的总结余增长了 8.7%，达到 4 251 亿新加坡元[①]。得益于新加坡良好的资本环境和其政府采取的有效投资策略，新加坡中央公积金获得了长足的发展。

3. 智利

智利在 20 世纪 80 年代实行社会保障制度改革，建立了"个人账户"制，账户累积的基金由私人公司管理运营，主要投资于金融机构发行的各种债券、企业债券以及政府批准的投资股票。智利政府在不断放宽社会保障基金投资规则，智利的社会保障基金投资收益在 2008 年之前总体水平较为可观，在遭遇 2008 年金融危机之后，智利的社会保障基金投资出现了问题，其中智利养老基金投资的名义收益率和实际收益率分别跌至 –14.6% 和 –21.97%，此后，养老基金的平均名义收益率和平均实际收益率仅有 8% 和 6%，且波动剧烈[②]。面对这些情形，智利也在积极采取措施来应对社会保障资

---

① 马源. 良性资本市场环境下的新加坡中央公积金投资模式研究[J]. 辽宁大学学报（哲学社会科学版），2021, 49(3): 76-85.
② 高冉. 国外典型国家养老基金投资运营的比较与启示[D]. 北京：华北电力大学，2020.

金投资中出现的问题。

4. 阿根廷

阿根廷在 2008 年 11 月宣布对社会保障基金进行国有化改革，完全取消市场化投资，取而代之的是购买国债。

5. 中国

我国社会保障基金投资可分为两部分，一是地方管理的基本养老金，这部分的社会保障基金投资于银行存款和少量的国债，投资收益比较低，难以抵御通货膨胀的风险；二是全国社会保障基金理事会投资运营的社会保障基金，全国社会保障基金理事会坚持多元化的投资运营理念，投资收益不错。近年来，全国社会保障基金理事会指导部分省份的养老金进行投资运营，收益也较为可观。

根据 2020 年全国社会保障基金理事会社保基金年度报告，到 2020 年末，我国社保基金资产总额 29 226.61 亿元。2020 年，社保基金投资收益额 3 786.60 亿元，投资收益率 15.84%。其中，已实现收益额 2 045.74 亿元（已实现收益率 9.58%），交易类资产公允价值变动额 1 740.86 亿元。社保基金自成立以来的年均投资收益率 8.51%，累计投资收益额 16 250.66 亿元。

7.4.3 社会保障基金监管

社会保障基金投资运营面临各种金融市场，必然会伴随着各类风险，因此需要对社会保障基金进行监管。

1. 社会保障基金监管原则

（1）限制型原则。在限制型原则指导下，基金投资的品种和投资的组合是由监管者来制定的，对每种金融产品的投资进行一定的限额，对于单个投资对象设立最高的比例。这种模式主要适用于金融发展程度比较低、金融市场透明度比较低、社会保障基金发展历史较短的国家。例如智利、中国等国家。

（2）谨慎人原则。在谨慎人原则指导下，形成的社会保障基金投资模式主要起源于《信托法》。监管的内容包括管理人的技能标准、分散化的原则、重视委托义务的规则等。其原则主要通过投资管理人投资决策和管理风险的程序来体现。在这种模式下，对投资的品种和投资的比例一般不做严格的限制。

（3）公正原则。社会保障基金监管机构在履行监管职能时，应以客观事实为依据，以法律规章为准绳，综合运用行政、经济和法律手段，对经办机构及有关机构的违规违纪行为予以监督检查。监管机构要按照客观、公正、公开的原则，提高执法的透明度，对监管的主体、对象、目的、手段和程序进行统一规范，使被监管者充分了解自己的权利和义务，自觉地依照法律管理基金。

（4）科学原则。社会保障基金监管机构必须建立严密的监管法规体系和科学规范的监管指标体系，适应金融业发展和变革的情况，运用先进的科学技术，不断提高监管的质量和效率，推动基金监管水平不断提高。

2. 社会保障基金监管主要内容

社会保障基金监管内容主要分为两部分，一是建立和完善社会保险基金投资营运的各项规划、保险基金营运机构资格认定和制定规范其运作的各类准则（投资组合的规则、投资分散化的规则、外部审计与精算监管的规则、信息披露规则等）；二是通过具体的监管方式和手段监督实施各类基金管理规则，实现对社会保障基金营运的有效监管。

案例讨论：社保基金的安全运行

根据2020年全国社会保障基金理事会社保基金年度报告，至2020年末，社保基金资产总额29 226.61亿元。其中，直接投资资产10 146.53亿元，占社保基金资产总额的34.72%；委托投资资产19 080.08亿元，占社保基金资产总额的65.28%。境内投资资产26 393.12亿元，占社保基金资产总额的90.31%；境外投资资产2 833.49亿元，占社保基金资产总额的9.69%。2020年，社保基金投资收益额3 786.60亿元，投资收益率15.84%。其中，已实现收益额2 045.74亿元（已实现收益率9.58%），交易类资产公允价值变动额1 740.86亿元。社保基金自成立以来的年均投资收益率8.51%，累计投资收益额16 250.66亿元。作为国家级阵营母基金代表，近年来，社保基金在股权投资以及直投等方面所取得的进展也让其越发成为股权行业关注的焦点。此外，其也形成了自己独特的竞争力。一是社保基金奉行长期投资、价值投资和责任投资理念，实现了知行合一。二是社保基金深入研究大类资产的风险收益特征及关联性，在战略资产配置（SAA）、战术资产配置（TAA）以及纪律性再平衡方面形成了一整套科学的资产配置体系。三是社保基金有严格的投资纪律，摆脱恐惧、贪婪等人性负面因素影响，能根据市场变化及时作出调整。四是社保基金是长期基金，较少受流动性等因素限制，能够比较完整纯粹地运用资产配置理论指导投资。社会保障基金作为老百姓的"养老钱""救命钱"，必须时刻保持对基金的监管，保证基金的保值，在保值的基础上实现增值。为了我国社会保障制度的稳定与可持续发展，必须加强社保基金的监管，防范化解重大风险，确保社保基金安全运行。

资料来源：母基金周刊. 三万亿社保基金都投向哪里了？[EB/OL].（2021-08-18）https://baijiahao.baidu.com/s?id=1708426886045029930&wfr=spider&for=pc.

问题讨论：如何看待我国社会保障基金的现状？如何推动我国社会保障基金的可持续发展？

7.5 社保小讨论：新经济、新业态与社会保障经办创新

通过上述内容的学习，大家能够对社会保障管理体制与经办体系以及社会保障基金投资监管等方面的内容有初步的了解。社会保障制度随着时代的发展而不断发展完善，其管理体制、经办体系、基金管理等方面的内容都会随着社会的发展以及人们需求的改变而不断完善。

随着中国人口红利的逐渐消失，传统的经济模式难以为继，出现了以平台经济、网络经济为特征的新业态，新业态就业存在用工时间不固定、报酬不固定、待遇发放标准不固定等特征，在新型的劳动用工关系之下，社会保障经办管理也会出现一些新的变化。

第一，在新业态经济下，社会保障经办管理需要面向个人。个人参加工作会与用人单位建立劳动关系，劳动关系是社会保障经办制度运行的先决条件，社会保障经办制度是同用人单位建立一种联系。但是在新业态发展过程中，社会保障经办应该产生一种面向个人的管理。结合个人的因素，在社会保障经办与企业的联系之外，如何满足新业态从业人员的需求，建立社会保障经办制度与个人的直接联系，这是社会保障经办制度需要解决的问题。第二，在新业态经济下，需要规范以及创新社会保险的转移接续问题。从正规部门流动到非正规部门的就业人员，按照现行管理办法，参保人员的社会保险关系是依附于他们的劳动关系而存在的，这种情形显然满足不了如今的就业形式。在新业态经济下，改变程式化的社会保险，经办管理现状顺利接续，新业态就业人员的参保关系的转移是迫切需要解决的问题。如何保障新业态从业人员的养老保险、医疗保险权益，如何保障他们在各地流动就业中的转移接续问题，这是我国社会保障经办体系需要面对的重要问题。第三，在新业态经济下，需要加强社会保障管理信息化的管理。面对新业态就业人员的流动、就业灵活的特点，与之匹配的社会保障管理也应该是一种灵活、开放式的管理，但我国社会保障经办单位基本位于基层，存在经费短缺、水平较低等状况，信息化的管理又与之产生矛盾。因此对于我国社会保障经办体系的要求就是提升基层社会保障经办部门的信息化水平，以适应新业态经济下的社会保险的转移接续管理。

问题讨论：你认为随着社会的发展，社会保障管理与经办体系还会出现怎样的挑战与创新？

本 章 回 顾

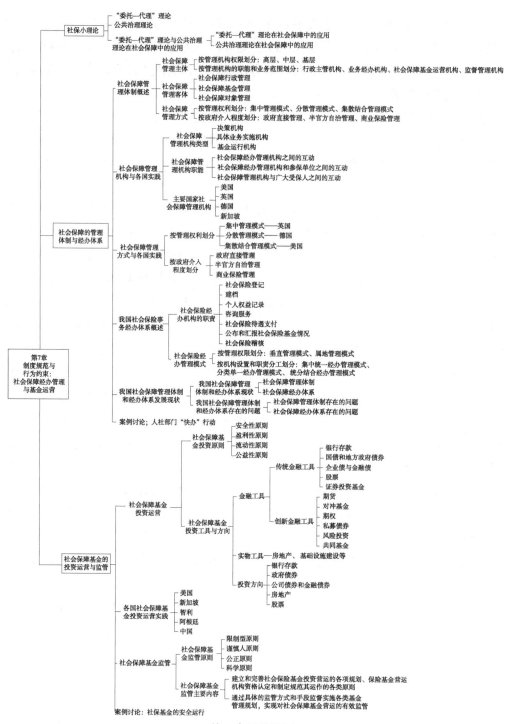

第 7 章思维导图

思 考 题

1. 社会保障的主要管理方式有哪些?
2. 为什么要强调社会保障实行属地管理?
3. 社会保障基金投资的主要工具与方向有哪些?
4. 为什么要建立全国社会保障基金?
5. 如何理解作为制度规范与行为约束的社保经办与基金管理?

即 测 即 练

第 8 章

制度支持与服务可及：社会保障服务的需求与递送

> 健康是为我们的事业和我们的福利所必需的，没健康，就不可能有什么福利，有什么幸福。
>
> ——（英）约翰·洛克

社会保障本质上就是一种服务，是国家向国民提供的分担相关风险的公共服务，目的是使个体建立对未来生活的确定性预期。基于社会保障服务需求的满足，可以增强国民的可获得感，基于社会保障服务递送的实现，可以增强制度的可靠性。

8.1 社保小故事：三国老人话养老[①]

在当今时代，社会在进步，人们的生活水平也越来越高，但是却避免不了一个问题，那就是人口老龄化。越来越多的国家步入老龄化，很多人开始重视起老年生活。我们通过一个小故事来了解美国、日本以及中国的老年人在养老选择方面有何不同。

当中国、美国和日本三国的老人聊起养老这个话题时，中国老奶奶说："年纪大了，身体真是一年不如一年了，还好有儿女在身边。"而美国老奶奶惊讶地说："What? Are you live with your children? It's not going to work in the USA."（什么？你和你的孩子住在一起吗？这在美国是行不通的。）日本老爷爷也说："这在日本也很少见。"从这个故事中可以看到，中国受儒家思想和孝道文化的影响，形成了一种子女养老的模式，也就是以家庭照料为主的居家的养老方式来安度晚年；日本的社会救助服务和养老护理服务比较完善，在养老方面，大多数老年人靠自己和相关的介护机构；美国的社区养老非常发达，绝大多数老年人可以以这样的方式来进行养老，比如美国太阳城养老社区，已经成为全世界最著名的养老社区。

---

① 本节撰写者：翟绍果，李帆帆。

在这个材料里,可以明显地看到不同的文化、不同的经济社会发展条件,带来了不同的养老方式选择。在日本,以养老护理为核心的养老产业呈多元化融合发展态势,形成了老年住宅产业、老年金融产业、养老护理服务、医疗福利的器械用品、文化生活服务等相关产业的养老服务产业圈。而且日本也是世界上少有的实行介护保险制度的国家,它拥有标准化的介护制度。在美国,社区养老非常发达,如全世界最著名的养老社区——佛罗里达的太阳城,经过50多年的开发建设,目前已经成为专门供老年人生活居住的社区。社区内建筑规划完全按照老年人群的特征设计,安全、方便、无障碍是养老社区开发和建设的终极目标,如社区以底层建筑为主,设有无障碍步行道、无障碍防滑坡道等无障碍设施。在中国,随着老龄化进程的加快,形成了"9073"或"9064"养老模式,这种模式就是"居家-社区-机构"三位一体的养老模式,老年人能够在社区中享受到老年服务。但是,由于特殊的文化,家在中国具有特殊的意义,是大多数人心灵的归宿,老年人不管年龄多大,他总会回到自己的港湾里。因此,我们更加期望具有中国特色的多元化的养老方式,同时更加强调家庭在社区层面的作用,即家庭、社区和社会协同来实现中国式的养老方式。

通过小故事和背景材料的介绍,不管是中国的、日本的还是美国的养老模式,各国在养老的文化、养老的心理、养老的选择方面是具有差异性的。养老方式没有所谓的好坏之分,只有合适与否之分。所以在这个小故事里面,更多的是传递一种信息,即如何构建我国所谓的养老孝老敬老的政策体系,需要在经济社会的约束条件下作出适合选择。

8.2 社保小理论:社会网络-社会资源-社会资本-社会服务[①]

8.2.1 社会网络与社会资本

养老服务的需求与递送中蕴含着一种机制,即社会网络机制。衡量社会保障服务需求与递送的关键指标在于制度支持力和服务可及性,社会网络是其重要的实现路径之一。该路径从社会需求出发,以社会网络为联结,动员不同网络成员所具有的社会资源,并将其转化为可供网络成员使用的社会资本,最终达到为公众提供社会服务的目的。社会网络理论认为,人类的社会经济行为是嵌套在特定的社会关系之中。例如,由哈佛大学心理学教授斯坦利·米尔格拉姆于1967年所提出的"六度空间理论"即描述了这样一种人类的社会网络关系。斯坦利教授基于1933年到1984年所做的"连锁信实验"发现,在20世纪60年代美国平均通过五六个人就能够把信件在任意两个互不相识的两个人之间进行传递。实验结果表明,任何两个素不相识的人通过中间人总

[①] 本节撰写者:翟绍果,祝毅。

能够产生必然的联系。而这个人与人之间广泛互联的关系网络就是我们的社会网络。通过人与人之间的社会交往能够促进信息的传递与流通，也会通过不断拓展个体自身的社会网络，为网络成员带来更多的影响。

本节介绍的社会网络是不同主体之间所构成的社会关系网络，主体包括个人、群体、社区、组织或国家等，社会网络中蕴含着的社会资源称为社会资本。社会学家布迪厄（Bourdieu）认为社会资本主要是指个人或团体所拥有的社会连带加总，而社会资本的取得，则需要靠连带的建立与维持。例如，当一个人与另外两个关系密切的人互动时，这两个人之间也可能相互交流。因此在这里面人们可能会倾向于形成一个联系紧密的密集群，或称密集型网络，由此构成了一个小世界网络。社会网络可能产生两种不同的社会资本，即微观社会资本与宏观社会资本。从微观视角来看，个体社会网络中行动者之间的联结有强有弱，个体可能与一个由强关系所构成的核心群产生联系，并与群体中的人进行频繁的交流，也可能与一些联系不频繁的弱关系成员进行沟通。无论关系强弱，个体社会网络中所蕴含着的信息、关系和人情等都是宝贵的社会资源，能够为社会成员提供一种生存、发展所需的要素。从宏观视角来看，社会组织亦可被当作社会资本的一部分。政治学家普特南（Putnam）就将社群中"水平社会链接"视为社会资本，尤其是公民参与自愿性社会组织的程度。第二次世界大战之后，西方社会愈加担忧在工业化与城市化过程中传统社会可能趋于瓦解，而迁入城市的人相互隔离，为社会所排斥，从而导致社会的不稳定。人们开始客观地去考察日益疏离的社会关系，意识到在关系互动过程中社会网络具有怎样的优势，例如小镇和村庄等成员密集的网络，它们会提供一种情感的联系纽带、团结安全，但传统熟人社会的网络的弊端在于其与外界处于一种相对的隔离状态，以及社会对个体所进行的较强的控制。而工业社会中陌生人社会网络则能够嫁接不同社交世界之间的桥梁，有助于传递新的信息。所以由小农经济到市场经济的变迁，确实很容易引发人与人之间社会关系从紧密到疏离的变化。

8.2.2 基于社会网络的社会保障机制

个体网社会资本构成了公众社会保障的一道重要屏障，由家人、朋友、同学、同事等熟人构成。当我们遇到困难时，始终能够给予我们生活、情感方面的帮助，它为我们提供最直接、最迅速的第一重社会保障，避免我们陷入更大的危机。由政府、公益组织、慈善团体等构成的宏观社会资本构成了公众社会保障的另一道重要屏障。在社会关系网络之中，无论是关系的亲疏远近，都能够转化为一种社会资本，为我们所感知、获取与利用。

从社会资本的特点来看，通过积累而形成的资源具有一种规模效应，它需要不断地更新。这种资本与经济资本、金融资本等的不同之处在于，社会资本不仅是一种私人资产，同时还具有公共物品的性质。社会资本虽然可以为个体所用，但它更具有集体的特征，这种资本形式并不完全受个人支配。社会资本具有不可转让性或不可让渡性，不像金融资本那样具有流动性，也不像人力资本那样具有专属性。只有将社会资本运用到日常生活中，才能够发挥社会资本自身的价值。社会资本不会由于使用而减少，也不会由于不使用而枯竭，它具有可再生性。因此，在日常生活中，我们需要经常去维护社会资本，通过这样一种社会资本来获得宏微观社会网络中所蕴含的社会资源。通常来讲，由亲属所构成的社会网络往往能够为我们提供最直接、最及时的帮助，由邻居、朋友等所构成的社会网络则会为我们提供更广泛但相对有限的帮助，由政府、公益组织等所构成的社会网络则能够为我们提供更具制度性、专业性的帮助。需要强调的是，政府部门的支持更多是指政府向公民提供的最基本的社会保障以及向特定群体提供的福利支持，包括各类社会保险金、津贴、特殊经济困难群体补贴等。在很大程度上，不同社会网络都具有一种基于社群的团结作用。

总之，社会资本是帮助个体维持正常生活需求最有效的手段。个体的社会网络越大，社会资本越多，能够获取的社会资源就越丰富，就能够享受到越多的社会服务。这里的社会服务我们更多是指社会保障服务，它与我们的个体及社会的脆弱度相关。笔者近年在研究过程中提出了从"脆弱性"到"包容性"再到"人性"的分析框架，试图通过基于全社会的责任心、同情心与道德心，来减轻公众应对社会风险时的脆弱性、增强包容性，最终体现出人性的光辉。从社会网络的研究视角出发，社会保障服务更多是依据本国社会保障法律法规的规定，通过社会保障经办机构及其人员直接享受化解其工业社会风险的物质或精神方面的帮助，包括国家面向全体公民提供的、用于满足其基本社会保障需求的各类公共物品和公共事务。它具有普遍性、及时性、可及性、主体多元化等特征，涉及政府、企业、第三部门公民等服务主体。社会保障服务体系包括养老服务、健康服务、护理服务、就业服务与创业扶持、福利服务与救助服务六大服务体系。

在本节中，我们通过社会网络的分析框架，得出从社会网络到社会资本，最终扩展为一种社会服务，由此构成了一个社保小理论。在新时期，我们应该更加强调一种协同、整合，通过我们资源、网络、服务的整合，来实现个体社会资本的提升，最终达成社会保障服务的可及性和制度的可持续性。

8.3 全生命周期健康养老服务[①]

随着老年人对多层次、多样化健康服务需求的提升，我国老年健康服务政策体系不断完善，全生命周期健康理念逐步树立。本节先梳理了全生命周期健康养老服务的

[①] 本节撰写者：翟绍果，厉旦。

相关理论，然后解析全生命周期健康养老服务的内容，最后对全生命周期健康养老服务进行展望。

8.3.1 全生命周期健康养老服务相关理论

1. 全生命周期健康及其分类

生命周期（life cycle）的概念在政治、经济、社会等领域应用广泛，指的是出生、成长、衰老、疾病和死亡的整个周期，可简单理解为"从摇篮到坟墓"（cradle-to-grave）。全生命周期针对自然人而言，可理解为一个人从出生到死亡的整个过程。广义上来讲，全生命周期即人的生命从生殖细胞的结合开始一直到生命的最后终止，包括孕育期、成长期、成熟期、衰老期直至死亡的整个过程。全生命周期健康（life cycle health）是在跨越生命和健康的认识提出的更高层面的概念，其理论基础涉及生命跨度理论或毕生发展理论、生命周期理论、生命历程理论等。2013年，世界卫生组织提出以健康保险为核心、不断提高人口与医疗服务覆盖范围和医疗费用补偿比例为路径的全民健康覆盖实现策略，也强调了全生命周期健康的重要性。在我国，全生命周期健康，既是健康中国建设的战略思想，也是健康中国建设的根本目的。

按照不同的目的和方法，全生命周期有不同的划分方法。根据不同的生物生命阶段，即生理学年龄，可将全生命周期划分为婴儿期、幼儿期、儿童期、少年期、青年期、成年期、老年期等不同的阶段。但是，人体生理上是否年轻，必须依据人体的真实生理功能而定，依据整体自然医学，尤其是身体自愈能力、自我保护能力、再生修复能力的评估，这与实际年龄并不完全一致。按照健康的程度来划分可以分为健康、亚健康、疾病、衰老、死亡等几种不同的健康状态。健康阶段不仅仅是没有疾病或虚弱状态，而是指个体在身体上、心理上和社会适应上呈现良好状态。亚健康阶段是介乎健康与疾病之间的次等健康状态，虽然不符合现代医学有关疾病的临床或亚临床诊断标准，但却出现活力、功能、适应能力的下降，如果这种状态不能得到及时的纠正，极易引起临床意义上的疾病。WHO认为亚健康指的是机体无器质性病变，但是有一些功能改变的状态。疾病阶段可理解为对人体机能正常形态与功能的偏离，是指机体在一定的条件下，受病因损害作用后，因自稳调节紊乱而发生的异常生命活动过程。现代医学对人体机能的各种生物参数进行了测量，若参数超过现代医学有关疾病的临床或亚临床诊断标准，即可认为进入疾病阶段。衰老阶段指的是机体的生理、心理和适应能力逐步发生退行性变化，内环境自稳能力减弱、逐渐趋向死亡的自然现象。衰老可分为生理性衰老和病理性衰老两种，前者是指人体随年龄增长而出现的生理性退化过程，后者则是指各类致病因素所导致的生理性退化过程。死亡阶段则是指个体生命的最后阶段，是个体所有机能不可逆转的永久性的停止，这是病理、生理和心理过程综合作用下的必然结果。

2. 全生命周期健康养老服务的背景与概念

织密全生命周期健康保障网，需要各级政府、卫生计生部门、社会各界、人民群众的共同努力。2014年，在全科医学与社区卫生领域，全生命周期健康管理（life-cycle health management）的概念开始兴起。全生命周期健康管理，是指从人的生命周期出发，根据人体机能的发展规律，采用特定的手段和组织形式，从婴儿期直至老年期进行的计划、组织、指挥和控制等各项和健康相关的活动。全生命周期健康管理不是对生命周期各个阶段"平均用力"，而是需要针对不同生命阶段和不同群体精准着力，其覆盖的范围包括人的心理、生理及社会适应等方面。

随着老年型年龄结构初步形成，中国开始步入老龄化社会。中国快速发展的人口老龄化伴随着日益明显的高龄化、失能化、家庭结构小型化和空巢化趋势，老年人在医疗卫生、康复护理等方面的刚性需求日益增加。坚持"全生命周期养老"的理念，聚焦处于不同生命阶段的人群，推动相关健康养老服务主体高效协同合作，为全生命周期的人群提供长期、有效、可持续的健康养老服务，已经成为我国当今人口发展面临的重要任务。全生命周期健康养老服务可定义为，立足于全生命周期，瞄准不同阶段面临的主要健康养老问题，聚焦健康养老需求提供综合的健康养老服务，从而实现将人们的健康养老管理关口前移，精准降低不同人群，尤其是老年人的健康损害发生概率，力求全方位、全周期地维护和保障人们的健康。

8.3.2 全生命周期健康养老服务内容

1. 全生命周期健康养老服务的参与主体

为了应对老龄化浪潮对健康养老服务的挑战，发达国家很早就探索包含政府、非营利机构、营利机构在内的健康养老服务多元合作模式。我国许多城市也开始尝试政府、市场与社会等多元主体参与，并通过政府购买服务、发放补贴、公办民营、公建民营等多种形式尝试进行多元主体共同管理。但由于组织属性和行动目标方面的差异，不同服务主体在合作中可能面临信息不对称、能力不对等、控制权分配不均等问题，给我国全生命周期健康养老服务实践带来了严峻的挑战。

全生命周期健康养老服务的特殊性，导致政府和非营利机构、营利机构等主体在健康养老服务中的服务标准、管理建设和运行监管等方面难度较大。在回答全生命周期健康养老服务涉及供给什么、供给多少、为谁供给、如何供给等一系列的问题上，存在着公共部门、私人部门、第三部门等服务主体，要与我国社会经济发展水平、文化传统、历史发展相符合，依据政府、市场、社会三者力量的强弱不同，形成政府、市场、社会、家庭与个人等多元共治、多方参与，以期有效应对日益增长的健康养老需求，满足人们对更加美好生活的期待。

2. 全生命周期健康养老服务的特征

（1）全生命周期健康养老服务兼具事业属性和产业属性。对于健康养老服务的不同内容，政府在普惠的健康养老服务中发挥着非常重要的作用；产业上，要关注健康养老管理和老年健康相关康护器具等的市场供给。全生命周期健康养老服务需要处理好市场和政府的关系，把握好事业属性和产业属性的界限。

（2）全生命周期健康养老的需求数量大。随着社会经济结构和家庭结构的变迁，人口老龄化步伐加快，与此同时，受制于年龄偏大和身体机制功能衰退等方面的影响，老年人对多样化医疗卫生健康需求日益增长，对全生命周期健康养老服务需求数量增大。

（3）全生命周期健康养老服务的普遍化。供给是围绕老年人的需求进行的，在健康养老服务领域，单独依靠家庭、政府或市场都难以完全满足老年人健康养老的需求，这也就决定了全生命周期健康养老服务供给方面要从"补缺型"向"普惠型"转变，面向所有老人提供便捷的健康养老服务。

（4）全生命周期健康养老服务的内容、层次以及形式日益复杂化、多样化。针对不同健康状态和阶段（例如不良生活习惯、确诊慢病、检后异常、重疾前症等）的各类人群，借助数据采集、信息分析、生活和临床干预等科学管理手段，提供从评估到干预的个性化、全链条和数字化的全周期健康管理解决方案。尤其是老年人处于特殊的生命周期阶段，其健康养老服务的需求和消费受到心理、生理特点的综合作用。老年人随着年龄的增长和生理条件的变化，对复杂化、多样化健康服务的结构性需求不断增长，能够更高层次满足老人多元化健康养老服务需求的全生命周期健康养老服务也相应得到发展。

（5）全生命周期健康养老服务的差异化。从全生命周期健康养老服务的需求角度而言，重视不同健康状态和阶段的各类人群，有助于服务供给主体把握健康服务需求的个性化，有利于实现健康服务的规模效应；从供给角度而言，对健康服务需求进行识别有利于探讨供给的侧重性和优先性，有利于多主体整合有限的健康服务资源，有利于不同人群享有公平可及、系统连续的健康养老服务。

3. 全生命周期健康养老服务内容

2019 年 10 月，国家卫生健康委员会等八部门联合印发了《关于建立完善老年健康服务体系的指导意见》，按照老年人健康特点和老年人健康服务需求，聚焦健康教育、预防保健、疾病诊治、康复护理、长期照护、安宁疗护的综合连续、覆盖城乡的老年健康服务体系六个环节，从总体要求、主要任务和保障措施三方面提出了工作任务和目标，体现国家对老年人健康养老服务的高度重视。基于老年人特殊的健康养老需求，本书认为，全生命周期健康养老服务应进一步突出健康养老特点，可以从全生命周期健康养老管理与建设、全生命周期健康养老风险防御与处理、拓展老年人获取全生命周期健康养老服务机会以及健康养老认知与知识教育等几个方面对老年人开展健康养老服务，实现老年人健康养老福祉，提高晚年生活质量。

具体的服务主要包括：①健全老年人健康养老法律法规；②完善老年人的健康政策制定及其老年人功能评估；③建立沟通机制、利益整合机制与互动机制，为多元协同的全生命周期健康服务提供机制保障；④改善老年人生活和居住环境；⑤加强健康养老服务人才队伍建设；⑥建立健全并更新个人健康档案，提供家庭医生的及时咨询服务；⑦在确保医疗安全及相互信任的条件下，为有需求的老年人提供上门医疗出诊服务；⑧优先帮助有需要的老年人预约上级医院专家门诊、住院治疗及康复护理；⑨提供个体化健康教育知识和健康指导；⑩为"临终"老年人提供安宁疗护，对其提供人文关怀、疼痛控制、舒适管理、死亡教育、照顾者支持等。

4. 全生命周期健康养老服务的运行

结合全生命周期健康养老服务运行机制的原理和运行过程，将运行机制总结为以下四种。

（1）管理机制，即全生命周期健康养老服务在运行过程中通过一系列管理措施使服务正常运行的管理办法和制度。

（2）多主体协同服务机制，即全生命周期健康养老服务主体多元，从医疗机构、政府部门、企业等服务主体的含义、存在问题和发展对策等方面进行分析，强调健康养老服务多元主体协同合作。

（3）科技支撑机制，健康养老服务有效运行需要依托大数据、云计算及5G网络等互联网信息技术，发挥远程协作网络优势，并在线上提供远程医疗、慢病管理、复诊送药、照护指导、人员培训、科普讲座等服务。通过线上平台和线下服务相结合，提高全生命周期健康养老服务的运行效率。

（4）利益机制，具体可分为：①利益联结机制，鼓励多元服务主体结成利益共同体，协同服务，形成利益联结机制，实现共赢。②利益分配机制，按照"利益共享、风险共担、合作共赢"原则，选择服务的利益分配方式。③利益约束机制，服务主体的互利互惠关系需要采取合理的约束机制。④利益平衡机制，通过政府支持政策、契约关系方式等利益平衡机制。

5. 全生命周期健康养老服务供给模式

随着健康养老服务的进一步发展，我国正着力构建以居家为基础、社区为依托、机构充分发展、医养有机结合的多层次社会化健康养老服务体系，随着"互联网+"和人工智能的发展，智慧化健康养老服务越来越融入全生命周期健康养老服务的供给中，为全面提升全生命周期健康养老服务的质量和水平以及优化扩大健康养老服务供给有重要作用,有利于"广覆盖、适度水平"全生命周期健康养老服务供给模式的可持续发展。全生命周期健康养老服务供给模式主要有以下几种。

1)机构健康养老

我国健康养老机构涵盖公办、民办、公建民营以及民办公助等多种表现形式,近年来,随着政府购买健康养老服务等运营形式发展迅速,社会力量建设的健康养老机构逐步实现市场化运作,这将促进健康养老机构着重全生命周期健康养老服务,以全生命周期特点和老年人需要为着眼点提供健康养老服务。

2)社区健康养老

利用社区资源建立日间照料中心,为生活在社区内的不同人群提供上门健康服务或日托服务。尤其是为人民群众提供全方位全周期健康服务的家庭医生签约服务,有利于更新全民就医和健康观念,接受这种新型的医患契约关系,让家庭医生成为可以信赖的"健康守门人"。尤其是对于老年人的健康养老需求,在我国传统文化中的反哺观念、对孝道的提倡以及代际互助合作的背景下,社区既能为老年人提供类似于机构健康养老的专业化健康养老服务,又可以满足老年人居住在熟悉的社会环境的愿望。

3)居家健康养老

居家养老比传统的家庭养老模式更加精细和标准,可以根据老年人的需求有针对性地提供更加优质高效便捷的医疗卫生服务,在必要情况提供上门服务,为居家老年人的健康"保驾护航"。同时,不少城市社区开始尝试建设居家健康养老服务中心,并依据城市的情况出台居家养老服务运行标准,这为居家健康养老提供了有力的支撑。居家养老比机构养老模式更加灵活,且服务的成本不高,覆盖的老年人范围更广。

4)医养结合型健康养老

相比机构健康养老、社区健康养老、居家健康养老三种模式,医养结合型健康养老更有利于解决因年老、疾病、伤残等出现的健康问题。对需要特殊照顾的人群进行健康等级评估,为他们提供不同等级的健康养老服务,实现常见健康问题的早发现、早诊断、早治疗,从而提高医疗救治水平,提高健康养老服务水平。

健康养老的供给模式还有很多,不仅包括以上四种,还包括分时度假疗养模式、临终关怀医院等多种模式,这不仅需要考虑人们健康养老的需要,还需要综合国家及地区性政府政策、区域性环境、家庭环境等来考虑全生命周期健康养老服务。

8.3.3 全生命周期健康养老服务发展

1. 全生命周期健康养老服务的国外前沿简介

国外关于全生命周期健康服务的研究和应用起步较早,且实践经验丰富。美国以"综合性老年人健康照护计划(PACE)"为代表,作为美国长期护理模式的黄金标准

（医养结合模式），PACE团队及时根据老人的需求和健康状况将其转移到养老院或医院，在全面掌握老人的健康状况基础上提供核心照护服务。日本强调家庭赡养的责任，鼓励和倡导家庭养老，其健康服务以长期护理为核心，长期护理保险的参保对象分别是65岁的人群和40~64岁已经参加医疗保险的人群，长期护理保险主要向这两类人群提供居家服务和设施服务，具体包括入户随访、上门服务、健康指导、对老年痴呆人群的照护等服务。丹麦废除了机构养老模式，其健康养老服务以"原宅养老"为核心，对老年人的房间设置及住宅设置等进行规定。德国是欧洲养老事业最发达的国家，德国以"互助养老"为核心开展健康养老服务。加拿大建立不同层次、不同档次的老年公寓，对生活完全自理、基本能自理、完全丧失自理能力的老年人提供差异化的健康养老服务。澳大利亚健康养老服务的特点是以政府兜底为主的普惠型，形成了"以制定有效的出院计划、老年综合评估和多学科的集成管理为特色"的相对完整的老年医疗保健管理模式。世界卫生组织发布的《关于老年化与健康的全球报告》中将老年人划分为能力完好、能力衰退和失能三个阶段，并且三个不同阶段的老年人所发挥的作用重点是不同的。

2. 全生命周期健康养老服务学科基础

全生命周期健康养老服务的深化发展需要进行多学科交叉，不断创新。从理论上讲，用生物学、预防医学与公共卫生学来把握老年人健康危险因素的分布和疾病发生规律，精准控制危险因素，降低发病风险，全面防治以减少未来需应对的疾病负担；用环境科学技术、食品科学技术来找寻环境和食品中的因素与老年人健康养老的关系，从而提升老年人的健康水平和生命质量；以经济学视角分析全生命周期健康养老服务的供需关系、成本收益分析等；以政治学视角研究全生命周期健康养老服务的政策条件，从全生命周期角度制定相关政策与标准；以社会学视角研究社会因素对全生命周期健康养老服务的影响机制，从而更好地控制和利用社会因素促进全生命周期健康养老服务的发展；用管理学、经济学来保障城市公共卫生管理的公平性和高效率；以统计学视角来收集、处理、描述和推断全生命周期健康养老服务的相关参数；以药学、中医学与中药学视角切实掌握老年人用药指征，为老年人的健康问题和疾病提供药学监护的同时推动中西医药相互补充、协调发展；以信息科学与系统科学视角，收集老年人健康养老信息，为科学分析老年人的综合健康养老状况提供全面、准确的信息支撑。同时，还需要教育学、新闻学与传播学等相关学科的支撑。

3. 全生命周期健康养老服务展望

随着老年人对健康养老服务需求的不断提高，推动将健康融入所有政策，按照"大卫生、大健康"理念把全生命周期健康理念贯穿全生命周期健康养老服务全过程、各环节成为大势所趋。

1）全生命周期健康养老服务主体展望

政府、医疗服务提供者等多元服务主体的相互关系具有不确定性、复杂性、难以预测性等特点，导致多元服务主体的协同问题十分复杂，多元主体之间的协同机制还不到位，仍存在"信息孤岛"现象。充分考虑当前多元服务主体协同服务的困境，主要从目标融合、权力结构、信任关系等各方面入手，各主体信息沟通、资源整合，彼此利益尊重，克服各服务主体有限理性与有限能力的弊端。以多层次、跨领域的理念，从服务资源配置、筹资与支付、监管评价、信息共享、特定疾病与重大突发传染病保障等维度建立多元服务主体远程协同机制，实现对服务的标准化管理，优化多元服务主体的服务质量，对规范全生命周期健康养老服务和提高服务的效率和水平均有重要意义。

探索全方位的、全生命周期的健康养老服务体系的重要环节是实现全生命周期健康养老服务资源的精准对接。从需求角度而言，重视不同阶段和不同健康水平的老年人，有助于服务供给主体把握老年人的健康养老服务需求，有利于实现健康养老服务的规模效应；从供给角度而言，对健康养老服务需求进行识别有利于探讨供给的侧重性和优先性，有利于多主体整合有限的健康养老服务资源。因此，必须对老年人的健康养老服务需求进行层次化辨识研究，分析区分老年人个性化、普遍性与即时性、潜在性（长远）需求，综合老年人的健康服务需求和供给，合理设计科学的健康养老服务供需机制，从而实现全生命周期健康养老服务资源的对接与匹配。

2）全生命周期健康养老服务的技术展望

由于计算机的普及，以大数据技术为代表的"互联网+"、智能化、云计算和物联网等新兴科技快速发展，目前我国已全面步入大数据时代，优化健康养老服务、完善健康养老保障、建设健康养老环境不断向数字化转型。以大数据思维思考应对老年人的健康养老挑战，从全生命周期角度制定相关政策与服务标准，利用互联网、物联网技术针对不同需求的老年人群精准健康养老服务提供技术融合支持是至关重要的，它可以对全生命周期健康养老数据进行实时查看和管理，提升健康养老管理效率和水平。

8.4 公共健康治理与全民健康管理[①]

公共健康服务通过为社会公众提供疾病预防措施进而促进健康，不仅是全球治理的重要议题，也是我国社会保障服务的重要内容。本节从梳理健康中国的发展脉络、基本内涵和政策措施入手，解析了公共健康治理的内容和途径，以及作为公共健康治理工具的健康管理在日常生活中的具体表现。

[①] 本节撰写者：翟绍果，徐天舒。

8.4.1 公共健康治理和全民健康管理背景："健康中国"战略

1. "健康中国"的发展脉络

我国高度重视健康事业的发展，近年来随着"健康中国"概念的提出，健康更是上升到国家战略的高度。2015年10月，健康中国建设写入党的十八届五中全会公报；2016年8月，全国卫生与健康大会提出"将健康融入所有政策，人民共建共享"；2016年10月，国家颁布《"健康中国2030"规划纲要》，为推进健康中国建设、提高人民健康水平做出了战略部署；2016年11月全球健康促进大会提出"可持续发展中的健康促进"这一主题；2017年9月，《中国健康事业的发展与人权进步》白皮书发布，对公民健康权以及我国健康事业的历史成就与未来规划等作出了系统性的阐释；2017年10月，党的十九大报告将"实施健康中国战略，完善国民健康政策，为人民群众提供全方位全周期健康服务"作为民生发展的重要任务，并指出人民健康是民族昌盛和国家富强的重要标志。健康中国建设，是全面建成小康社会、基本实现社会主义现代化的重要基础，是全面提升中华民族健康素质、实现人民健康与经济社会协调发展的国家战略，是积极参与全球健康治理、履行2030年可持续发展议程国际承诺的重大举措。

2. "健康中国"的基本内涵

健康中国的基本内涵中包含了大健康、全健康的理念：大健康，即环境健康、经济健康、社会健康和人的健康；全健康，即躯体健康、心理健康、道德健康、社会适应良好。由此可看出，健康中国围绕着以人民健康为中心的核心，通过共建共享的实现路径，达成全民健康的根本目的。

3. "健康中国"的战略实施

我国在健康中国战略的实践环节中，将健康融入颁布的多条政策措施中，推进了涵盖医疗、医保和医院等健康服务领域的全方位改革。比如，要完善国民健康政策、为人民群众提供全方位全周期健康服务；深化医药卫生体制改革，全面建立中国特色基本医疗卫生制度、医疗保障制度和优质高效卫生服务体系，健全现代医院管理制度；加强基层医疗卫生服务体系和全科医生队伍建设；全面取消以药养医，健全药品供应保障制度；坚持预防为主，深入开展爱国卫生运动，倡导健康文明生活方式，预防控制重大疾病；实施食品安全战略，让人民吃得放心；坚持中西医并重，传承发展中医药事业；支持社会办医发展健康产业；促进生育政策和相关经济社会政策配套衔接，加强人口发展战略研究；积极应对人口老龄化，构建养老孝老敬老政策体系和社会环境，推进医养结合，加快老龄化事业和产业发展等。

8.4.2 公共健康治理的历史逻辑、机制框架和实现策略

1. 公共健康治理的历史逻辑

从公共健康发展的历史来看,公共健康理念经历了从疾病治疗到预防保健的转型,公共健康目标实现了从健康不平等到"人人享有健康"的发展,公共健康内容也从生存维持扩展至生命质量,公共健康手段最终从医疗技术走向健康治理。因此,从疾病治疗到健康治理构成了公共健康发展的历史逻辑。[①]

2. 公共健康治理的机制框架

公共健康经历了从疾病治疗到健康治理的发展演变,基于"共生健康风险—共识健康需求—共创健康治理—共享健康促进"的合作治理机制,公共健康主体围绕消除公共健康风险在政府、市场与社会领域达成合作治理框架。[②]

1)公共健康治理机制

公共健康治理的机制,即处于相同社会环境中的人会受到健康风险因素的共同影响,因此,他们的公共利益诉求凝聚为改善健康的社会共识,并在共识的驱动下进行共建共创健康环境、健康生活的治理行动,最终达成社会公众共享健康促进的公共健康治理结果与目标。总而言之,公共健康治理机制集中表现为"共生健康风险—共识健康需求—共创健康治理—共享健康促进"的"共创共享"型合作治理模式。具体来看包括以下四点。

共生健康风险。健康危险因素的扩散突破了特定的空间限制,公众相互受各自健康水平和共同生存环境的影响,全社会面临共同的健康风险,结成了互相依赖的生命共同体。

共识健康需求。化解个体健康风险、改善个体健康、提高个体健康资本是每个社会成员的共同诉求。对公共健康改善的需求能够成为一种凝聚社会共识进而实现公共健康合作治理的团结力量。

共创健康治理。公共健康作为一种人人需求公共产品,其涉及群体与范围的广泛性和公共性要求社会成员共同参与健康环境与健康生活建设。每个人改善自我生活方式、建设良好健康环境既是维护个人健康的权利,也是改善共同生活环境的义务。

共享健康促进。公共健康治理的最终目标是"人人享有健康"的健康促进。健康促进是社会经济增长的正能量,劳动者健康的工作方式以及全体社会成员健康的生活方式是经济社会可持续发展的稳定保障。

通过共生、共识、共创、共享,搭建出一种公共健康治理机制。

[①] 翟绍果. 从病有所医到健康中国的历史逻辑、机制体系与实现路径[J]. 社会保障评论, 2020, 4(2): 43-55.
[②] 翟绍果,王昭茜. 公共健康治理的历史逻辑、机制框架与实现策略[J]. 山东社会科学, 2018(7): 95-101.

2）公共健康治理的框架

公共健康治理发源于全体国民共生的健康风险与共识的健康需求，致力于健康风险因素的消除，具体的治理框架包括以下几方面。

（1）以公正的公共利益为主的公共治理体系。公共健康的公共治理体系以公共健康利益为导向，以跨部门行动为主要形式，关注于公共健康的需求回应与健康资源的公正分配。公共健康跨部门治理需要公正的公共利益体系，既通过网格化治理明确具体的责任归属，又通过合作机制优化和分享公共健康治理成果。

（2）以公平的市场竞争为主的市场治理体系。公共健康的市场治理体系以实现资源优化配置为理念导向，以医疗、医保、医药为基本形式，通过健康资源的市场交换，满足国民的健康消费需求。具体表现为通过"三医"内部互律与自我治理、"三医"之间互嵌与合作治理[①]、"三医"之外互融与协同治理，达成公平的市场竞争规则，实现健康资源要素优化配置的市场治理目标。

（3）以公开的社会参与为主的社会治理体系。公共健康的社会治理体系以公共健康互惠共享为理念基础，以社会动员为核心形式，关注于全体社会成员的健康集体行动。一方面，公共健康需要全社会的动员参与，以保证人民能够拥有获得健康的条件。另一方面，公共健康跨越空间的传播与影响能力使之成为一项跨越区域的事业，健康资源的社会化配置需要跨区域合作。

3. 公共健康治理的实现策略

基于疾病消除、健康维护与健康促进的治理目标，实现公共健康治理需要在公共健康应急、健康贫困治理、健康管理服务、健康环境改善、健康教育促进、健康保障共享和健康素养提升等方面结成健康合作网络，实现维持基础生存的应急性公共健康治理、维持基本健康状况的常规性公共健康治理和致力于健康水平提升的主动性公共健康治理的分层分类治理。

（1）公共健康应急。为了降低突发性公共健康危机对生命财产和生活质量的负面影响，公共健康应急需要构建"以防为主、防治结合、综合治理"的公共健康应急体系，来积极应对突发性公共健康危机事件。从功能来看，公共健康应急体系能够根据国内外各类公共健康突发事件的历史经验数据，预测分析全国性及地区性的公共健康危机，并在危机信息预测的基础上，实现对公共健康风险的预警防范及科学应对，最终抑制公共健康危机的负面影响。

（2）健康贫困治理。健康贫困治理的目标在于消除健康不平等因素，既要平等满足公共健康需求又要平等化解健康风险，以实现健康的公平可及。因此，健康贫困治理应聚焦于因自然环境或个体健康风险的累积、医疗服务的可获得性低等因素而更易

---

① 仇雨临.医保与"三医"联动：纽带、杠杆和调控阀[J]. 探索，2017(5): 2, 65-71. DOI:10.16501/j.cnki.50-1019/d.2017.05.009.

陷入健康贫困的地区和人群，比如贫困地区、民族地区等特殊地区的健康贫困问题以及老年、妇女、儿童等健康资本和健康存量弱势群体的健康贫困问题。总之，通过健康扶贫实现健康贫困的精准治理，提高贫困地区公共卫生服务水平，增强贫困地区医疗服务可及性，继而均等化、非歧视地满足各类人群、各个地区的健康需求。

（3）健康管理服务。健康管理是对个人或人群的健康危险因素进行全面监测、分析、评估以及预测和预防的全过程，践行充分调动个人及集体的积极性、有效利用有限资源的服务宗旨。通过建立城乡居民、公共卫生部门、医疗服务机构、药品供应厂商、医保经办机构、社区卫生服务中心、社会第三部门等多方参与的综合性健康管理服务系统，实现对全民、全人和全程健康管理与服务的信息化覆盖，继而达到健康改善的最优效果。

（4）健康环境改善。环境在健康影响因素中占据了较大比重，清洁健康的环境是人群保持身心健康的重要保障，反之，污染的环境会恶化人群的健康。健康环境改善旨在通过改善人们赖以生存的环境基础进而改善群体健康。因此，健康环境的改善一方面需要将健康城市、健康社区、健康家庭建设融入城市规划、家居设计等的设计理念之中，另一方面还要同公众合作共同应对环境风险，从而实现改善健康环境和居民生活的目标。

（5）健康教育促进。健康教育促进致力于健康知识的普及与健康理念的传播，把健康素养的提高融入文化信仰，把健康文化纳入公共健康治理体系。在实践中，通过多方合作将关注全生命阶段、全人群的健康教育纳入国民教育体系。与此同时，以居住社区和工作场所为基础单元的生活工作区域，通过健康教育增强个体对健康问题的防范意识以及参与公共健康治理的责任。由此，发挥健康教育对公共健康治理的重要保障作用。

（6）健康保障共享。健康保障共享是基于健康风险分担的费用化解机制，需要在医疗救助、医疗保险、健康保障等多环节实现分担和共享。需要进一步扩大公共医疗救助的覆盖率与基本医疗保险的参与率，优化健康保障的筹资策略与偿付机制，引导从疾病治疗到疾病预防再到健康改善，从"病有所医"到"人人享有健康保障"，从全民医疗保障到全民健康保障的优化升级。

（7）健康素养提升。健康素养提升是以人为核心的公共健康治理的重要目标，是公共健康治理成果的体现。具体来看，就是通过将健康素养作为一种宣传理念融入大众产品设计，提升健康信息的获取能力；通过定期开展以社区为依托的健康素养监测工作，提高人们对健康信息的利用能力[①]；通过重视以家庭为单位的健康投资在健康素养提升中的作用，提高健康的家庭内部和代际再生产能力。以上述三举措，实现健康

---

① NUTBEAM D. Health literacy as a public health goal: a challenge for contemporary health education and communication strategies into the 21st century[J]. Health promotion international, 2000, 15(3): 259-267.

素养对公民个体的赋权，使公民积极参与到集体健康促进行动中。

通过公共健康的治理框架、治理机制和实现策略的整体规划，防范了健康风险，提升了健康能力，最终实现对由健康能力不足与健康机会缺失导致的健康贫困的有效治理。

8.4.3 公共健康治理的未来趋势

公共健康治理需要将公共健康作为一种理念融入所有国民健康政策中。健康不仅关乎医疗保健，还受到政治、经济、社会、文化、生态以及生活环境、生活方式等诸多因素的影响。因此，在将公共健康理念融入政策设计的过程中，首先要从系统性出发分析社会中影响健康的各类要素，通过公共健康在政府、社会与市场等方面的跨域合作治理，实现全方位、全周期的国民健康保障。

世界卫生组织在《2008年世界卫生报告》中指出，国民健康政策应该包含三个基本维度：首先，卫生系统政策，即医疗筹资和服务政策、药物政策、卫生人力资源系统政策等；其次，健康促进的公共卫生政策，即生活环境政策、生活方式政策、健康倡导与教育政策、健康管理政策；最后，健康相关的社会经济政策和模式，即经济建设政策与模式、社会建设政策与模式、政治建设政策与模式、文化建设政策与模式、生态建设政策与模式。在"健康中国"背景下，公共健康治理就是要将以多元主体间的协同，将公共健康理念融入上述政策当中，将公共健康从特定部门的职能业务上升为全社会、全民、全域的公共议题。

在更广泛的健康合作行动当中，公共健康跳脱了地区或国别的限制，尤其是环境污染、气候变化等问题的跨国界传播，以及高传染、高致病性病毒伴随贸易资本的全球化流动威胁着全人类的生命安全，可见公共健康已成为全球的共同挑战，全球性的健康合作行动也应当成为公共健康的应有之义。近年来，为了推动全球健康治理的发展，落实2030年可持续发展议程，我国签署了《中国-世界卫生组织国家合作战略（2016—2020）》《中华人民共和国政府与世界卫生组织关于"一带一路"卫生领域合作的谅解备忘录》以及《中华人民共和国政府与世界卫生组织关于"一带一路"卫生领域合作的执行计划》等一系列战略规划，通过"一带一路"的建设，倡导并引领"人类命运共同体"的构建，积极促成公共健康合作治理网络，加快全球全民健康共建共享的目标达成。

8.4.4 全民健康管理的基本内涵、干预实践

在"健康中国"战略实施的宏观背景中，"人人享有健康"的发展目标升华为公共健康治理的价值追求。因而消除妨害人民健康与经济社会协调发展的障碍既是全民健康管理的基本要求，又成为公共健康治理的使命担当。当前，健康风险通过削弱个体

的健康状态,造成了社会生产效率下降以及生产时间减少,而抑制健康风险便成为公共健康治理的重要内容。作为健康风险的承受者,个体健康素养如何提升不仅成为全民健康管理的逻辑起点,同样也成为公共健康治理的潜在命题。

1. 全民健康管理的基本内涵

全民健康管理的语境下,健康风险治理的内涵包括风险识别、风险干预和风险治理三个方面。处在不断恶化的自然环境和工作环境之中,节奏过快的工作生活使得个体"没有时间、没有精力、无暇顾及"自身健康状态的维持,饮食不科学、作息不规律、生物钟紊乱、心理调适差等风险在生活中越发常见。而在对健康风险的分析和预测基础上,于何时、何处干预风险成为健康风险治理的关键。世界卫生组织研究发现,在影响健康的诸多因素中,生活方式中的风险因素占到全部影响因素的60%[①],这意味着生活方式将成为健康风险干预的着力之处。而健康生活方式的形成并非一朝一夕,其影响也并非作用于某一阶段,同时,健康生活方式本质是全生命周期中个体健康资本积累的通路。因此,根据不同阶段的个体健康特征进行针对性差别化的行动成为健康管理的基本方略。换言之,全生命周期将成为健康风险干预的时间点。

2. 全民健康管理的干预实践

1)全民健康管理的时间维度——全生命周期及失能风险干预

以全生命周期为干预时间点的全民健康管理,在提供全人全程健康服务以及代偿全生命周期的个体失能风险两个方面得以体现。首先,全人全程健康服务涵盖了包括母婴保健、出生档案、儿童保健(免费接种、体格检查)、成年保健(健康体检、计划生育指导、妇科检查、社区康复、健康教育与促进)、老人保健(老人体检、慢性病管理、健康教育与促进、健康评估、老人随访、家庭病床)、临终关怀在内的服务,强化了不同阶段个体的健康能力。其次,除了生活中常见的风险外,人类在生命周期的更迭过程中还面临着带有阶段差异性的失能风险,因而根据不同阶段的特征采取有针对性的公共卫生行动十分必要。当个体处于内在能力强且稳定的阶段,公共卫生的行动策略应偏重于延长其健康能力和健康状态,并通过提供突发性医疗服务以及日常医疗服务两个层面,延缓健康危险因素的积累。除此之外,本阶段还应构建健康能力和健康状态存续的外部环境支撑。当进入能力衰退阶段后,公共卫生行动策略应侧重于健康能力的培养。对健康风险的及时干预能够有效延缓甚至逆转个体的失能趋势。在实践中,应当发挥基层卫生服务机构的作用,通过鼓励锻炼以及营养辅助等举措措施强化个体的健康能力。同时也要营造无障碍、无意外的环境,保证健康能力的发挥。在步入严重失能阶段后,个体因内在健康能力丧失而产生严重的照护依赖,因而本阶段的公共卫生行动策略是为个体提供持久照护。在实践中,则是通过提供疾病治疗、康

---

① 中国医学科学院. 中国医改发展报告(2016年)[M]. 北京:中国协和医科大学出版社,2017: 15-60.

养服务、姑息治疗以及临终关怀等日常医疗服务,以及急诊病房、急性疾病诊疗等突发医疗服务为路径,实现个体失能代偿和生命尊严保障。

2)全民健康管理的空间维度——生活方式的全要素环节干预

以生活方式为干预着力点的健康管理,体现为通过慢病健康管理、心理健康管理、营养健康管理、运动健康管理以及亚健康调理与生活管理,培养个体回归健康、平衡心态、合理膳食、适度运动、规律作息的健康生活方式。

(1)慢病健康管理。在全生命周期的不同阶段中,不仅贯穿着个体生长发育的时间记忆,还充斥着健康风险因素的积累痕迹。在经历过量的积累后,健康风险因素会变为慢病的暴发,对个体的健康能力造成不可逆的破坏。可见,要抑制慢病的形成和发展,健康管理必须消除全生命周期中积累健康风险因素的任何可能性。而在不同的生命周期阶段,引发慢病的风险因素呈现出明显的阶段性差异。在胎儿时期,健康风险因素的积累同家庭经济水平、母亲的营养摄入状况、婴儿生长和发育情况以及婴儿体重等方面密切相关;在婴儿和儿童时期,除了经济状况外,外部感染、蛋白质和微量营养的摄入情况、成长发育速度以及运动强度和食物行为成为影响健康风险因素积累速度的重要变量;当步入青少年时期,肥胖问题、繁重的学习压力导致的运动匮乏、吸烟饮酒等不良习惯会加快危险因素的积累,此外,青少年时期是价值观和生活习惯的重要养成阶段,不良的生活习惯不仅会影响当前的健康状态,更会加剧成年阶段健康风险的积累速度,甚至直接引发慢病;在成年阶段,除了已经形成的不良生活习惯外,吸烟酗酒、经济状况、自然环境、饮食习惯和体力活动等均会加快危险因素积累甚至导致慢病暴发。①为了提供针对性、差异化的慢病防治服务,目前已经建立起依托网络服务平台,联结病患、社区医生和中心医院医生的诊疗体系,有助于实现中心医院资源向基层健康服务中心的转移,强化个体应对慢病的能力,从而达成慢病防治关口的前移。最终通过慢病健康管理实现个体向健康的回归。

(2)心理健康管理。心理健康是个体健康的第一大基石,它决定了个人的内在平衡、健康状况甚至决定了人生命运,因此健康管理应当从"心"开始。从风险干预的角度来看,构建包括心理疏导在内的心理风险干预体系应当成为心理管理的重要部分。不同于生理疾病的症候能够为人体器官所感知,心理问题潜伏性和迷惑性等特征不但使之难以被察觉,还会使患者产生一切正常的错觉,继而造成更严重的心理健康问题。但是,这并不意味着诊断心理健康风险。心理健康的人一般有以下几点特征:智力正常(智商在 90~129 之间)、情绪适中、意志健全、人格统一、人际和谐、身心相符以及自我了解。通过进一步量化这些标准,能够形成多种用途各异、各有偏重的测度量表,如用于一般性心理健康测度的 SCL-90 量表、用于测量幸福感的纽芬兰纪念大学的幸福度量表、用于测量焦虑程度的焦虑自评量表、用于测度抑郁状态的抑郁自评量

---

① 华颖. 健康中国建设:战略意义、当前形势与推进关键[J]. 国家行政学院学报,2017(6): 105-111, 163.

表和伯恩斯抑郁症清单等。而通过世界各国对心理测度量表的无数次实践，我们能够获取对现代人心理问题状况的整体判读，总的来看，现代人的心理问题集中体现为八种心理现象：抑郁、焦虑、仇恨、冲动、依赖、强迫、烦躁和自杀。通过使用弗洛伊德的力比多理论、马斯洛需求理论、巴普洛夫的条件反射理论等分析框架对上述现象进行剖析，我们能够进一步观察到心理问题背后的成因：自我定位、认知错位、利益权衡以及能力水平等。对此，无论是诸如"要想身心松，三乐在其中：助人为乐、知足常乐、自得其乐"的"心灵鸡汤"或是诸如"恬淡虚无，真气从之；精神内守，病安从来；法于阴阳，和于术数"的古籍至理，都为心理健康管理提供了有价值的行动参考，继而促使个体通过心理健康管理回归平衡心态。

（3）营养健康管理。营养健康是全民健康管理的前提性保障，而营养素的摄入量直接关系到个体健康状况的层次以及健康能力的强弱。人类为了生存以及维持生存质量，必须从自然界或其他途径的食品中获取人类无法合成的物质，这类物质就是营养素。一般而言，人体的健康维持需要七种营养素的支撑：水、蛋白质、脂肪、维生素、膳食纤维、矿物质、碳水化合物。但是，在日常的饮食过程中，除了少数营养素能为人类肉眼所直接辨别外，大部分营养素通常以微量成分的形式分布于各种食物中，不仅难以识别，更无法定量。加之不健康的生活习惯，加重了现代人饮食结构不合理、饮食缺乏计划性等饮食健康问题。因此，制定适用本国、营养均衡、计划合理的营养膳食指南成为每个国家营养健康管理不可或缺的举措。从历史层面来看，我国中医经典论著《黄帝内经》中就有对健康饮食结构的合理化建议，即"五谷为养，五果为助，五畜为益，五菜为充"，这一论断不仅展现了中医"药食同源、和合一体"的理念[①]，还表达了古人对合理膳食的朴素认知。从各国实践来看，世界卫生组织作为人类公共卫生事业的领导核心，在总结了多个发达国家的营养膳食实践的基础上，公布了最佳蔬菜、最佳水果、最佳肉类等具有指导意义的营养膳食指南，成为各国制定本国营养膳食食谱的重要参考。也正是在充分吸取古人智慧以及发达国家营养膳食的成功经验基础上，我国于1997年公布了适合国民体质和饮食习惯的《中国居民膳食指南》和《中国居民平衡膳食宝塔》，并根据社会经济状况和平均生活水平的变动不断调整其社区指标，以保障其指导个人营养摄入的科学性和有效性。根据2016年修订的《中国居民平衡膳食宝塔》，我国居民健康的营养膳食标准包括：在每日进行至少6 000步运动的基础上，饮用1 200毫升的水、食用油的日摄入量不应超过25克、食盐则不应超过6克，谷类食物的理想摄取量在250克到400克之间，奶及奶制品类食物的摄入每日以300克为益，豆类及豆制品每日50克为益，鱼虾类食品的每日摄入范围控制在50克到100克之间，畜禽肉类在50克到75克之间，蛋类的最佳摄入范围则为25克到50克。在确定了各类营养素的日摄取总量后，还需要根据生理机能的日变化规律将营养素摄取

---

① 毛志强，熊官旭. 中医文化自信的根源：理论基础·精神实质·主体自觉[J]. 思想战线，2018, 44(4): 139-145.

指标科学地分布于每日餐食中。当前普遍接受的一种分配方法是"早吃好（皇帝的早餐）、午吃饱（大臣的午餐）、晚吃少（乞丐的晚餐）"。假以时日，上述营养膳食标准将会以常识化、知识化的形式融入公共健康教育中，有效地指导大众的每日餐食。最终，在科学的膳食指南的引导下，大众有计划、有规律地摄入人体健康维持所需的营养素，进而达成合理膳食的目标。

（4）运动健康管理。运动健康为个体健康的持续性保障，然而，当前人们的运动健康状况不容乐观，在引发健康风险的诸多因素中，以缺乏锻炼、久坐静止为代表生活方式类因素占比超过了全部健康风险因素的一半。那么何为运动健康？其内容主要包含三个方面：适量和适度运动、有氧和无氧运动、运动和拉伸。换言之，过量运动、运动不足以及运动前后的"冷启动"和"猛停车"均非运动健康的范畴。关于运动和健康的关系问题我国古代先民早已给出了答案，在我国古代，劳动人民在思考宇宙万物演化以及生命演变规律的过程中，形成了中华民族所独有的生命观，它将"气"视作是万物之本、生命之根，并以此为基础衍生出一系列以"运气、引气和炼气"为形式，追求形气神"三调合一"的健身功法。如导引功、八段锦、太极拳、五禽戏等。在继承了古人健康智慧的基础上，结合现代科学对生命的解释逻辑，形成了一批具有中国特色的健身运动，如太极剑、太极操、健身气功等，这些运动与游泳、健走、羽毛球、网球等西方健身运动交相辉映，形成了中国独有的健身运动体系和保健观。

（5）亚健康调理与生活管理。在中医的文化观念中，"治未病"是永恒的价值追求，诚如《黄帝内经》所云，"圣人不治已病治未病，不治已乱治未乱"。这种"未病之病"在当代的表现形式就是亚健康。在"健康中国"战略的背景中，健康风险因素成为全民健康的公敌，而中医"治未病"以及西医"亚健康"的概念都很好地迎合了当前社会健康观念的转变——从"无病即健康"转为"全面健康"。因此，亚健康治理成为公共健康治理以及全民健康管理的时代命题。在导致亚健康的诸多因素中，睡眠问题尤为突出。高质量的睡眠能够舒缓人们紧张的精神压力，恢复人们耗尽的精力、体力，高质量睡眠是达成健康的第一要素，而当前快节奏、高压力的现代生活方式却造成了睡眠问题的普遍化，威胁着大众的健康。除了睡眠问题外，抽烟酗酒、饮食单调、起居无常、大喜大悲等不良生活方式也加快了健康风险因素的积累。然而，要想纠正不良的生活方式，关键在于发挥主观能动性，自觉同不良生活习惯做斗争，维护好自身的健康权益、积累好健康资本、培植好健康能力。

在"健康中国"战略背景下，我们先从宏观层面讨论了公共健康治理的体系如何构建、机制如何实践、未来有何趋势。而后又聚焦于微观层面，从全民健康的角度思考了如何通过营养、心理、运动、生活等方面实现个人的健康管理。唯此，"健康中国"战略的目标规划方能演化为普惠大众的未来现实。

案例补充：从百里酚到叶酸片——公共健康的时代剪影

于人类而言，健康如同和平一样，是激战过后惨烈的胜利，只不过在获得前者的过程中，人类的对手是其所依存的大自然。几乎在每个时代，人类都在与不同的瘟疫和传染病做斗争，公共健康便是这每一次斗争中淬炼而成的理想和目标。当然，即便胜出的永远是人类，但每一次踏向公共健康的脚步背后都隐藏着数以万计逝去的鲜活生命。

在美国建国初期，其南部曾流行过一种被称为"懒病"的疾病，患者会从开始时的脚部瘙痒发展为咳嗽咯血。在发病后的几周内，患者会进入一种在旁人看来非常"懒惰"的状态：整日昏昏沉沉，萎靡不振，毫无气力，成人无力下地耕种，儿童无法思考学习。这种懒惰的根源不是患者天性使然，亦非"倚病卖病"博得同情，只因他们被一种被叫作"美洲杀手"的土源性线虫——美洲钩虫（necator americanus）所寄生。钩虫在进入人体消化系统后，通过其身体一端的钩子（嘴）将自己固定在宿主的消化道壁上，持续吸收宿主消化所得营养，而被抢夺养分的宿主会出现贫血、嗜睡、食欲不振、消瘦等症状，更有甚者还会导致智力迟钝等，这便是"懒"的由来。而随着寄生虫和虫卵通过粪便排出携带者体外，在下水管道和厕所不完备的条件下会污染土壤。又湿又热的土壤为虫卵发育成幼虫提供了良好的环境，于是，幼虫再次进入赤脚之人的体内，并辗转寄生于消化道。至此，整个循环重新开始。对此，美国卫生委员会的工作人员发现百里酚可控制钩虫寄生。值得留意的是，钩虫并非时代的赋予，而是一种自古有之的寄生虫，其相关文字记载最早可追溯至公元前3世纪由希波克拉底撰写的医典。希波克拉底发现民间有一种被称为"肚痛病"的流行病，患病之人不仅脸色蜡黄，还会出现吃土的怪癖（贫血的症状）。然而，其致"肚痛病"的罪魁祸首钩虫直至19世纪才为人类发现和有效防治。

20世纪90年代初期，神经管畸形成为引致我国新生儿死亡和畸形的诱因，而导致神经管畸形的原因与孕妇在妊娠期间缺乏叶酸有关。一般而言，叶酸是人体组织细胞所需的维生素。而随着体重的增加、血容量增多、乳房增大、胎盘的快速发育等，孕妇对叶酸的需求量高出常人4倍，倘若缺乏叶酸，一系列危及孕妇和胎儿的孕期疾病将接踵而至，如孕妇易得妊娠高血压综合征、贫血，胎儿易发育迟缓、早产，甚至成为无脑儿、脊柱裂胎儿等。即便是一般的成年人，其体内红细胞也会因为缺乏叶酸导致细胞核停滞于幼稚阶段，细胞质则过度发育，整体呈现"核幼浆老"的细胞异常状态。这样的异型红细胞将丧失输送氧气的功能，诱发"巨幼红细胞贫血"。因此，叶酸缺乏并不是孕妇专利。为了实现"优生"，保证儿童健康和公共健康，在严仁英教授的倡导下，女性开始在妊娠前后每日增补0.4毫克的叶酸。这使得胎儿神经管畸形地区的发病率降低了85%，唇腭裂发生率降低了50%，婴儿的死亡率随之降低了20%。

从百里酚到叶酸，两种小药片不仅象征着人类在与疾病抗争中的不屈与智慧，还隐含着人类对自身与健康关系的思考。面对诱因愈加隐蔽、传播愈加快速、范围愈加广泛、危害愈加严重的疾病，一个人的健康毫无意义。可以说，公共健康和全民健康的概念提出标志着人类健康意识的觉醒和共鸣，这也意味着，人类实现公共健康和全面健康必将通过共同体来完成。

8.5 化解失能困境的护理服务[①]

对于失能人员的护理服务，不管是长期照护保险，还是老年津贴、社会福利等其他形式，都只是护理服务筹资的方式差异，而长期护理保障体系和长期护理保险制度的核心是护理服务。由于老龄化社会的到来，实行社会化的长期照护服务意味着失能、半失能老人的护理责任开始从过去单纯家庭护理、子女赡养转向社会服务、社会养老。本节将从护理服务的服务原理、服务机制和服务实践来介绍化解失能困境的护理服务。

8.5.1 护理服务的服务原理

长期照护是指在一个比较长的时期内，持续为患有慢性疾病（如早老性痴呆等认知障碍）或处于伤残状态下（即功能性损伤）的人提供的护理。它包括医疗服务、社会服务、居家服务、运送服务或其他支持性的服务。[②]护理服务的需求具有以下特征。

1. 护理服务的需求产生具有鲜明的时代性

在工业化、城镇化，以及人口流动等新经济社会发展浪潮的冲击下，人们的家庭结构、家庭规模发生着巨大变迁，人口老龄化、"空巢老人"等现象和问题也日益加剧，这些变化也使城乡居民在养老文化、赡养观念等方面不断地变化，进而社区养老、机构养老逐渐被更多的人所认可和接受。老年人长期照护问题，主要是现当代各国家或地区在工业化、城镇化、信息化以及人口加速老龄化格局下，经济发展、社会变迁、文化整合、科技进步等方面的综合产物。[③]

与此同时，现代科学技术的进步和医疗条件的改善更使得老年人生命健康改善、预期寿命延长成为可能，基数庞大的老年群体对各种老年人长期照护服务的需求也随之急剧增加。

[①] 本节撰写者：杨波，贾鑫。
[②] 张小娟，朱坤. 日本长期照护政策及对我国的启示[J]. 中国卫生政策研究，2014, 7(4): 55-61.
[③] 陈永胜. 老年人长期照护问题及应对中的相关特征研究[J]. 四川理工学院学报(社会科学版)，2018, 33(4): 19-34.

2. 护理服务需求的期限较长

从字面上看，长期护理服务中带有"长期"二字，具有较长的时间性。德国长期护理保险要求失能状态持续 6 个月以上，世界卫生组织指出，老年人长期护理潜在需求期为 7～9 年。

3. 护理服务需求具有综合性

护理服务包括个人照护、护理、日常生活指导、积极生活指导、失忆治疗、住宿料理和入户照顾等多种服务性内容。

4. 护理服务需求具有刚性

现代家庭的小型化、劳动力流动等原因使子代无法照顾父母，尤其是我国独生子女政策的一代，对于失能失智老人的护理需求更加急迫且突出。

8.5.2 护理服务的服务机制

1. 护理服务供给的分类

长期护理服务根据提供主体不同主要分为非正式护理、社区护理、非营利组织护理与医院护理等方式[①]。

（1）以非正式护理作为服务提供主体。此类服务提供主体主要来自护理需求者的亲属、朋友或邻居。非正式护理更适合居家护理与轻度护理，在服务提供中能更好地满足失能老人对于日常生活护理和居家照料的需求，但是非正式护理人提供的服务更偏向于日常的照顾和照料。在绝大多数情况下，非正式护理人不具备专业的医疗知识和护理知识。

（2）以社区护理作为服务提供主体。它能将居家护理和设施内护理两种主要的护理方式进行有机结合，形成"整合照料"的模式，其代表国家为日本。通过在社区内建立护理服务设施并安排专业的护理人员，护理需求者能更加便利地在居宅护理和设施内护理之间做出选择。也便于建立起覆盖范围更广、内容更加丰富的护理服务体系。缺点是这种方式的运行成本较高，需要大量资金支持。

（3）以非营利组织作为服务提供主体。非营利组织不以盈利为目的，能够志愿地提供服务与帮助。以非营利组织作为服务提供主体的代表国家是以色列。非营利组织大多由社会大众以及志愿者组成，这决定了以非营利组织作为护理服务提供主体需要的资金更少，但是提供的服务范围及项目有限。

（4）以医院作为服务提供主体。相比于其他护理服务提供方式，医院拥有丰富的医疗卫生资源和医生、护士群体。医生、护士拥有丰富的医疗卫生知识和更高的专业

---

① 陈浩. 我国长期护理保险制度的服务提供主体研究[J]. 劳动保障世界，2018(27): 32-33.

素养，能够在提供护理服务之前就对护理需求者的身体、心理状况作出判断，并根据其现实情况做出预防性的护理方案。但是医院以应对急性疾病为主，所能提供的长期护理服务规模有限。

2. 长期护理服务供给人员

护理服务还可以帮助减少对急性医疗保健服务的不当使用，帮助家庭避免灾难性的医疗支出，并使自由的妇女（通常是主要的照顾者）承担更广泛的社会角色。

1）长期护理人员的定义

长期护理服务包括传统保健服务，如慢性老年病的管理、康复、缓解、促进和预防服务，使能力严重下降的老年人获得照料和支持，使他们过上与基本权利、基本自由和人的尊严相符的生活。长期护理服务还应包括辅助护理服务，如老年人的护理和社会支持。所有这些服务必须与以人为中心的护理的基本核心原则连续提供。

传统上，家庭成员为老年人提供长期护理。随着老年人的数量和比例增加，同居的家庭成员的数量正在减少。同居的家庭成员从照顾的专业性程度上讲，已超出其能力范围，因此通过社会提供系统的专业护理蓬勃发展。广义的长期护理人员包括卫生系统医生、护士、社区专业护理人员、护理机构中护理人员、非正式护理人员和志愿者等劳动力。狭义的长期护理人员则主要指社会化为老年人提供长期护理服务的专业人员。

2）长期护理劳动力供给

受到老龄化、劳动力流动加快和女性劳动参与率提高等因素影响，长期护理劳动力供给呈现出以下特征。

（1）对于长期护理人员的需求持续上升。长期护理是一项劳动力密集型的服务行业，将来对于长期护理需求的增长会引致长期护理人员的需求增长。1960年，OECD国家（Organization for Economic Co-operation and Development）65岁以上老年人占9%，而到2018年上升到17.2%，预计到2030年达到21.35%，而到2050年将达到26%。老龄化趋势对于长期护理的需求及成本取决于老年人的日常生活行动能力。奥地利联邦卫生部和妇女部预测在20年内需要老年长期护理的人数将增加40%；日本厚生劳动省预测到2025年需要老年长期护理人数将增加到520万；美国劳工统计局（BLS）预测在未来20年中家庭护理服务的需求增长60%，社区护理需求增加30%，机构护理需求增加20%。

（2）长期护理劳动力分布呈现结构性不均衡。美国、爱尔兰等国长期护理人员主要在机构中服务，其他OECD国家的全职长期护理人员为更多的被护理者提供服务。除了以色列和日本，每百名65岁以上被护理者享有家庭长期护理者比例非常高，OECD国家平均机构养老护理者与被护理者的比例低于家庭护理的比例。这反映出在机构中的被护理者对于长期护理的需求更迫切并且更需要特别护理。长期护理人员分布的结构性不均衡,一方面反映了社会变化导致家庭护理者的供给下降的趋势,因为社会结构的变化,如家庭小型化、老年人及残疾人居住方式的变化以及女性的劳动参与率上升等因素导致非正式的家庭护理者减少从而使付费的护理需求增加。另一方面,各国的长期护理政策也允许被护理者在长期护理服务方式的选择上更具有灵活性。

按照长期护理服务的提供方式,OECD 主要国家大致可以被分成四类:第一种是地中海模式,包括西班牙和其他南欧国家,长期护理主要依靠家庭非正式护理者。第二种,欧洲大陆模式,包括奥地利、卢森堡、德国、日本、爱尔兰、英国和澳大利亚。有多层次的公共长期护理体系,很大一部分公共资金以护理津贴的形式给予被护理者,赋予其选择护理方式的权利(奥地利、德国、日本和卢森堡),或给予家庭非正式护理者长期护理津贴(澳大利亚、爱尔兰和英国)。第三种是北美模式,包括美国和加拿大,非正式护理获得公共长期护理项目的资金有限,但其改革的方向是消费者导向,加州等一些州可以雇用亲属提供长期护理。第四种是北欧模式,包括荷兰、挪威和瑞典,多层次的长期护理体系同时支持家庭非正式护理和机构正式护理。[①]不同国家长期护理制度对于非正式护理方式的支持并不相同,这与该国的传统、财政状况、福利理念等密切相关。

(3)长期护理人员性别构成单一,多为非正规就业形式。长期护理服务提供者主要由女性构成,兼职形式比较普遍。长期护理行业从业人员以平均超过 2% 的速度递增,日本、德国自从实施长期护理社会保险计划之后,从 2001 年到目前为止,长期护理人员已经增长了一倍。长期护理行业以女性为主要就业群体,大多数国家的数据都显示这一特点,加拿大、丹麦、捷克、爱尔兰、韩国、瑞典等国超过 90% 的长期护理人员为女性。美国女性长期护理人员占 86%,40 岁以上出生在美国的占 77%,受过中学及以下教育,收入低于全国平均收入一半的占 55%。对日本养老机构的调查显示,40% 的机构护理人员采取兼职形式,美国 43% 的直接护理服务人员为兼职人员。OECD 国家的长期护理人员大约 30% 是护士,超过 70% 的是缺乏正规培训的兼职个人护理工作者。

(4)长期护理人员离职率高。长期护理人员流失率很高,根据美国劳工部统计局数据,2014 年护理机构的人员平均流失率是 45%,而全部长期护理人员平均流失率达到 52%。需求高速增长和高企的离职率使得提供长期护理的雇主不断雇用护理人员,成本提高的同时,长期护理服务的质量难以保障。Tummers 等对 2010—2011 年 9 982 个大样本的长期护理人员进行的调查发现,缺乏足够的职业发展和机会、工作环境不佳、低自主感(对于机构长期护理人员)是离职的重要原因。除此之外,长期护理人员的薪酬偏低也是导致其离职的重要原因,在控制教育和职业经验因素的作用下,美国的长期护理人员工资低于类似的照护行业(例如婴儿照护),在澳大利亚和加拿大也有同样的结论。我国长期照护全国联盟秘书处于 2013 年首次发布养老护理员行业工资

---

① 侯立平. 发达国家(地区)的老龄人口长期护理体系及其启示[J]. 城市问题,2012(1): 89-95.

指数，养老机构中养老护理员 8 小时工作制的平均月薪为 2 272 元，考虑到工作精神压力、强度较高的情况，护理工作相对于其他家政服务的薪酬并无优势。

8.5.3 护理服务的服务实践

长期护理服务由于产生并发展于福利国家的晚期，因此长期护理制度中政府、市场与家庭之间护理责任重构和均衡成为重要讨论议题。为了使护理服务在供给和需求之间能够有效递送，需要从政府、社会、家庭多个方面着手。

1. 政府对护理服务进行规制管理

首先，对护理服务对象分级管理。为了使供需精准匹配，根据需求将护理服务的对象进行分级，将失能等级分为轻度、中度到重度，不同的失能等级提供动态的服务。

其次，护理服务供给主体进入退出管理。对长期护理服务的供给方（包括机构和人员）应建立市场的准入与退出机制，建立严格的从业者的资格认证机制，目标是建立有序的供方市场。

最后，规范长期护理服务的内容体系。在长期护理服务的菜单式内容体系中，包括就餐、清洁居室、个人卫生、安全等生活照料的内容，以及康复服务、预防服务等医疗护理的内容。明确哪些是政府承担的保基本的项目内容。①

2. 培育市场机制

为了提高长期护理服务供给的有效性，保证长期护理服务的递送质量，在服务供给上引进市场机制是关键。

（1）培育长期护理服务供给产业，提供多样性、个性化的专业化服务。同时，发展长期护理服务专业人员培训产业。以市场为主体，培育长期护理服务人员，是弥补护理服务人员缺口、提升长期护理服务水平的有效途径。

（2）合理布局长期护理服务供给组织。根据失能失智老人的人数及分布情况来合理布局长期护理机构。由于城区土地稀缺，同时为了保证失能老年人服务利用上的便捷性，发展嵌入式、小规模、多功能、专业的社区长期护理服务机构。利用现代化的技术建立 15 分钟长期护理服务圈。

3. 对于家庭非正式照料的扶持

随着人口结构、家庭规模等的变化，家庭对失智失能老年人的生活照料功能不断弱化。但受到中国文化传统、价值观念的影响，失智失能老年人及其家属越来越倾向于居家护理，所以对于非正式的家庭护理应给予支持。

---

① 钟仁耀. 提升长期护理服务质量的主体责任研究[J]. 社会保障评论，2017, 1(3): 79-95.

1）对于家庭照料者进行培训

由于家庭成员等非正式照料者在提供护理服务时，面临的最大问题就是缺乏长期护理服务基本知识和专业技能，所以通过培训提供专业护理能力很有必要。

2）建立"喘息式服务"机制

为了保证家庭成员在提供长期护理服务的同时不严重影响他们的生活质量，必须为他们建立"喘息式服务"机制。所谓"喘息"，就是家庭成员所提供的长期护理服务具有长期性、繁重性等基本特征，会严重影响家庭护理者的身心健康，因此必须给予他们一定时间和方式的休息，这尤其对严重失智失能老年人的护理者显得更为必要。

4. 培育长期护理服务志愿社会组织

长期护理服务的供给是一项复杂的系统工程，仅仅依靠长期护理保险制度内部的供给远远满足不了失智失能老年人的基本需求。由于资金的有限性，长期护理保险所提供的服务项目和保障水平只能实现保基本，但失智失能老年人的需求不仅具有多样性，而且呈现出个性化，这就需要志愿者发挥其作用。但我国志愿服务发展不够理想，无论是志愿者组织还是志愿者个体的发展与长期护理服务需求的多样性、个性化的满足之间相差甚远。这其中有从事志愿服务观念比较单薄、平时工作与家庭压力较大等原因，但关键在于没有建立起相应的机制。应该培育中青年志愿者队伍，重视低龄老人参与志愿服务的意愿。

8.6　社保小讨论：健康老龄化下医养护融合发展[①]

我国人口老龄化程度不断加深，养老问题日益严重，如何实现老有所依、老有所养，让老年人群健康地安度晚年，成为解决我国老龄化问题的重要内容。近年来，我国"医养结合"养老的理念深入推广，医养结合健康养老模式成为国家应对人口老龄化的重要战略，各地也在医养护融合方面做了一些尝试，形成了嵌入型融合模式、合作型融合模式和共享型融合模式三种医养护融合模式。

嵌入型融合模式，主要表现形式有嵌医入养和嵌养入医。嵌医入养，是指在养老机构中设置医务室、医院，或者有一个专业的医疗队伍，其主要功能是养老，辅之以日常医疗服务，对患病的老年人或者有疾病治疗需求的老年人提供一些日常的治疗，但当老年人遇到疑难重症和突发疾病时，还是要到医院去治疗，到了康复阶段再回到养老机构中。而嵌养入医，指在医疗机构中设置一些老年病房、老年科，使医疗机构具有养老功能。此类模式能够提供更加精准、更加专业的服务，但是对医疗机构的资质要求比较高，需要有一定的资金、设备以及专业的照护团队支持等。

[①] 本节撰写者：翟绍果，李帆帆。

合作型融合模式，指的是医、养、护、家庭等相关主体通过签约或购买的方式进行资源互补的老年服务模式。这种模式的参与主体相对独立，彼此通过合作方式进行专业的服务输出，各主体之间权责分明。合作型模式主要针对的是低龄健康老人和一些独居寡居的老年人，以社区的日间照料中心、社区医院、养老院或家庭为基础，在老人熟悉的环境中提供专业的养老服务。这种模式的实现方式主要有两类：一种是养老机构和医疗机构之间的合作；另一种是家庭或社区与专业机构之间进行的合作，表现为家庭病床、健康体检、健康档案、上门服务等形式。

共享型融合模式，主要指基于服务内容深度融合，即"医养内容融合"为特征。这种模式提供的不只是简单的生活照料、初级诊疗等服务，还包括了疾病预防、保健护理、精神慰藉、健康关爱等全方面的医疗护理服务。公私合营模式是当前医养结合机构发展的主要模式，通过将社会资本引入到老年服务机构的建设中，通过政府和社会资本双方发力，有效克服资金困难的问题，这种模式不仅降低了政府的财政压力，还增强了老年服务机构的活力。一些以 PPP 方式呈现出来的医养深度融合，可提供更加优质的服务，在生活照料、医疗健康、精神健康等方面，尽全社会所能，发挥各自特长，尽各自社会义务。

不管是嵌入型的、合作型的还是共享型的医养融合模式，可以发现，医养护的融合实际上涉及了三种资源的配置问题，在配置过程中可能会有不同的方式，无论哪种方式，最终它们是通过磨合、整合和耦合这三个阶段或者三个状态来实现的，比如通过管理体制的融合、医养护资源的整合以及服务体系的耦合来实现最终的融合。因此，在健康老龄化下探讨医养护融合发展，是一个非常重要的现实问题。

本 章 回 顾

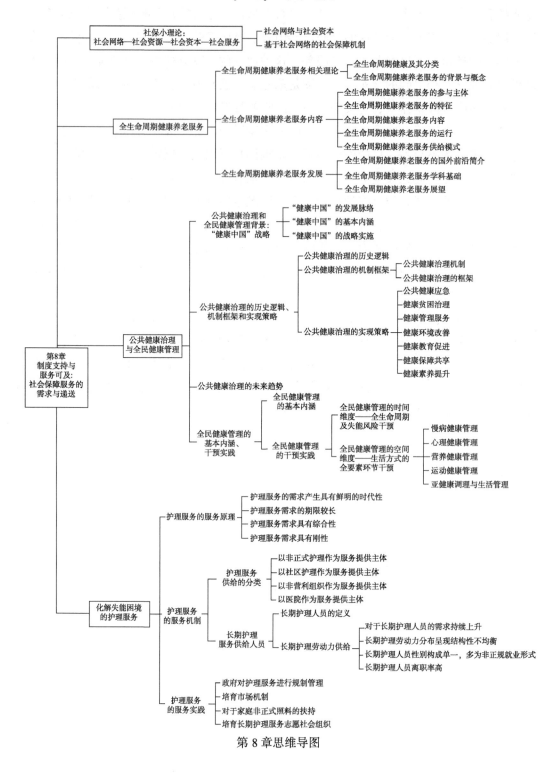

第 8 章思维导图

思 考 题

1. 全生命周期健康养老服务的主要内容有哪些?
2. 如何有效实现"健康中国"战略?
3. 长期护理服务的劳动力供给有何主要特征?
4. 如何理解社会保障服务的公共服务属性和共同富裕路径?

即 测 即 练

第 9 章

制度形态与社保丛林：全球社会保障制度概览

> 人民的福利就是政府的目标。一国的物质进步和繁荣，只要能给全体好公民带来精神和物质福利，就是好事。
>
> ——西奥多·罗斯福

社会保障制度是人类社会文明发展与工业社会技术进步共同作用下的产物。现代社会保障制度最早产生于 19 世纪末期，在漫长的历史进程中，受不同政治、经济、社会文化、历史传统等因素的影响，西方各国逐渐建立了适合各自国情的社会保障制度与发展道路[1]，积累了丰富的社会保障经验与教训。"他山之石，可以攻玉"，各国的有益经验对完善和发展中国社会保障制度亦有重要意义。本章将梳理社会保障制度的建立依据，介绍现行社会保障制度的主要类型、内涵特点及代表性国家，分析典型国家社会保障制度的改革与社会保障的多元化发展，探讨各国社会保障制度的发展经验及对中国的借鉴意义，从而勾勒出全球社会保障制度的整体轮廓。

9.1 社保小故事：为什么世界上没有完全相同的两种社会保障制度？[2]

2007 年，由迈克尔·摩尔执导的纪录片医疗内幕（*Sicko*）在美国上映。该片旨在通过大量的个案访谈，以及美国和其他资本主义国家甚至社会主义国家的对比，展现当时美国医疗体制下的层层黑幕。在影片中，导演迈克尔走访了美国、加拿大、英国、法国、古巴 5 个国家，采访了不同人群，以此探索不同国家的医保制度。通过迈克尔的走访，我们看到在美国，医疗保险收费很高，但是很多病种却不保障，并且找出种种理由拒绝支付医疗费用。在英国，医院免费为病人治疗，甚至给病人报销回家的车

---

[1] 丁建定，王伟. 西方国家社会保障制度发展模式研究[J]. 东岳论丛，2021，42(3)：139-145.
[2] 本节撰写者：李东方，范昕，李娱佳。

费。在法国，一名全科医生的绩效工资是根据减少患者诊疗次数和药物的多少、病人诊疗期是否足够短，以及病人好评度而定的；妇女生孩子时，政府会雇保姆到其家中服务。在古巴的免费医疗体制下，那些在美国要花费上百美元的基本治疗药物在古巴用不上几分钱……

从中我们可以感受到不同国家医保制度的巨大差别。迄今为止，世界上已有 160 多个国家建立了各种形式的社会保障制度，各国都在通过不同的社会保障形式，实现互助共济、抵御风险、提升人民福利的社会保障目标。那么为什么世界上没有完全相同的两种社会保障制度呢？如何在如此纷繁复杂的社保制度丛林中窥见一斑呢？

我们可以从社会保障制度建立的背景条件方面来进行探讨。

第一，经济基础不同。以英国、瑞典为代表的福利国家具有雄厚的物质基础，这为其实施全民福利制度、设立"从摇篮到坟墓"的各项社会保障项目、确保高水平的给付待遇提供了强大的后盾。德国、美国等国基于强大的经济实力，设立了旨在为社会成员提供基本经济安全、维持公民必要生活条件的社会保障制度。新加坡和智利等国则是通过社会保障制度对经济发展强大的保障和推动作用，形成了经济发展和社会保障事业相互促进的局面。比如新加坡将社会保障基金用于购买国债，支持国家基础设施建设，既为国家建设提供了长期的基金保障，又为基金的安全性和回报率提供了保障。

第二，政治环境不同。各国社会保障制度的建立往往与其阶级斗争状况、阶级政治联盟的结构以及国家体制的历史传承直接相关。如英国社会福利制度的发展同英国工人阶级运动密切相关，工会和工党的兴起、发展、壮大以及斗争也是社会保障制度建立的促进因素。英国政府寻求平等标准的服务和给付，力求追求平等以保证每一个社会阶层能够享受基本的权利，因此这种福利保障高度制度化，给付最慷慨。瑞典政府深受"平等、妥协"文化价值观的影响，瑞典社会民主党的执政理念是社会民主主义，其手段是通过税收和各项社会政策，进行多层次再分配，缩小整个社会的贫富差距，从而维护社会的和谐与稳定。这种执政理念长期影响瑞典社会保障制度模式。还有些国家的社会保障制度受市场经济的影响，更多地偏好效率。比如美国，由于多元文化所带来的分散化的政治特性，美国政党没有统一的党章，国家缺乏稳定的跨阶级联盟，因此美国政党的政策措施多为了争取执政地位和平衡社会各方面利益。德国复杂的政治和阶级背景是促进社会保障制度最早建立的重要原因，同时也是德国选择投保资助型社会保障制度的重要原因。还有一些新兴国家，其社会保障制度建立的政治条件多为拥有一个强而有力的政府构成和高效的行政环境。

第三，理论基础不同。不同的国家社会保障制度蕴含着不同的理论基础，如福利经济学、新历史学派思想、自由放任主义和社会达尔文主义思想以及凯恩斯主义等。

第四，文化差异巨大。如瑞典的社会文化凸显了福利国家制度的特征，长期的和平与稳定形成了瑞典居民特有的合作与妥协的历史传统。美国在社会保障制度的建立和完善中，充分体现了谨慎的发展特征，这与其长期的保守主义福利观念有着必然的联系。新加坡的社会保障制度受到多方面文化因素的影响，包括殖民统治时期的主国文化渗透，固有的以家庭为中心处理社会问题的道德传统，独立后政府的自我保障意识，等等。智利皮诺切特军政府执政后，政策中凸现了军政府主导的新自由主义意识。新自由主义理论的精髓在于反对政府干预的逆凯恩斯主义思想，崇尚市场竞争，强调私有化，发展私营企业，开放市场，参与国际竞争。

综上所述，经济条件是社会保障制度建立的动力因素，执政党的政策主张和阶级状况是社会保障制度建立的政治背景，宏观理论是社会保障制度建立的理论基础，文化条件是社会保障制度发展的重要影响因素。社会保障制度是各项条件共同作用的结果。不同经济、政治、社会、历史文化背景下的社会保障理念千差万别，社会保障制度由此形成了不同的发展模式。

按照政府、企业和个人在社会保障制度中承担的不同责任，社会保障权利与义务的对等关系，社会保障给付水平的高低，社会保障财务制度的形式等标准，我们可以将现行的社会保障制度大致划分为四类：社会保险型社会保障制度、福利国家型社会保障制度、强制储蓄型社会保障制度和国家保险型社会保障制度。[①]这四类社会保障制度模式的内涵各不相同，其制度重点也各不相同，比如社会保险型模式强调保险的机制，福利国家型模式强调国家的义务，强制储蓄型模式强调个人的责任，国家保险型模式强调国家的责任。我们将在本章节着重介绍主要的三种社会保障制度模式：福利国家型模式、社会保险型模式和强制储蓄型模式。

9.2　福利国家型的社会保障制度[②]

福利国家型社会保障模式是政府为居民提供"从摇篮到坟墓"的高水平保障的社会保障体系，也称为福利型社会保障模式。它源于英国，始于《贝弗里奇报告》，其理论基础是庇古的福利经济学。

1920年，英国剑桥学派主要代表人物之一的庇古出版了《福利经济学》，为确立福利国家奠定了相应的理论基础。1942年英国著名经济学家贝弗里奇完成了一份社会保障改革的研究报告《社会保险及相关服务》。1948年，英国在该报告指导原则基础上重新设计了社会保险制度，在通过一系列的有关劳动保险的法律并加以实施后，正式宣布建成福利国家。贝弗里奇也被称为"福利国家之父"。

---

① 丁建定. 社会保障概论新编[M]. 北京：中国人民大学出版社，2016：200-204.
② 本节撰写者：李东，费炀。

在英国之后，西欧、北欧等一些国家也纷纷宣布建立福利国家，加拿大、澳大利亚等国家也迈向了福利国家，福利国家作为经济社会发展水平达到高层次和社会文明进步的象征，在世界上风靡一时，20世纪60年代达到鼎盛时期。

9.2.1 制度特征

综合福利型国家的基本特征，有学者给出了福利国家型社会保障制度的定义，即指在立法基础上，由国家充当社会保障制度的主体角色，由财政负担主要资金来源，保障范围广泛，保障项目齐全，保障水平较高，充分体现公平的一种制度安排。具体而言，福利国家模式及其所推行政策的主要特征有以下几点。

1. 累进税制与高税收

国家通过确立累进税制对国民收入所得进行再分配，使社会财富不再集中于少数人手里；同时，为维持福利国家高水平的福利支出，也必然需要高税收来支撑。因此，高税收不仅是福利国家的财政基础，也构成了福利国家的重要特征。

2. 普遍覆盖与全民共享

"普遍性"和"全民性"构成福利国家型社会保障制度的基本原则，其目标不仅使公民免遭贫困、疾病、愚昧、肮脏和失业之苦，而且在于维持社会成员一定标准的生活质量，加强个人安全感。各种保障制度，不仅限于被保险人一人，而且推及其家属；不只限定于某一保险项目，而且推及凡维持合理生活水平有困难和经济不稳定的所有事件，以最适当的方法给予保障。

3. 政府负责与保障全面

在福利国家，政府是社会保障的当然责任主体，不仅承担着直接的财政责任，而且承担着实施、管理与监督社会保障的责任。同时，福利国家的社会保障项目众多，待遇标准也较高，保障项目设置涵盖了每个社会成员"从摇篮到坟墓"的一切福利保障需求，而个人通常不需缴纳或低标准缴纳社会保障费用，福利开支主要由政府和企业负担。

4. 法治健全

各种社会保障制度均依法实行，并设有多层次的社会保障法律监督体系。如被称为"福利国家橱窗"的瑞典在第二次世界大战后颁布一系列法律法规，包括《国民保险法》《健康保险法》《劳工福利法》《养老金法》《儿童福利法》等，使瑞典的社会保障制度更为科学。

5. 充分就业

国家采取各种措施促使人人都能有就业的机会，通过国家政权的力量，强制性消灭各种导致失业的因素来实现充分就业的目标。充分就业也是福利国家模式重要的制度基础之一。

9.2.2 典型模式：英国与瑞典

1. 英国的社会保障制度

1948年，英国正式宣布建成"福利国家"。所谓"福利国家"，按照英国工党1945年在竞选宣言中所表示的，就是使公民普遍享受福利，使国家担负起保障公民福利的职责。

英国的社会保障制度以1946—1948年颁布的几项法律为基础，并经过历年的补充修改和逐步完善，建立了一整套"从摇篮到坟墓"的社会保障体系。1941年6月，英国丘吉尔政府设立了研究社会保险及有关福利联合委员会，并任命牛津大学贝弗里奇为该委员会主席，负责考察并研究英国现行社会保险制度及有关福利问题。1942年底，《贝弗里奇报告》的出台确定了战后英国福利国家的基本框架。报告着重阐述了社会保障的三种方法：为保障基本需要而实施的社会保险、为保证特殊需要而实施的国民救济、为满足基本需要以外的需求而实施的自愿保险。1943年1月，战时内阁原则上采纳《贝弗里奇报告》，着手实施部分措施。1945年7月，工党领袖艾德礼任首相，颁布一系列社会保障方面的法律[①]。1948年7月5日，五法生效，英国宣布建立第一个福利国家。

1）英国社会保障的内容

目前英国的社会保障制度已发展成为面向全体社会成员、高福利、统一管理、为公民提供一揽子预防性保障的完整的社会保障体系。英国社会保障制度包括的项目超过40项，涉及社会保险、社会福利、社会救济三大方面。

（1）社会保险。英国的《国民保险法》规定，凡是中等教育毕业后（或16岁）已经就业，但还没有到领取养老金年龄（男65岁、女60岁）的公民，都必须参加统一的国民保险，缴纳保险费，并依法享有社会保险待遇。社会保险的主要项目有：养老保险、失业保险、医疗保险、工伤保险。

（2）社会福利。其主要包括全民免费医疗和各种津贴。英国《国民健康服务法》规定，所有公民都可以享受免费医疗服务，其经费的85%由政府财政拨付。英国实行普遍的津贴制度，对子女年龄在16岁以下的家庭发放家庭津贴，对完全丧失劳动能力者发放严重残疾津贴，凡是年满80岁而无资格领取养老金者可以享受老人年金和高龄老人津贴。

（3）社会救济。以《国民救济法》为基础，对无收入者或低收入者因无能力参加

---

① 这些法律包括：《家庭补助法》（1945）：对两个及以上儿童家庭给予补助；《国民保险法》（1946）：老年年金、疾病津贴、失业津贴；《国民健康服务法》（1946）：全民免费医疗；《工业伤害保险法》（1946）：工作保险；《国民救助法》（1948）：补充救济。

社会保险而遇到的各种风险给予救助。

2）英国社会保障制度改革及评价

第二次世界大战后的半个多世纪以来，福利国家政策一直是英国政府奉行的基本国策，这对于英国人民平均生活水平提高、经济发展和社会稳定都起到了推动作用。但在1973年经济危机之后，英国经济陷入长期停滞或低速增长的境地，社会福利的高额支出导致政府财政赤字和国债膨胀，负担沉重——国家预算支出占国民生产总值的40%以上，社会保障支出又占预算支出的1/3以上——英国的"福利国家"制度出现了严重的危机。于是，英国政府于1985年发布了《社会保障的改革》绿皮书①，分别对就业、医疗、养老等方面的保障制度进行了改革，削减福利支出，把一部分保障项目转为私有化。但是由于社会保障的刚性特征，英国社会保障制度改革的步调十分谨慎。

英国实行高福利的社会保障制度，支出越来越大，这种状况不仅不利于国民经济的进一步发展，而且削弱了其国际竞争力。在英国社会经济运行情况整体陷入低谷的境况下，坚持持续提供高水平福利的工党彻底失势，取而代之的是1979年以撒切尔夫人为领袖和2010年以戴维·卡梅伦为代表的两届英国保守党政府。保守党政府在保持原有"国家福利"制度不动摇的基础上，极力削减政府公共财政支出，将社会保障福利支出尽可能地转嫁给普通公民，强调个人责任，缓解了福利支出压力，暂时维持住"福利国家"制度，使之没有出现"崩溃"的局面。②

但因新冠肺炎疫情影响，英国社会保障体系仍受较大冲击，社会护理费用出现巨大缺口。为弥补政府因此出现的财政赤字，新一任保守党首相鲍里斯·约翰逊宣布于2022年4月实施增税计划，以缓解英国社会保障制度和社会福利危机。但约翰逊也因此遭到保守党内外激烈反对，被认为其公然违背2019年竞选时不会对英国工人增税的承诺③。面对福利体制的僵化、社会矛盾的日益尖锐，英国政府解决问题的方式只是在日渐僵化的体制上不断小修小补，试图简单调整政府支出调节来达到其乐融融、和谐发展的假象，体制内部核心弊端依旧被选择性忽略，是英国社会保障制度改革中最大的问题所在。②

2. 瑞典的社会保障制度

瑞典以其完整的社会保障制度和最高的社会保障水平取得了"福利国家橱窗"的称号，是典型的高福利社会保障制度，代表了北欧国家的社会保障模式。

---

① 这份绿皮书提出了以后的社会保障方面的三个目标：一是社会保障制度必须具有灵活性地满足个人的真正需要，只有这样才能为困难者提供更及时准确的社会保障服务，这是国家基本的责任。二是社会保障制度的发展必须适应社会经济环境变化，只有采取强有力的措施才能实现自身的合理发展。三是要实行社会保障管理体系改革使得制度更为简单、易于接受和了解，从根源上增强制度效果。此外，还特别指出，国家向有需要的人提供帮助的传统将会继续保持并不断发展。

② 刘晓梅，闫天宇. 英国福利思想与制度变化的再思考[J]. 社会保障研究，2020(4)：93-101.

③ 孙微，何珊. 英首相宣布加税360亿英镑惹众怒[N]. 环球时报，2021-09-08.

学界一般认为，瑞典的社会保障起源于 17 世纪之前天主教会的济贫事务，形成于 20 世纪 30 年代至第二次世界大战期间。其理论基础为斯德哥尔摩经济学派和凯恩斯的宏观经济理论，而美国罗斯福总统的"新政"和德国国家社会党的崛起以及国家统治经济的实行，则从实践方面给予了瑞典很多启发。第二次世界大战后，瑞典社会保障制度迅速发展。1947 年以后，瑞典颁布了一系列有关社会保障的立法，将 20 世纪 30 年代提出的"社会福利计划"大规模地付诸实践，其中以年金立法和家庭津贴立法最为突出。1956 年政府又颁布了《社会援救法》以取代《济贫法》，同时，还在全国范围内建立起医疗保健服务制度。1969 年，瑞典社会民主党再次执政，采取了更加激进的措施扩大社会保障体系，形成了"从摇篮到坟墓"的全套社会保障体系，基本内容为：生育补助、儿童津贴、免费教育、养老保险、医疗保险、工伤保险、住宅服务等。

1）瑞典社会保障的内容

瑞典自 1913 年建立老年保险制度以来，社会保障体系不断扩大和完善，现已形成了一个比较完备的保障系统。瑞典现行的社会保障体系主要包括社会保险、社会福利和医疗保健三大部分。

（1）社会保险。瑞典的社会保险在社会保障体系中居主导地位，包括退休与养老保险、失业保险、工伤保险等。退休与养老保险可分为基本养老保险和补充养老保险，此外还有为非全日制的零工提供的部分时间养老保险，这些共同组成瑞典养老保险的三大支柱。瑞典规定的退休年龄为 65 岁，人们提前退休只能领取部分退休养老金，推迟退休可领取高于正常退休的退休养老金。养老保险费由国家、企业、个人共同承担。瑞典的失业保险是按政府补贴和职工自愿参加相结合的原则建立和实施的，一般有政府部门举办的普通失业保险和非政府部门（如私营的失业保险协会）举办的补充失业保险两种。工伤保险包括医疗费、疾病津贴、终身年金和抚恤金四部分。

（2）社会福利。瑞典的社会福利包括社会津贴和社会救助两大部分。子女津贴、教育津贴和住房津贴构成社会津贴。社会救助又称为劳动市场现金救助，主要是为那些家庭收入无法满足或不足以满足最低生活需要的居民设置的，其特点是尽量采取现金形式。

（3）医疗保健。医疗保健是瑞典社会保障制度的重要组成部分。无论其经济状况或居住地，所有的瑞典公民在医疗方面都享有平等权利，享受政府提供的大部分医疗保健服务。在瑞典，90%以上的医疗服务是由公立医院与其他公立卫生设施提供的。医疗保健服务费用的 2/3 来源于地方税收，1/3 来源于中央政府。在公立医疗服务保健机构工作的医生占全国医生总数的 95%。

2）瑞典社会保障的特征

社会保障建立在公民普遍的权利之上。瑞典公民和生活在瑞典的外国公民都享有保险，年满 11 岁就可以在当地保险机构登记入保。国家基本养老金差不多每人都有。较为广泛和优厚的公共补贴制度与社会保险相结合构成了平等程度较高、标准亦较高的社会保障。瑞典社会保障基金主要来自各行业的雇主方。享受人一般不需要直接缴纳社会保险费用。

3）瑞典社会保障制度的评价

瑞典奉行"从摇篮到坟墓"的社会保障政策，国家通过立法手段，干预经济和财政，对国民收入实施再分配，使财富在各家庭之间的分配趋于平等。这对于消除贫困、维持社会稳定与繁荣起到了重要作用。

瑞典模式的高福利、高消费是以高税收、高公共开支为代价的，国家包揽得太多，负担太重。瑞典政府维持"高税收、高消费、高福利"原则与人口老龄化严重的情况不适应。一方面加重了劳动年龄人口的负担，使代际矛盾突出，劳动积极性下降；另一方面，社会保障项目多、范围广、水平高，使社会保障收入同劳动收入的差距逐渐缩小，这种现象必然会使部分人产生过分依赖社会和国家的思想。此外，为了维持高福利而征收高额社会保障税，导致用于投资和再生产的资金减少，社会成本提高，产品在国际市场竞争力相对下降。

瑞典社会保障制度从20世纪80年代进入改革时期，在撒切尔改革和里根主义影响下，瑞典政府调整了经济社会政策方向，抛弃了凯恩斯主义经济学和对经济规划的信仰，开始了朝向新自由主义的改革。[①]基本方向是紧缩社会保障支出，推行社会保障地方化，在社会保障制度中引入竞争机制和实现部分保障项目私营化。

20世纪90年代，在新自由主义思潮的影响下，瑞典政府进行了有利于企业利益的税制改革，认为高税率对创新发展、企业竞争力造成了损害。国家开支更多地依赖增值税或消费税，而不是针对富人的累进税。改革后，个人和企业所得税税率已相比20世纪七八十年代的高峰期下降了20%～30%。[①]

但是2020年以来的新冠肺炎疫情和瑞典国内对疫情控制逐步失控，瑞典成为北欧第一个达10万例新冠肺炎感染病例的国家。瑞典福利国家社会保障制度的漏洞在疫情面前不断显露，同时也揭示了瑞典社会不平等日益扩大的现实。

9.3 社会保险型的社会保障制度[②]

9.3.1 制度特征

1. 社会保险型模式的含义

社会保险型模式起源于19世纪80年代的德国，是世界上最早出现的社会保障模式。作为工业化的产物，社会保险型模式的社会保障制度是在工业化取得一定成就，

[①] 郭灵凤. 疫情下看瑞典新自由主义改革的后果及其代价[J]. 世界社会主义研究，2021, 6(9): 68-75, 104.
[②] 本节撰写者：李东方，范昕。

经济基础较为雄厚且企业和个人都具有一定经济承受能力的情况下实行的。随后，该模式被世界上越来越多的国家引进，包括欧美等发达资本主义国家和部分发展中国家，主要代表国家有德国、美国和日本。

社会保险型模式，又称俾斯麦社会保障模式和投保资助型社会保障模式，指以社会保险为核心，由政府、企业和个人共同承担社会保障费用的社会保障制度。在这一模式中，政府、企业和个人都是责任主体，在不同项目中扮演不同角色。在社会保险制度中，主要缴税（费）人为企业和个人，政府只是最后责任人的角色；在社会救助、社会福利制度中，政府则是最主要的责任人。值得注意的是，该模式中普惠的项目较少，许多项目具有"选择性"，主要对收入低下的贫困群体提供保护。

2. 社会保险型模式的特征

社会保险型模式强调在立法基础上，遵循效率与公平相结合的原则，在资金筹集方面以自我保障为主，辅以国家补偿机制，从而为公民提供一系列基本生活保障。其主要特征表现在以下几个方面。

其一，以公民为核心。社会保险型模式主要面向公民，以年老、疾病、工伤、失业等为风险切口设置保险项目，用以保障公民在遭遇这些风险时的基本生活。在某些情况下，社会保障制度还惠及其家庭成员。

其二，公民的权利与义务相结合。社会保险型模式强调公民既享有受社会保障的权利，也要承担缴纳社会保障费用的义务。公民享有的社会保障待遇水平通常与缴纳社会保障费用的多少及其个人收入情况相关联，不参加社会保障或者不缴纳社会保障费用是无权享受社会保障待遇的。

其三，责任共担，互助共济。社会保险型模式强调建立政府、企业和个人之间的责任共担机制，三者之间互助共济。首先，由企业和个人分担社会保障的主要缴费责任，国家财政给予适当支持，然后，企业和个人缴纳的社会保障费用形成养老、医疗、失业、工伤、生育等专项社会保障基金，当公民遭遇意外风险事件时，依据社会保障项目规定享受相应的社会保障待遇。

其四，兼顾社会公平与市场效率。在处理社会公平和市场效率的关系问题上，社会保险型模式不只强调社会公平的重要性，同样重视市场效率。既要保证每个公民都能享有一定的社会保障待遇，又不能影响市场的竞争活力。

其五，现收现付。社会保险型模式下的社会保障基金筹集以现收现付方式为主。

9.3.2 典型模式：德国

1. 德国社会保障制度的历史沿革

在社会保障制度的演化过程中，德国是世界上最早建立和实行社会保险型模式的国家。其基本方式是，保险费用基本上由雇主和雇员共同负担，国家仅提供伤残和养老保险补贴，即实行"收入关联保险模式"。

德国的社会福利事业最初是在民间发展起来的，主要是一些警察、宗教社会团体创办收容所、孤儿院等社会慈善机构，从事救济贫民的活动。19世纪中叶，工人和工会开始创办劳动者福利中心、社会福利联合会等群众团体。工人自己筹资，通过这些团体，在工会会员遭遇死亡、事故、病残等不幸时，开展互济互助。这些活动虽与现代社会保障制度有性质上的差异，但却是社会保障制度的萌芽。

德国现代的社会保障制度是德国工业化及阶级之间社会矛盾激化的产物。19世纪中叶以后，德国资本主义经济迅速发展，劳资矛盾日益尖锐，以俾斯麦为宰相的德国政府为缓和社会矛盾，对工人阶级实行"鞭子"加"糖果"的政策，一方面对工人进行镇压；另一方面筹划实行社会保险制度，以改善工人境况和增加福利待遇的方法，促进社会稳定。1883年颁布的《疾病社会保险法》，对手工业者和非手工业者实行强制性保险。此后，政府不断增加和完善各项保险法规，于1884年颁布了《劳工伤害保险法》。1887年修改了《疾病社会保险法》，并增加了生育保险内容。1889年颁布《伤残和养老金保险法》，1911年颁布《遗属及职员保险法》。在20余年间，建立了五种社会保险制度，形成了包括伤害、残疾、疾病、生育、养老等保险项目的社会保险体系。俾斯麦社会保险模式以缴纳保险费为享受保险的条件，保险费由雇主和雇员共同出资缴纳，国家仅提供伤残和养老保险补贴。保险待遇取决于雇员的收入和缴纳保险费的多少。这种保险模式还遵循权利和义务对等的原则，强调社会成员在享受社会保障权益的同时，也必须承担相应的义务和责任。在德国，原则上所有的雇员都要以某种形式参加养老和事故保险，94%的就业者都以某种形式参加医疗保险。除公务员外，所有就业者都参加失业保险。德国社会保险制度贯彻的"资金自助"原则，有助于把社会成员对社会保障的享受与参与市场竞争的责任心联系起来。但它忽视了那些先天不具备劳动能力或现在尚未具备劳动能力的社会成员所应享有的基本生活保障权利。

2. 德国社会保障制度的主要内容

德国社会保障制度主要有三个方面的内容：一是社会保险，二是社会救助，三是社会福利。

社会保险是德国社会保障制度的主要方式，它由养老保险、医疗保险、失业保险、长期护理保险和工伤事故保险这五个险种组成。它是国家用法律的形式规定的义务保险，除公务员实行《公务员法》另有保障规定外，所有雇员原则上都必须参加社会保险。社会保险的管理机构由两部分组成：一是按规定由雇主和雇员分别选出的代表参加的代表会议，作为最高权力机构行使组织与管理权；二是负责监督代表会议的行政机构，主要负责立法和监督代表会议的合法性等。只有失业保险由联邦劳工局领导的公务机关负责。

社会救助对象主要是那些丧失劳动能力的人，目的是帮助被救济者能够维持最低生活水平，并使被救济者在最短的时间内依靠自身的力量达到"自救"。根据《联邦社会救济法》的有关规定，凡是生活在德国的居民，不论是德国人还是外国人，只要达到该救济法所规定的条件，都可以要求得到社会救助。社会救助资金主要来自财政拨款；各市、县、州和联邦政府设立各级社会救济管理机构，对社会救助事务进行管理。

社会福利是国家、社会、单位共同组织起来的第二层社会保障网，是当社会中下层家庭因收入过低或某种特殊负担太重，而发生生活困难时予以福利待遇的制度。社会福利的给付不以收益人是否事先缴纳费用为条件，而是主动予以帮助。社会福利分为直接福利待遇和间接福利待遇两个方面。直接福利待遇是社会福利的主体，主要包括母亲保护和儿童补贴、住房补贴、社会救济等内容；间接福利主要是指国家利用减征或免征个人所得税及其他一些税收的办法给予的福利待遇。社会福利也是德国社会保障的重要组成部分。

3. 德国社会保障制度的运作特征

其一，社会保障具有普遍性。各种社会保险的对象由工人、职员扩展到自由职业者、农民，如果再加上社会救助与社会福利，则几乎全体国民均能享受到相应的社会保障待遇。

其二，社会保障金由雇主、雇员和政府共同负担。德国一直坚持社会保障责任分担的原则，这种三方责任分担的方式，可以说是德国社会保障制度能够持续发展的重要条件。

其三，社会保障实行资质管理。在各类承办社会保障事务的社会保险机构中，均设置由雇员代表、雇主代表所组成的代表大会和董事会，来负责管理有关社会保险事宜，而政府则通过劳工和社会事务部等起一般的监督作用。这种自治管理体制，一方面便于政府监督职能的行使，另一方面增强了雇主、雇员自身的责任，只要用人单位和劳动者建立了正常、合法的劳动关系，单位和个人就应按规定依法缴纳各自应承担的社会保险费用。试用期包括在劳动合同期限中，同样属于劳动关系的存续期间。

9.4 储蓄保险型的社会保障制度[①]

9.4.1 制度特征

储蓄保险型社会保障制度是一种个人缴纳保险费的社会保险制度。这种制度模式

[①] 本节撰写者：李东，费炀。

强调雇员的个人缴费和个人账户的积累，退休者的社会保障权益来自本人在工作期间的积累，且所积累的资金通过投资基金进行运作。简单说，就是国家通过制度安排强制居民个人对自己的风险负责，最后的责任人才是政府，所以也被称为强制储蓄型社会保险制度。

强制储蓄型模式除具备国家立法规范、政府严格监督特点外，还具有如下鲜明的特点。

1. 强调自我责任，缺乏互济性

强制储蓄型模式是在国家立法的规范内，采取强制手段扣除劳动者的一部分工资储存起来，完全用于劳动者自己养老等。它不存在劳动者之间的互助互济功能，从而也无法让风险在群体中分散。可见，这种制度强调的自我负责而不是追求互助共济，这一点与其他社会保障模式所追求的目标是相悖的。

2. 建立个人账户，实行完全积累

在强制储蓄型模式下，每个参与其中的劳动者均拥有一个账户，雇主与劳动者自己缴纳的费用均直接计入该账户，并逐年累积，直到劳动者年老退休时才领取。因此，这种模式实现的其实是劳动者自己一生中的收入与负担的纵向平衡。

3. 与资本市场相结合

由于强制储蓄型模式是完全积累的财务机制，每个劳动者在劳动期间积累在个人账户上的资金是不断增长的，从参加强制储蓄到领取相应待遇，往往间隔数十年，其间必然遭遇通货膨胀导致基金贬值的风险。因此，强制储蓄型模式的最大压力在于如何使个人账户积累的基金实现保值增值，这就必然要求积累基金与资本市场相结合，才可以在参与社会财富创造的过程中避免贬值的风险。

4. 在保障内容上主要是养老保险

从当代世界采取强制型模式的国家来看，这一模式主要适用于具有长期积累性的养老保险。因此，所谓的强制储蓄型模式并不等于采取这一模式国家的整个社会保障制度，而只是整个社会保障制度中的一部分。

5. 政府承担责任的方式特殊

在强制储蓄型模式下，政府通常并非直接分担缴费责任，而是扮演着监督者的角色，而对个人账户上积累基金的投资运营的监督是重点。同时，不同国家政府承担的责任亦是有区别的，如新加坡是设立中央公积金局来集中运营公积金并由政府确保相应的收益率；智利则采取私营化办法，政府仅仅承担监管责任。

这一模式以新加坡和智利为代表。

9.4.2 典型模式：新加坡与智利

1. 新加坡——中央公积金型制度

新加坡用金融工具实行全面的社会保障，创立了别开生面的中央公积金制度，较好地处理了社会保障中公平与效率的问题。这一制度设计在全世界范围内产生了重要影响。

第二次世界大战以后，英国迅速建立起了福利国家制度，这对当时仍处于英国殖民统治之下的新加坡产生了重大影响。为了安抚民心，新加坡殖民当局于 1953 年 12 月 11 日通过了公积金法令，1955 年 7 月成立了专门负责管理公积金的中央公积金局，开始实施中央公积金计划。1965 年 8 月 9 日新加坡独立以后，李光耀政府开始极力扩展中央公积金的职能，使它能够为各类社会、政治和其他目标进行融资，从而在新加坡建立了完善的中央公积金制度。该政府同时将中央公积金制度作为经济发展战略的重点，将其列入经济全面振兴计划，由此中央公积金制度已不仅仅是一个简单的养老保障计划，而成为一种重要的社会经济政策工具。

1）中央公积金制度的含义及内容

新加坡的中央公积金制度强制雇主和雇员共同供款，并以职工个人名义存入公积金，由公积金集中管理和经营，职工在符合某些条件的情况下可以动用个人账户的基金用于特定的用途。制度设计之初只为简单的养老目的，随着社会发展制度不断完善，又增加了医疗保险、子女教育、住房公积金等内容，在较短的时间内解决了新加坡公民"老有所养、病有所医、居有其屋"的三大社会难题。

（1）资金筹措。新加坡中央公积金的筹措方式为强制性储蓄，所有工人及其雇主都必须按期缴纳中央公积金。新加坡法律规定，凡受雇雇员，月收入在 800 新元以上者，必须参加公积金，雇主及个体经营者也必须参加。公积金的缴费率根据经济发展情况而不断调整，一般每年确定一次。缴纳公积金是有上限的，雇主和雇员每月缴纳的公积金最高不得超过 1 200 新元。这项进入中央公积金的储蓄连同储蓄利率，存入政府为每位参加者设立的"个人账户"中。账户可随本人工作调动而转移，也可以继承，但退休前不准变现，只有符合政府规定才允许提前支取。例如，当会员因身心健康原因不能工作或准备移居国外，可按规定提取公积金。

（2）账户设置。个人账户被划分为普通账户、医疗救助账户和专门账户。普通账户中的资金占公积金的 75%，主要用于公共住房、购置产业、家庭保障、教育计划和获批准的投资等。医药救助账户内的资金占公积金的 15%，作为成员及配偶、子女、父母等家庭成员的医疗费用。专门账户资金占公积金总数的 10%，主要用于老年生活费和特别支出。

（3）保障内容。

①养老保障。新加坡政府规定，除了完全丧失工作能力和永久离开新加坡、马来西亚的两种人可以提前支取公积金外，必须在年满55岁并在退休账户保留一笔最低存款后才可以领取公积金，其主要目的是保证公民老年的基本生活水平。因此，最低存款的数额是随着经济的发展而变化的，如1995年为4万新元，2003年则达到8万新元。如果年满55岁而退休账户内的最低存款没有达到规定的数额，可以通过以下四种办法解决：其一，55岁后继续工作，可以将缴纳的公积金存款中的一半用以填补最低存款。其二，可以将普通账户内的存款转入退休账户。其三，在子女存有超过父母最低存款两倍以上的公积金存款的情况下，用其超过部分填补父母的最低存款。其四，用现金填补自己的最低存款，每年可以享受免除6 000新元的所得税。被保险人在年龄达到60岁（法定退休年龄）后，每月按一定数额领取养老金，直到最低存款用完。

②医疗保障。公积金制度中的医疗保健计划由三个部分组成：医疗储蓄方案、医疗保护方案和医疗基金方案。1984年开始实施医疗储蓄方案。这是一个全国性的储蓄计划，每一个有工作的人，包括个体业主，都需要按法律规定参加医疗储蓄。参加医疗储蓄的每一个人都有自己的账户，会员必须每月将部分公积金存入自己的医疗保健账户。根据公民的年龄及职业的不同，存入金额的标准也不一样，该账户存款的最高限额为1 900新元。其资金只用于会员及其家属的住院费用和选定的贵重门诊检查费用。医疗保护方案于1990年开始实施，是一项基本的、低费用的大病保险计划。它的设立是为了帮助参加者支付大病或慢性病的医疗费用。参加者每年只需缴纳12新元保费，即可索取每年最高2万新元和终身最高达8万新元的医疗补偿金。与医疗储蓄方案不同，医疗保护是一个需要放弃的计划，即每一个医疗储蓄的成员如果不特别指明放弃这一方案，它将自动成为医疗保护的成员。医疗基金方案是新加坡政府为帮助贫困的新加坡公民支付医疗保险费用而特别建立的一种捐赠的基金，始于1993年。医疗基金保障了所有的新加坡人，无论他们的社会经济地位如何，都将得到良好的、基本的医疗保健。

③住房保障。中央公积金包括两项住房保障计划，即公共住房计划和住宅产业计划。公共住房计划规定可以用普通账户的存款一次购买付清建屋局提供的住房，或者先向建屋局贷款，再由缴纳的公积金按期偿还贷款。这项计划还包括了可以用公积金缴付由建屋局组织的祖屋翻新计划。住宅产业计划即可以用普通账户存款购买私人住宅产业及缴纳相关的费用。

④家庭保障。中央公积金的家庭保障有两类：家属保障计划和家庭保障计划。家属保障计划只限于新加坡公民和永久居民的公积金会员，每年的保费在36~360新元之间，最高投保额为36 000新元，其目的是使会员及其家属在发生不幸事件时能有一定的经济保障，以帮助他们克服困难。家庭保障计划则是为了保证公积金会员在发生意外时不会因为付不起住房贷款而失去房子。1981年起，新加坡公共住房计划下动用

公积金分期支付购房款的会员，必须参加该项计划；但"健康欠佳"者和60岁以上老人不能参加。一旦投保人发生意外，中央公积金局将为会员支付没有付清的住房贷款，支付的最高限额以投保的保额为准。

2）中央公积金制度的特征

- 强调自食其力、自力更生、自我保障，强调统一的个人储蓄而不是分散的个人储蓄。
- 资金的筹集全部由雇主和雇员按规定的一定比例支付。
- 公积金制度是以福利为主、社会保障为辅，不具备再分配和互助调剂功能。
- 激励功能比较强。
- 从单一功能发展到多功能（综合功能），从而使公积金走向一种以自我保障为主，辅之以社会保险的综合性自我保障体系。
- 公积金的使用和管理规定有严格法律程序。

新加坡的中央公积金制度缺乏社会保障的完整性和全面性，对收入再分配起的作用不大，同时不具备全社会共担风险的机制，这是中央公积金制度发展中需进一步解决的问题。

新加坡的中央公积金制度实质上是一种长期性的强制储蓄制度，其原则是个人自助，辅以家庭互助。政府只发挥引导管理作用，不承担直接的经济责任。该制度既避免了国家财政在社会保障方面的巨额支出，也有效地避免了西方许多国家出现的福利"大锅饭"的问题，其政策实施效果备受世界瞩目。当然，由于其强制储蓄和自我保障的政策本质，新加坡模式提供的保障水平参差不齐，对于年轻的社会成员和低薪雇员的保障水平较低；同时，较高的缴费率也加重了企业负担，不利于市场竞争。

2. 智利——储蓄积累型制度

智利是自我积累型社会保障制度的代表国家，目前普遍推行储蓄积累社会保障制度。智利曾经是拉美国家中最早建立社会保险制度的国家。1973年，皮诺切特政变上台，成立了军政府。为维护社会稳定，皮诺切特政府于1979年进行社会保障体制改革，开始建立基金制的养老保险体制，并于1980年颁布了《养老保险法》。同时，智利也是世界上第一个将社会养老保险基金转为私营化管理的国家。

1）储蓄积累型制度内容

智利实行储蓄积累社会保障制度，最有影响和最有争议的制度设计体现在养老保险方面。智利的养老保险制度以个人账户积累为基础，以私营化管理为基本特征，强调自我积累、自我保障和经营性原则。它强制雇员个人将工资的10%积累于养老账户，并由个人任意选择基金管理人进行投资，达到退休年龄后可以连本带利取回，或继续留在某个基金管理公司，也可以选择从商业保险公司购买年金。当个人账户积累不足以保障退休后最低生活水平时，政府将对此负责。

2）智利模式的特征

与新加坡相比，智利社会保障制度有四个特点：一是建立个人账户，强制储蓄；雇主不缴费而只由劳动者个人缴费；二是由私人机构管理养老基金的运营；政府实施立法和监控，并承担最终风险；三是养老金的支付有三种方式可供选择，当个人具备养老金领取条件时，可以任选计划提款、终身年金、临时提款加终身年金三种方式；四是个人账户上的储蓄只能用于养老，而不能用于医疗保健与住房等开支。

3）对智利社会保障制度改革的评价

20世纪80年代，智利实行社会保障制度改革，建立了"个人账户"制度，账户累积的基金由私人公司管理。基金主要投资于金融机构发行或担保的证券、企业债券及政府批准的股票。政府还对不能进入的投资领域作了严格限制，如不得将社会保障基金投资于基金管理机构自身的股票及人寿保险公司股票等。[①]

智利建立了比较全面的社会保障体系，不仅包括社会保险中的医疗保险、失业保险、工伤保险等，还包括社会福利和社会救济等内容。但是，最有影响和最有争议的制度设计体现在养老保险方面。智利不仅是最早对传统的现收现付制养老金制度进行结构性改革的国家，也是世界上第一个将社会养老保险基金转为私营化管理的国家。

于智利的社会保障制度改革虽然取得了巨大的成功，但是因为存在诸多问题，导致了评价的褒贬不一。智利养老保险制度改革受到肯定的主要理由是：其一，养老基金由公共部门管理改由私营机构运营，大大提高了服务和管理水平以及投资回报率。将公共养老金制度改为养老金私有化管理以来，智利模式取得了明显的成就，其变革体现了一些新的社会保障发展趋势，即在传统的以公平为主的社会保障领域中引入市场机制，在传统的国家责任领域增加更多的个人责任，在传统的政府垄断性管理的领域加入竞争性经营等。因而受到国际货币基金组织和世界银行等一些国际经济组织的高度重视。其二，将过去杂乱无章的各类制度整合为统一的养老保险制度。20世纪70年代初，智利的阿连德民选政府尝试模仿苏联，采取计划、无视经济规律、激进政策等方式导致经济状况愈发严峻。当时智利采用的传统现收现付制公共养老金计划也产生了严重的社会和经济问题，赤字不断产生、社会不公加大、管理效率低下等问题频发，养老体系面临破产，引发社会矛盾和群体冲突。而智利如今的强制储蓄型社会保障模式整合了之前杂乱无章的各类制度，形成统一、有序的新型养老保险制度。其三，促进了储蓄率（积累率）的提高和资本市场的发展。智利的强制储蓄型模式通过国家强制力保证实施，每个公民都要开设个人账户，也就导致了国内资本市场资金的不断注入。基金管理公司对投保人的资金进行管理的过程也是促进智利资本市场发展的过程。其四，减轻了企业和国家的负担。在权责关系方面，由个人承担全部责任，个人自主选择适合的基金管理公司。政府不直接干预私人养老金的管理和养老基金投资运

---

① 许琳，翟绍果，唐丽娜. 社会保障学[M]. 3版. 北京：清华大学出版社，2018：292.

营,政治的职能仅限于"拟定规则、依规监管",确保养老基金的安全性。[①]企业也不用再为雇员缴费,政府和企业的负担大大减轻。

但该制度在国际社会保障界却并未得到高度认可,持否定和谨慎接受态度的理由主要有:①智利模式着重强调养老基金的储蓄功能,弱化了再分配功能,偏离了社会保障的社会共济方向,在本质上缺乏社会保障维护公平、互助互济的基本准则,其发展前景还有待进一步观察。②智利模式的私营化管理带来很多弊端。养老基金投资的商业化运作增加了社会资源的虚耗,很多养老基金管理公司将大量的人力、财力用于促销活动。③投资人缴纳的管理费用过高。投资人在养老金管理公司开立个人账户,每月养老保险费由参保者每月按其工资收入的10%缴纳,养老金管理公司再将投资所得利润存入个人账户。这其中管理公司的作用不可忽视。此外,智利政府对智利养老基金行业的高度管制和其自身有限竞争的特征也导致管理费用水平较高。加之投资活动的长期性,管理公司选择从投资者身上收取过高的管理费用。④私营机构管理数额巨大的养老基金,容易形成金融垄断。智利共有20多家养老基金管理公司,除了受到政府较为严格的监管之外,其机构设置、组织性质、运行模式与普通的市场主体无异。当前智利养老基金行业既不是完全竞争,也不是完全由一家垄断,而是一个垄断集合体,所有基金在几乎相同的成本下提供几乎相同的产品,因而兼具了集合垄断和有限竞争所带来的明显缺陷。不断加强的市场垄断趋势限制了行业管理成本的下降,养老基金行业拥有众多的客户和长期的资金来源,参保者没有其他竞争性的选择,养老基金行业竞争十分有限。[②]⑤政府承担了巨大的责任和风险。智利最近发布的新制中规定,政府要承担提供最低养老金保障以及保障养老金的最低投资收益率的责任。参保成员中凡缴费满20年,但未达到领取最低养老金标准的,政府补足其账户余额,保证符合条件的参保成员能够达到最低养老金标准。当养老基金管理公司不能达到预期投资收益率时,应当先由公司利用储备金和自有资金补足,如果还不能满足投资收益率的需求,应当由政府对该公司进行清算,同时政府负责保证养老基金持有者的权利和收益。[③]此外,如果投保人因为养老金管理公司破产或自己中途失业、生病、伤残等,到期无法达到法定最低福利水平,国家将提供差额补贴。

9.5 典型国家社会保障制度改革与社会保障多元化发展[④]

9.5.1 社会保障制度改革的背景

第二次世界大战以来,凯恩斯主义在全球获得的统治性地位与强劲有力的经济发

---

① 邓大松,等. 社会保障概论[M]. 北京:高等教育出版社,2019:141.
② 陈懿冰. 智利养老金的投资管理[J/OL]. 中国保险资产管理,2015(2)https://iamac.org.cn/xxyj/glyj/201511/t20151103_2010.html.
③ 冯锦彩,李卉卉,李琢. 智利养老保险模式的特点及启示[J]. 中国社会工作,2019(23):32-33.
④ 本节撰写者:李东方,范昕.

展为福利国家的成长提供了坚实的后盾，各国社会保障制度也随之快速发展。但是以 20 世纪 70 年代石油危机为背景的经济衰退，也使福利国家政策的推行举步维艰。庞大的社会福利支出和人口老龄化的趋势注定要给政府带来麻烦。在此背景下，各国均开始了社会保障制度的改革与多元化发展之路。当时各国的社会保障制度普遍面临着以下问题。

1. 经济问题

在经济衰退的大背景下，各国社会保障制度均陷入一种经济增长的困境。根据原本的设想，社会保障制度具有一种平滑经济的作用，即在经济衰退期，通过社会保障的给付，增加社会总支出，从而促进社会经济的发展。但是这种自动平滑机制却在经济滞胀面前失效了：经济的缓慢发展使失业、贫困等社会问题不断加剧，这就要求加强和扩大社会保障，而社会保障制度的扩展必然带来政府社会支出的扩大，从而又影响了经济的发展。因而社会保障制度由社会经济发展的促进因素转变为制约因素之一。

2. 财政问题

随着社会保障制度的快速发展，社会保障支出占各国政府财政支出与国民生产总值的比重均越来越大。以欧洲典型国家为例，20 世纪 70 年代，英国社会支出占政府财政支出的比例都接近或超过 60%。英国社会保障支出占国民生产总值的比例从 1950 年的 5.6%飙升至 1983 年的 13.1%；德国社会保障支出占国内生产总值的比例从 1960 年的 20.7%攀升至 1980 年的 32.3%。如果说高额的社会支出与社会保障支出在经济发展的黄金时期尚能维系，那么随着战后经济发展的黄金时代的过去，社会保障支出成为各国财政的巨大负担：各国财政赤字攀升，债台高筑，形成了巨大的财政黑洞。

3. 社会问题与社会观念

旨在解决贫困、失业等问题的社会保障制度不仅没有真正解决这些社会问题，还产生了新的社会问题，由此引发了大众对于福利国家观念的改变。以英国为例，社会保障支出不断增加，社会上的贫困家庭与人口尤其是低收入者的贫困现象不但没有减少，甚至在 20 世纪 70 年代末 80 年代初还有加剧趋势。同时，社会保障的充足给付又容易导致福利依赖的问题，因而民众对于福利国家式社会保障的信任程度有所下降，以瑞典为例，20 世纪 70 年代以后，认为应该降低而不是提高瑞典社会保障水平者逐渐变为多数，1968—1979 年，反对提高社会保障与社会福利水平者的比例从 42%增长到 67%，赞成者的比例从 51%下降到 27%。

4. 全球化问题

随着经济上新自由主义的崛起，资本流动性大幅增强，其可以通过在全球范围内的流动，获取收益的最大化。社会保障越来越受到资本移动自由带来的收敛压力。这导致了社会保障的"朝底边赛跑"现象：各国在全球资本的竞争中通过变革社会保障，降低劳动力成本，吸引更多的资本投资，从而实现本国经济的繁荣。

在此背景下，各个国家开始探索社会保障模式的改革，从而形成社会保障模式多元化发展的进程。

9.5.2 福利多元主义：从国家到多元部门

传统的凯恩斯–贝弗里奇式的福利国家旨在强调政府作为福利供给主体的主导地位。但是对于政府的过度依赖造成的"政府失灵"与福利国家危机使得传统的凯恩斯–贝弗里奇式的福利国家难以为继。在此背景下，主张社会福利来源的多元化，既不能完全依赖市场，也不能完全依赖政府，福利是全社会的产物的福利多元主义成为共识。为与福利国家的概念相对应，福利多元主义亦被称为福利社会，即通过社会实现福利。

1. 福利三分法

罗斯（R. Rose）是福利多元主义的早期开拓者，他认为，社会中的福利来源于三个部分：家庭、市场和国家。这三者作为福利的提供方，任何一方对于其他两方都有所贡献，将三方提供的福利整合，就形成了一个社会的福利整体。

德国学者伊瓦斯（Evers）在罗斯的研究基础上提出了福利三角的分析框架，并提出应将福利三角的分析框架放在文化、经济和政治的背景中，并分别具体化为对应的组织、价值和社会成员关系。市场对应的是正式的组织，体现了选择和自主的价值，社会成员作为行动者建立的是与市场的关系；国家对应的是公共组织，体现了平等和保障的价值，社会成员作为行动者建立的是和国家的关系；家庭对应的是私人的组织，在微观层面上体现的是团结和共有的价值，社会成员作为行动者建立的是和社会的关系。

2. 福利四分法

福利四分法是在福利三分法基础上的进一步细化。福利四分法强调福利的责任由公共部门、营利部门、非营利部门、家庭和社区四个部门共同承担，这四个部门之间如何做一个最适当的组合，就是福利多元主义关心的话题。

约翰逊（N. Johnson）在福利三角国家、市场和家庭的基础上加入了志愿组织，他强调福利多元主义暗含的福利供给的非垄断性，志愿组织、家庭等非正式组织在福利的提供上发挥着重要作用。吉尔伯特（N. Gilbert）认为福利多元主义有两个层面的含义：一方面，它可被视为由政府、志愿组织、非正式组织和商业组织四部门组成，社会福利透过这四个部门传送到需要帮助的公民手中；另一方面，这四个部门嵌入福利国家市场的公共和私人领域，尽管它们可以单独存在，但仍然与资本主义的经济市场相互重叠。

在福利多元主义的引领下，社会保障制度也开启了多元化之路，即在一个国家内存在多种社会保障制度安排。其多元体现在多元保障主体，多渠道资金来源，多层次保障水平，多样化管理方式的社会保障制度变化趋势。

9.5.3 世界各国社会保障制度的改革趋势

由于世界各国在社会保障方面所面临的问题是相似的：经济与财政下行压力、社会问题激化、社会观念转向、全球化的竞争压力等，因此世界各国，不论是发达国家还是新兴市场国家，其社会保障的改革之路是收敛的，其具备以下共有特征。

1. 实行多支柱保障，降低公共养老金给付压力

为了应对人口老龄化带来的巨大养老金给付压力，各国政府在实施基本养老保险制度的基础上，鼓励企业和个人投保补充养老保险或进行养老储蓄，形成多支柱、多层次的养老保障体系。由世界银行提出的社会保障三支柱与五支柱体系是其中最典型的制度安排之一。

1）三支柱模式的提出与争论

1994年，世界银行出版了《防止老龄危机——保护老年人及促进增长的政策》一书，该书第一次提出并向各国政府推荐建立养老金制度三支柱的思路和建议，其要点如下。

第一支柱是强制性的公共养老金计划，目标是有限度地缓解老年贫困，提供各种风险保障。由政府通过税收融资，强制实施，一般采取现收现付制。核心特征是通过代际转移筹资来为老年人提供一定水平的长寿保险。第二支柱是强制性的完全积累养老金计划。通过"以收定支"将养老金待遇水平与在职时缴费相联系，不存在代际转移。完全积累制会促进资本积累和金融市场的发展，并减少人们对第一支柱的依赖。第三支柱是自愿性个人储蓄养老金计划，强调自由支配的灵活性和自愿性。这一支柱为那些希望在老年时得到更多收入的人提供额外保护，政府应当为这种储蓄提供税收优惠。

三支柱模式提出后，迅速在各国进行了实践。其在有效地丰富了社会保障制度的多元性的同时也暴露出了一系列的问题：由于机会成本、收入状况等原因，一些贫困者被排斥在了强制性的第一支柱之外，导致社会保障体系覆盖率的下降；三支柱模式易于扩大社会保障制度的不平等性；三支柱模式使得社会保障暴露在了金融风险之下，加大了社会保障制度面临的不确定性。

2）五支柱理论的提出

2005年，世界银行将三支柱建议进一步扩展到五支柱的政策建议，核心是在原有三支柱的基础上，增加了零支柱和第四支柱。

零支柱旨在通过建立非缴费型养老金计划，以国民年金的形式为保障终身贫穷者以及资源不足或不适用任何法定老年年金制度的非正式部门和正式部门的年老劳工提供最低水平的老年保障，保证其可以维持一定的生活水平。第四支柱着重于家庭成员之间对老年人的非正式支持，对无工作的家庭成员提供其晚年生活照顾，经费来源除部分来自正规制度的年金给付外，也有部分来自子女的供养、自有住宅、家庭间移转或个人储蓄等方面。

与三支柱相比，五支柱体系主要有如下变化：第一，进一步关注基本收入对弱势老年群体的保障作用，通过零支柱，把社会保障扩大到所有老年人口。第二，认识到第二支柱和自愿性支柱能有效补充基本养老金，为高收入人群提供进一步养老保障服务。第三，认识到改革途径的多样性，支持各国进行制度创新。

2. 引入市场机制，推行部分社会保障项目私营化，提高社会保障制度运行效率

第二次世界大战之后，在凯恩斯主义的影响下，各国社会保障体系的建设均强调政府的主导性。但是石油危机之后，凯恩斯主义面对"滞胀"状况时的失效使一些民众开始认为过分的国家经营不仅带来了社会保障支出的巨额增长，且不利于公民个人责任心与义务感的充分发挥。因此一些学者和政客提出要在社会保障制度中引入市场机制，推行部分社会保障项目私营化，提高社会保障制度运行效率。

1）英国的社会保障私有化改革

1979年，以撒切尔夫人为首的英国保守党上台后，就开始推动国民保健制度及养老金制度的私营化改革。保守党试图通过私营化，有效解决社会保障支出的沉重负担，并借此激发个人与社会在社会保障制度发展中的主观能动性与积极性。在国民保健制度方面，保守党改革的主要措施是将医院从地方健康当局的直接控制下摆脱出来，建立起自主经营的国民健康服务公司，参加者持有股权并由政府财政为之担保，它们直接管理医院；在养老金方面，保守党的私营化改革主要措施是鼓励和推行职业养老金制度与私人养老金。保守党政府要求，从1988年起，所有企业必须为其雇员建立职业养老金制度，政府对此予以一定的优惠措施，并鼓励个人通过银行储蓄、参加保险等方式为自己提供补充养老金。

2）瑞典的社会保障私有化改革

曾被誉为"福利国家的橱窗"的瑞典，也不可避免地在社会保障制度中引入私营化与竞争性因素。职业养老金的发展是瑞典社会保障制度引入竞争机制和私营化的突出代表，20世纪80年代初，瑞典职业养老金制度获得极大发展，并逐步形成"工人职业养老金""白领雇主养老金""中央政府雇员职业养老金""地方政府雇员职业养老金"四大职业养老金团体。在老年关怀和服务方面，瑞典政府认为，公共与私人老年服务机构之间的合理竞争是实现社会服务方面提高个人选择自由度目标的主要手段。在健康保险和医疗保健方面，瑞典也开始引入公共与私人医疗机构之间的竞争机制。值得注意的是，瑞典政府也没有像英国那样将社会保障私营化作为改革的重要目标，而是通过在社会保障中引入竞争机制,以实现提高社会保障制度效果的目标。

3)智利的社会保障私有化改革

20世纪80年代,在人口老龄化与国内通货膨胀率居高不下的双重影响下,智利现收现付的养老保障模式难以维系。在此背景下,智利开始了养老保险私有化的改革之路。智利模式的基本内容是以个人资本为基础,实行完全的个人账户制,并由私人养老基金管理公司负责经济管理,保险费完全由个人缴纳。政府将管理责任转移给私人管理公司,利用资本市场进行有偿运营。政府的直接责任被缩到最小限度,而个体的责任却被放大到极大程度,从而成为社会保障私有化的一种典型的表现形式。

3. 从消极福利转向积极福利,重视社会保障与就业的良性互动

传统的福利国家强调给付的功能,即旨在通过无耻辱烙印的普遍式现金给付保障社会成员的体面生活。但是这种方式一方面容易造成"养懒汉"的社会问题,另一方面也给政府财政带来了巨大的压力。因此越来越多的西方国家接受了将促进就业作为社会保障的重要职能,纷纷将失业保险及救济待遇与是否愿意就业挂钩并通过支持培训来促进就业,从而发挥社会保障制度的经济功能,促进经济发展。

1)从福利到工作:英国工党的社会保障改革

1997年,以布莱尔为首的英国工党上台执政。面对长期困扰英国政府的失业问题,布莱尔政府推行了"从福利到工作"的新政,努力争取所有具有劳动能力者都能就业,从而提高有劳动能力者的自我救助和保障能力。布莱尔政府采取了一系列向各种失业者提供就业帮助的措施。对于青年失业者,社会福利部门不仅为其提供就业咨询和就业培训,而且为雇用青年失业者的雇主提供补贴。同时鼓励年轻失业者受雇于志愿性工作;对于单亲家庭,布莱尔政府决定对单亲家庭提供就业机会、就业指导以及儿童护理服务,争取使他们能够通过自己的就业收入而不是社会福利收入来维持正常生活;对于残疾人,工党政府一方面为有工作能力的残疾人提供合适的就业机会,另一方面为残疾人提供就业培训和咨询。

2)劳动、培训和竞争力:德国施罗德政府的社会保障改革

1998年,德国社会民主党在选举中获胜,施罗德政府上台并开始了社会保障改革之路。施罗德政府尤为强调促进就业政策。在其治下,德国成立了"劳动、培训和竞争力联盟"以协调劳动力市场,加快高新技术和IT产业发展,以便改善产业结构和就业结构;实施积极就业政策,加强创业资助力度,鼓励创办企业,创造新的就业机会;采取措施解决特殊人群的就业机会,对长期失业者和遭受就业歧视者制订专门计划保障其就业机会;对接受各类社会救济的适龄劳动者实施劳动能力调查,并要求各部门为其提供工作机会;增加就业培训、进修和转行培训的机会,提高失业者的再就业能力。

3)从消极救济到就业机会:日本政府的社会保障改革

日本失业保险制度改革的基本指导思想是对失业者提供消极救济为主的失业保险

制度，改为以对失业者提供就业机会为主的积极性失业保障制度。1974年，日本通过《雇佣保险法》，建立起了具有日本特色的雇佣保险制度，其主要特点是：第一，三方缴费，雇佣保险所需的经费由雇主、雇工与国家三方分担；第二，雇佣保险制度不仅仅以对失业者提供失业保险津贴为主，而且更加注意通过失业保险津贴制度的调整，使其与就业政策有机地结合起来，使得日本的失业保险制度与就业政策更好地配合，在防止失业加剧方面共同发挥积极的影响。

4）欧洲主权债务危机中的就业福利

2009年12月9日，全国三大评级公司下调了希腊主权评级，受此影响，2010年起欧洲其他国家也开始陷入危机，整个欧盟都受到债务危机困扰，欧元大幅下跌，欧洲股市暴挫，欧盟面临着严峻的挑战。欧债危机中，欧洲各国和欧盟纷纷采取包括就业福利在内的各种社会保障政策加以应对。

英国选择了针对劳动者的就业福利制度，从2009年4月开始，英国在两年内支出了5亿英镑，帮助长期失业者实现再就业，其中包括：向聘用失业时间超过半年的失业者的企业提供资助；向家庭妇女支付最高500英镑的再就业津贴。

瑞典、德国则选择了企业导向的就业福利制度，瑞典一方面鼓励企业雇用年轻人，降低26岁以下劳动者的社会保障缴费率，另一方面对雇用一年以上长期失业者和病残人士的企业提供政府补助；德国则对企业雇用短工提供补贴，当雇主选择短时工作而非解雇人员时，雇员部分工资将由政府支出，且企业为雇员缴纳1~6个月社会保障费的50%由政府支出，7~18或24个月的社会保障费100%由政府支出。①

4. 适应经济社会条件变化，不断完善保障项目

设立社会保障制度的目的，就是化解大众所面临的风险。而随着经济社会条件的变化，大众面临的风险也发生着变化。而其中最典型的就是为应对人口老龄化带来的失能风险而在各国普遍建立起的护理保险制度。

1）英国的护理保险实践

英国的长期照护保险制度是国家责任型，资金筹集主要来源于税收，属于全民普及型保险，但具有"排富条款"的限制，按照资产调查结果，对不同身份的人群给予差异化的保障待遇。②当前，英国已经基本形成了一套成熟的照护体制和机制。在"照护津贴"资格认定上，并非所有的有照护需求的群体均可获得照护津贴。地方健康自治体首先对有照护需求的家庭资产进行评估，根据家庭收入情况和被照护者健康水平给予照护津贴。2012年，月均照护津贴标准为300欧元，同时接受照护津贴的个人每

---

① 丁纯，陈飞. 主权债务危机中欧洲社会保障制度的表现、成因与改革——聚焦北欧、莱茵、盎格鲁-撒克逊和地中海模式[J]. 欧洲研究，2012，30(6)：1-19，164.

② 杨沛然. 国外长期照护保险制度比较及其对中国的启示——以德国、日本、荷兰、美国、英国为例[J]. 劳动保障世界，2017(20)：12.

周提供照护服务的时间不得少于 35 小时,个人每周收入不得高于 125 欧元。如果照护服务提供者处于求学阶段,每周提供照护的时间不得低于 21 小时。[①]

2)德国的护理保险实践

1994 年,德国颁布了护理保险法,标志着德国建立起了护理保险制度。德国的长期照护保险是一项独立的社会保险制度,由雇主和雇员双方每月各交工资的 0.975% 作为保险费。资金存入专门运营医疗保险基金的银行,并由医疗保险机构管理相关的行政和财政事务。在使用时,对申请者有一定的限制,即有一段为期数月的观察期,须待认定确实需要照护时才能使用。资格审查委托给德国医疗保险的医疗服务机构,由医生、护士和长期照护的专职人员来进行评定。德国的制度适用范围比较广,不仅限于老年人,任何年龄的参保者,只要被认定确实需要照护,就可以得到服务。德国的长期照护服务目前也主要由私营的社会服务机构来提供,内容包括居家服务和机构服务。

3)日本的护理保险实践

为解决老人护理问题,日本从 2000 年开始实施护理保险制度。日本护理保险制度的对象是 40 岁以上的人,分第一种保险人(65 岁以上的老人)和第二种保险人(40～64 岁参加医疗保险的人)。护理保险的投保人平均每月交纳 2 500 日元的保险费,一旦得病卧床不起就可以申请护理,护理保险服务是包括保健、医疗和福利在内的综合服务。建立护理服务制度的主要目的是建立一种便利、公平和高效的援助体系,提高保险费的使用效率,并引进竞争机制,充分发挥民间的力量。

5. 适应经济社会条件变化,不断变革社会保障理念

随着人工智能的发展,未来的工作岗位面临着进一步消解的风险,这也造成了经济萧条与经济增长的两极化。而面对人工智能与数字经济的挑战,现有社会保障系统不尽如人意。有稳定收入的正式职工不断减少,而社会保障对象不断增多,筛选社会保障对象的费用逐渐增加,但无法受惠的社会保障盲点不断增大,致使社会保障制度成本越来越高,保障效果却不如意。[②]这要求不断变革社会保障理念,适应新的经济社会条件。在这一过程中,无条件基本收入改革(unconditional basic income)是最值得关注的改革动向。

全民基本收入的基本内涵是政治共同体支付给所有成员满足基本生活需要的一项收入,以个人为基础,没有经济状况审查、工作或性别要求,是最高水平的在经济上可行且具有可持续性的全民无条件转移支付[③],其具备定期(periodic)、现金给付(cash payment)、以个人为单位(individual)、普遍性(universal)、无条件性(unconditional)五大特征[②]。

2016 年,瑞士对是否实施每月给成年人提供 2 500 瑞士法郎(约 2 560 美元),给

---

① 张立龙. 福利国家长期照护制度及对中国的启示[J]. 社会保障研究,2015(6): 100-108.
② 金炳彻. 基本收入的学理构思与模型研究[J]. 社会保障评论,2017, 1(2): 30-39, 87.
③ 赵柯,李刚. 资本主义制度再平衡:全民基本收入的理念与实践[J]. 欧洲研究,2019, 37(1): 1-21, 156.

儿童发放 625 瑞士法郎（约 640 美元）的"无条件基本收入"动议进行了全民公投。虽然其最终以 77%的反对票被否决，但 23%投票参与者赞成了这一制度。[①]芬兰宣布从 2017 年起，在两年内试行向随机选择的 2 000 名年龄在 25 岁至 58 岁间失业人员每月提供 560 欧元的基本收入。[②]虽然目前来看，无条件基本收入改革仍方兴未艾，但是其作为回应人工智能与数字经济发展的新做法是值得持续关注的。

9.5.4　国际社会保障模式多元化实践

福利多元主义强调的是面对福利国家的危机，通过福利多元组合安排，将国家的全面福利提供转变为社会诸多部门的福利混合式提供；在社会不同部门参与下，重现家庭、小区和其他非正式组织的作用，从福利国家转型到福利社会，化解福利国家的危机。它是一个偏重社会过程、强调多元价值的论述。虽然每一个国家在社会保障改革中均强调多个主体同时发挥福利供给的作用，但因文化、社会、经济等条件的不同，各个部门在不同国家福利供给过程中具有不同的定位，由此形成了国际社会保障模式的多元化实践。

1. "市场—政府—家庭"社会保障模式

受个人主义文化与新自由主义的影响，英、美、智利、新加坡等国家在社会保障改革中强调私有化改革，从而形成了以市场为主导，政府与家庭参与的社会保障模式。在这种模式中，社会成员往往在劳动力市场上通过与他人的竞争来满足自己的基本需要，而不是依赖国家或社会；当个人处于危机状态时，自己独立应对社会风险，自己承担责任。因此，在这类国家中，国民对以全民为对象、以强制参保为原则的社会保险制度并没有表现出更多的热情。

在其政策实践中，倾向于不断缩小政府、雇主的社会保障责任，而扩大个人的社会保障责任，由此形成了完全为自己负责的社会保障模式论。这种模式由于在全球化的浪潮下能最大限度降低劳动力成本，吸引全球资本，因而被许多国家所看重。其中，以智利的私有化养老金制度和新加坡的中央公积金制度为代表的社会保障制度是"市场—政府—家庭"社会保障模式的极端形态。

2. "政府—市场—家庭"社会保障模式

在社会经济发展的过程中，以德国、瑞典为代表的一批欧洲大陆国家形成了有别于英美自由主义的经济发展道路。受新历史学派、社会民主主义等思想的影响，这些

[①] 瑞士公投否决"政府无条件发钱"[EB/OL]. (2016-06-07)[2022-01-13]. https://news.ifeng.com/c/7fcjyGPPPy1.
[②] 芬兰试行基本收入 公民每月发 560 欧元月工资[EB/OL]. (2016-08-29) [2022-01-13]. http://www.rmzxb.com.cn/c/2016-08-29/1005169.shtml.

国家通常强调政府对经济的干预，强调社会成员彼此间的团结与责任，由此在社会保障制度实践中，不论是以德国为代表的社会保险模式还是以瑞典为代表的福利国家模式，均强调政府的主导地位，并形成了以政府为主导，市场与家庭参与的社会保障模式。

在社会成员参与社会保障制度并缴纳社会保障税费时，雇主与政府同时承担规定额度或者比例的社会保障税费，无论是定额或者是定比都只是缴费方式不同，政府直接在参保者参保过程中同步缴费体现社会保障制度中政府责任的过程性。这种政府责任履行方式必然导致政府直接参与社会保障制度管理，这种政府责任履行的"过程参与"方式，自然使得这些国家的社会保障制度管理选择以国家管理为主的模式，并由此形成了"政府—市场—家庭"社会保障模式。

3. "家庭—政府—市场"社会保障模式

中国、日本、韩国等国家，在社会保障改革方面结合本国的文化，形成了独特的社会保障模式。20 世纪 60 年代以来，东亚地区经济的高速增长创造了世界经济发展史上的"奇迹"，随着东亚社会经济奇迹的出现，东亚社会保障模式独特的制度化特征越来越明显。东亚国家不仅重视利用和调动社会资源来为公民提供社会保障，而且儒家思想及其倡导的"孝"文化、赡养传统等成为东亚国家建立社会保障制度的文化基础。

同时，东亚国家始终把经济发展置于首要位置，这就很有可能导致社会问题。国家为保持社会的控制能力，维持稳定的社会秩序，必须介入社会保障。即是说，社会保障建立的目标在于社会管理。这意味着东亚国家在社会公共事务的安排方面握有很大的主动权，对于社会保障政策的制定具有决定性的地位。由此，以中国为代表的一类国家形成了"家庭—政府—市场"社会保障模式。

9.6 社保小讨论：各国社会保障制度对中国有何借鉴？[①]

通过学习本章内容，我们了解到了国际社会保障制度的产生和完善、改革与发展，可以看到，不同类型、不同国家的社会保障制度的建立背景和发展过程都是复杂且艰难的，因此积累了丰富的经验教训，这对我国社会保障制度的发展有一定的借鉴意义。在这里，我们结合当前各国社会保障制度的各方面内容，发散思维，共同讨论其对中国的借鉴意义。

观点一：关于政府、市场和社会的责任边界问题——共同参与、协同治理。世界社会保障发展史表明，社会保障制度建设是政府、市场和个人的共同责任，国家主义的大包大揽和权力垄断，以及新自由主义过分强调个人责任与市场作用的做法都是不

---

① 本节撰写者：李东方，范昕，李娱佳。

妥当的。[1]社会保障制度的建设应当借鉴公民社会模式,充分调动各方的积极性,共同参与、协同治理。当前我国仍存在政府垄断社会保障建设但又投入不精准、不充足的现象,导致个人的社会保障权益得不到维护,比如人们对养老保险基金运营的知情权和住房公积金的使用权等。因此,在责任边界问题上,我们可以学习借鉴国外的先进经验。

观点二:关于就业保障的问题——重视发挥社会保障在提高劳动者素质方面的作用。在许多国家,失业保险制度已经被就业保障制度取代,各国就业保障制度的重点是建立有效机制,采取全方位有效措施促进就业,而失业保险金的给付只是制度的一个组成部分。有数据表明,美国、德国和日本的劳动力中受过职业培训的在70%以上,相比之下我国就非常有限。目前我国仍然主要关注失业保险的发放资格和发放费用,并没有充分重视社会保障在促进教育和培训方面的作用。西方发达国家提出建立"能力建构的福利国家",而不仅仅是"工作福利国家",既是为了预防和解决劳动者"能力贫困"的问题,也是适应全球化和知识经济发展的需要[2]。

观点三:关于社会保障和经济发展的互动问题——要重视社会保障对经济发展的促进作用。近年来,我们看到国家把大量的资金投入社保事业,但养老保险金收不抵支等现象层出不穷,国家没有充分重视社会保障对经济和市场发展的影响,往往导致企业苦不堪言。西方国家已经开始重视这一问题,致力于使社会保障成为促进经济增长的一股动力,它们在制度设计上考虑更多的是减轻财政负担和如何保持收支平衡,主要关注社会保障与储蓄、投资和资本市场的关系,社会保障对宏观经济均衡的影响,社会保障与经济发展的良性互动等。

……

在当前全球化发展过程中,各国社会保障制度面临着各种各样的外部环境挑战,我国也不例外,那么,当前全球社会保障面临的主要挑战都有哪些?我国在社会保障建设中关注哪些方面?

观点一:人口老龄化的挑战。当前的人口的老龄化程度和人口结构都不利于社会保障尤其是社会保险制度的可持续性。像西欧国家和韩国、日本等都出现了明显的生育率不断下降、预期寿命不断延长、年轻人口占比持续下降等人口发展趋势。我国的老龄化程度也在不断加深,且公民生育意愿不高。这些对养老保险、医疗保险、残疾人保障和长期照护保险制度等带来了不小的压力和挑战,尤其是长期照护保险制度亟待建立。

观点二:财政压力的挑战。尤其是一些高福利国家,随着福利刚性的作用,本国的财政支出逐年增大,但由于近些年经济增长乏力、财政收入锐减,不少国家的高福

---

[1] 夏洁,张明琼. 全球社会保障制度演变的新趋势及其启示[J]. 社会科学论坛(学术研究卷),2009(4):40-45.

[2] 夏洁,张明琼. 从"工作福利"到"能力建构的福利"[J]. 中国社会保障,2007(7):30-31.

利制度都难以为继。这就不得不关注财政与社会保障的关系。财政压力下，要研究多元主体共同参与社会保障事业问题，同时社会保障形式也要多元化，不能仅仅是基金的问题。经济全球化仍然是全球未来发展的主要趋势，人才的流动不可避免，那么与之相关联的社会保障权益如何附着和保障的问题就凸显出来，社会保险的转移接续问题、保障权益的损失问题等都亟待解决。

观点三：就业形式多样化的挑战。"新业态"造成的"非典型就业""非正式就业""灵活就业"等不断涌现，这就使原有的雇主正式雇用、固定在一个企业、一定劳动时间里依照法律规定获取稳定收入的就业模式及其相关的社会保险制度的适用性受到冲击。社会保险制度的社会化、覆盖面、灵活性、便利性等方面都面临着新的挑战。

观点四：贫困与贫富差距扩大的挑战。随着脱贫攻坚战的全面胜利，我国在贫困治理问题上积累了丰富的成果和经验，但即便如此，我国仍然有相当大体量的贫困人口，相对贫困问题仍较为突出，因病致贫、返贫的家庭比比皆是，因此仍要特别注重发挥社会保障社会安全网的功能。

……

总之，就各国社会保障制度对我国的借鉴和各国社会保障制度共同面临的挑战等问题，我们进行了广泛的讨论，并收集到不同的观点。希望通过学习本章内容，同学们能够对社会保障学科有更进一步的了解，希望大家后续更加深入学习社会保障专业知识，为我国的社会保障事业发展尽自己的一分力。

本章回顾

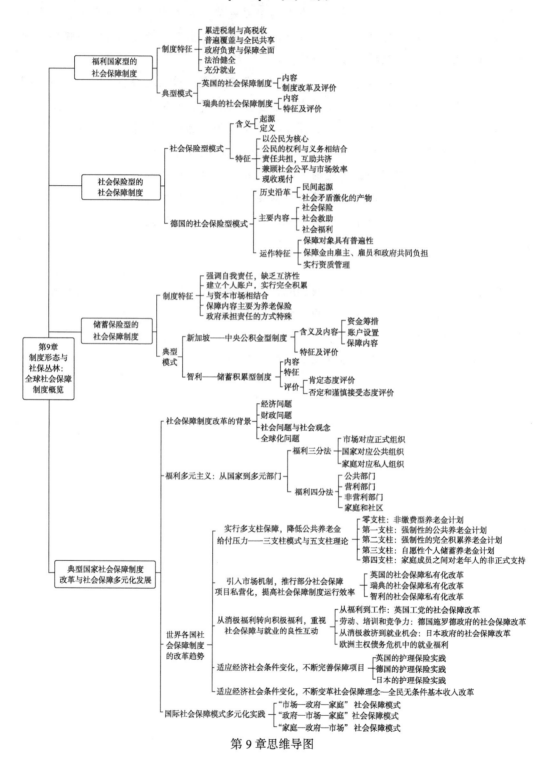

第 9 章思维导图

思 考 题

1. 全球社会保障制度的主要模式有哪些？
2. 养老保险"三支柱"与"五支柱"模式分别指什么？
3. 如何评价智利养老金私营化改革？
4. 如何理解全球社会保障制度形态与福利丛林？

即 测 即 练

第 10 章

未来之路与价值选择：
走向更加公平的社会保障[①]

> 要看一个社会是否公正，就要看它如何分配我们所看重的物品——收入与财富、义务与权利、权力与机会、公共职务与荣誉等等。
>
> ——迈克尔·桑德尔

社会保障作为各国重要的基本制度安排，由维护稳定、保障民生的工具转变为维护公平正义、实现合理共享的财富分配机制，是一条不可逆转的发展规律[②]。其最终目标是将人民引入一个安全、平等、自由、尊严的福利社会。为了实现这一目标，各国在坚持社会保障制度基本理念与基本模式的基础上，根据国家的发展状况、文化传统、人民偏好等约束条件，进行了社会保障制度的适应性选择。

10.1 人类社会保障的基本理念与基本模式

10.1.1 社会保障的基本理念

在人类历史上，社会保障的基本理念在不同阶段有不同体现。早期人们通过小的共同体，比如说家庭、部族等追求互助共济，来实现人类社会保障风险化解和物质帮助。后来，伴随着人类制度文明的发展，在更大的共同体范围内，更多的是通过不同类型、不同方式的合作，以实现人们对于发展成果的共享。在这个过程中，贯穿着公平正义的发展理念。纵观人类的社会保障史，公平正义、互助共济和合作共享是其最基本的理念。

1. 公平正义

公平正义是人类追求的永恒的正义目标，社会保障的首先功能则是为社会公平提

[①] 本章撰写者：席恒，余澍。
[②] 郑功成. 中国社会保障改革与未来发展[J]. 中国人民大学学报，2010，24(5)：2-14.

供制度基础①。所谓社会保障的公平正义,是指每个人所得到社会保障的机会、社会保障的财富和社会保障的发展,都应该是相对公平的,在公平基础上来实现社会保障的正义。就社会保障而言,其公平正义的理念至少应当包含三个维度:底线公平、横向公平、纵向公平。

底线公平对应的是人民的基本需要概念,即社会保障制度应当无条件地满足人民的基本需要,它至少应当涵括生存需要、发展需要和健康需要。这是人人躲不开、社会又公认的"底线"。①从底线公平的意义讲,社会保障的公平正义是一种绝对公平。与底线公平不同,横向公平与纵向公平则是一种相对的公平。横向公平是指,对于社会上境遇相同的个体,应当给予公平的福利与待遇,例如具有相对缴费水平的社会保障缴费者应当领取同等的社会保障待遇;而纵向公平则是代际公平,即我们需要平衡社会保障制度的缴费者与待遇领取者之间的公平,需要考量社会保障制度的远期平衡。

2. 互助共济

社会保障是通过社会共同体成员间的互助共济实现的。所谓互助共济,是指在我们的生活共同体中,大家相互帮助和相互提携,为每个人的发展提供物质和机会的帮助。互助共济是一种精神,也是一种方法。基于整体把握损失规律的可能性和个体把握损失规律的不可能性,互助共济成为处理风险的有效方法。②

当社会保障事业和项目是较小范围的同质性人群的社会需求时,社会成员可通过互助共济满足同质性的各自需求,如同质性的社会保险可通过互助保险来满足不同人群的社会保险需求,同质性的社会救助可通过邻里互助、社会共济来满足不同人群的生活救助需求③。

3. 合作共享

当社会保障事业和项目是较大范围的异质性人群的社会需求时,则需要通过不同主体、不同项目的合作与融合来满足社会成员的异质性社会保障需求,如政府与雇主、雇员的合作满足社会成员的社会保险需求,政府与社会组织、个人的合作满足社会成员的生活救助需求。③

合作共享体现了在社会保障共建过程中,社会成员的合作与责任共担,即共同提高福利水平,实现分配正义。④合作共享是在人类命运共同体基础上形成的不同主体间基于合作实现社会保障物质积累、财富积累、精神帮助的理念。在这种理念下,实现人们共享社会发展、共享公平正义、共享社会保障的一种制度文明。

---

① 景天魁. 社会保障:公平社会的基础[J]. 中国社会科学院研究生院学报,2006(6):16-22.
② 何文炯. 论社会保障的互助共济性[J]. 社会保障评论,2017,1(1):43-52.
③ 席恒,余澍. 中国共产党促进中国社会保障事业发展的探索与启示[J]. 学习论坛,2021(4):34-42.
④ 席恒,雷晓康. 合作收益与公共管理:一个分析框架及其应用[J]. 中国行政管理,2009(1):109-113.

10.1.2 社会保障的基本模式

人类在社会保障的发展过程中，也形成了不同的社会保障的基本模式。每一个国家有不同的文化传统，不同的经济发展条件，因此每个国家的社会保障是一种制度选择，是在约束条件下的一种适应性选择。基于这种认知，世界各国形成了不同的社会保障发展模式，社会保障模式论也成为社会保障研究中的重要一环。从不同的角度出发，可以对社会保障基本模式进行不同的划分。

（1）威伦斯基与莱博克斯（Lebeaux）将社会保障制度划分为"补救型"与"制度型"。[①]补救型模式强调家庭和市场的作用，而政府只在家庭和市场功能失效时才承担责任；而制度型模式则强调政府的责任，认为政府有义务为个人提供所需的基本福利。[②]

（2）蒂特马斯则将社会政策制度划分为剩余福利模式、工作能力–成绩模式和制度性再分配模式三类[③]，剩余福利模式类似于补救型模式，国家只在家庭和市场不起作用时才承担责任，并且这种责任是暂时性的。在工作能力–成绩模型中，社会保障被视为经济的附属品，按照个体的工作表现、生产力来满足社会需要。制度性再分配模型强调在市场之外，按照需要的原则，提供普惠性的服务。[②]

（3）著名的社会政策学家艾斯平-安德森（Gsta Esping-Andersen）则基于"劳动力非商品化"与"分层化"两个概念，划分出了福利国家的三个世界，即以美国、英国为代表的，强调家计调查式的社会救助与市场作用的盎格鲁–撒克逊模式（自由主义模式），以德国为代表的，强调工作业绩与社会阶层作为权利资格的欧洲大陆模式（保守主义模式），以瑞典为代表的，强调公民权与普惠式社会福利的斯堪的纳维亚模式（社会民主主义模式）。[④]但是艾斯平-安德森经典的福利模式三分法仍然招致了诸多批评，其中最尖锐的批评认为"三分法"忽视了性别差异与家庭的作用，进而导致地中海国家与东亚国家的社会福利模式未被正确认识。[⑤]

每一种社会保障基本模式的划分都是不同研究者从不同研究侧面切入而得到的结论。但是在社会保障不同的侧面中，有一点是确定的，即社会保障的实施主体始终是确定的，依据社会保障基本实施主体不同，社会保障的基本模式大致可分为三种：政府与国家模式、市场与商业模式、家庭模式。

[①] WILENSKY H L, LEBEAUX C N. Industrial society and social welfare[M]. New York: Free Press, 1958: 20-40.
[②] 席恒，田宋. 合作收益视角下的东亚社会保障模式[J]. 山东社会科学，2017(7)：97-102.
[③] 蒂特马斯. 社会政策十讲[M]. 江绍康，译. 长春：吉林出版集团有限责任公司，2011：14-15.
[④] 艾斯平-安德森. 福利资本主义的三个世界[M]. 郑秉文，译. 北京：法律出版社，2003：56.
[⑤] ESPING-ANDERSEN G. Social foundations of postindustrial economies[M]. Oxford: Oxford University Press, 1999: 12.

1. 政府与国家模式

以政府与国家为实施主体的社会保障通常是通过政府与国家机器的力量，通过向公民征收社会保障税费的方式，形成社会保障资金池，并借由专门的社会保障管理官僚机构或社会组织对社会保障资金进行运营与分配。社会保障制度中的三大制度——社会保险、社会救助、社会福利通常就按照这一原则进行建设。以政府与国家为实施主体的社会保障制度通常较为重视制度的公平性，旨在满足每一位公民的基本权益与基本需要。

2. 市场与商业模式

以市场与商业途径为实施主体的社会保障通常是基于个体的自愿性与自主性。个体通过自愿的方式，进行针对风险的储蓄、购买商业保险，并借由市场机制实现资金的保值，从而保证个体在面临风险时具有足够的风险防范。如美国通过市场机制来发展社会保障的401（K）法案，借助市场机制动员各方力量介入社会保障的提供过程中来。

3. 家庭模式

以家庭为实施主体的社会保障即是通过家庭为家庭成员提供保障。这类保障往往基于传统、道德的因素而建立。家庭保障虽然不是制度性的社会保障，但是在当代往往具有一定的法律保障。如中国民法典规定：子女对父母有赡养扶助的义务，子女不履行赡养义务时，无劳动能力或生活困难的父母，有要求子女付给赡养费的权利。深受儒家传统文化影响的东亚国家是典型的重视家庭保障的国家。

在目前发展市场经济的条件下，单一主体的保障模式常常难以满足个体的社会保障需求，因而常常需要将政府保障、市场保障、家庭保障进行结合，通过这些方式所形成的合作，合力化解各类风险，实现对个体生活的保障。基于这些理念和认知，每个国家社会保障的发展也遵从这些基本规律和基本模式。不同国家因时、因事不同，制度发展的模式和发展的状况有所差别。而当代社会正是一个剧烈变动的社会，数字经济、人工智能的发展，新冠肺炎疫情对世界的影响均在不同程度上对社会保障基本模式产生着冲击，未来社会保障基本模式该如何对外界环境进行适应性的变革必将是社会保障研究的前沿话题。

10.2 全球视野下中国社会保障未来趋势

中国的社会保障思想源远流长，但是现代社会保障的发展是近二三十年开始的。改革开放之后，为了建立起与社会主义市场经济相适应的社会保障体系，中国通过学习与借鉴以德国为代表的一批具有发达的社会保障制度体系的国家,并结合中国国情,逐步构建起了适应社会主义市场经济,以社会保险制度为核心,社会救助与社会福利为重要组成部分的现代社会保障体系,创立了具有中国特色的包含社会保障的制度文明。通过这二三十年的发展,中国的社会保障有了巨大的进步,并且建成世界上规模最大的社会保障体系,基本医疗保险覆盖超过13亿人,基本养老保险覆盖近10亿人。[1]

当下,我们已经进入社会主义新时代,社会又出现了新的特征与新的要求,中国社会保障的未来发展也呈现出不同于世界各国的一些特点,中国社会保障制度如何回应社会主义新时代的新需要与新特征是我们必须思考的问题。

10.2.1 新时代社会保障的新特点

1. 社会主要矛盾变化下的社会保障

2017年10月,党的十九大在北京召开,十九大报告指出,中国已经进入社会主义新时代,新时代我国社会主要矛盾已经转化为人民日益增长的美好生活需要和不平衡、不充分的发展之间的矛盾。[2]新时代社会主要矛盾的转化是我国生产力发展的结果,新时代对生产力发展质量提升的新要求催生了人民日益广泛的美好生活需要,生产力的多层次性突出了社会发展不平衡不充分的新问题。[3]新时代新矛盾的化解除了继续发展生产力,做大蛋糕之外,还需要科学的再分配手段,维护社会正义,实现底线公平,这就要求强化社会保障的共享特征,使人民群众通过社会保障制度共享经济发展成果,共赴美好生活。

因此,面对新时代的新矛盾,作为保障和改善民生、维护社会公平、增进人民福祉的基本制度保障[4],中国社会保障体系如何持续有效地发挥保稳定、促发展的政策效能,进一步提升人民福祉水平,不断满足人民对于美好生活的需要成为社会保障制度面临的重要问题。

2. 新经济发展下的社会保障

新经济是伴随着平台经济、互联网发展的一种新的经济形式。在互联网信息技术不断发展的过程中,其通过与传统制造业、服务业、运输业等相结合,共同构成了新时代下越来越依赖信息技术、数据并以互联网作为商业模式的数字经济。[5]数字经济通过以互联网为代表的现代信息技术最大限度地控制信息成本,从而将企业平台化,通

---

[1] 中共十八届五中全会在京举行[N]. 人民日报, 2015-10-30(001).
[2] 习近平. 决胜全面建成小康社会夺取新时代中国特色社会主义伟大胜利[N]. 人民日报, 2017-10-28(001).
[3] 刘亚敏, 张国启. 新时代社会主要矛盾转化影响社会发展动力的机理与应对[J]. 广西社会科学, 2021(2): 101-105.
[4] 完善覆盖全民的社会保障体系促进社会保障事业高质量可持续发展[N]. 人民日报, 2021-02-28(001).
[5] SRNICEK N. Platform capitalism[M]. Cambridge: Polity, 2016: 5.

过研发平台、营销平台和信息平台实现与大量中小企业及劳动者的连接,平台化成为重要的生产组织方式。[①]

而这种新经济的就业形式有其显著的特征,即就业的灵活化、自由化、非全时化。在这种状态下,传统的以劳动关系和雇佣关系为特征的社会保障,特别是社会保险模式,已经无法满足新业态从业人员的社会保障需求,因此我们需要对未来的社会保障进行制度创新。

3. 社会新需求下的社会保障

为了追求幸福生活,人民群众在新时代还产生了许多新需求,其中一些需求尚未被现有的社会保障涵盖,因此需要社会保障制度进行适当的调整,满足人民群众的新需要。

例如,受人类自身机能的限制,个体步入老年后不可避免地会遭受各种疾病,这些疾病会对老年人的生活质量与生命质量产生巨大的影响。相关数据显示中国失能、半失能老人总数超4 000万。如何为老年人提供优质的照料服务,提升老年人的生活质量与生命质量成为中国社会保障必须解决的问题。再例如,如何在基本社会保障制度之上叠加职业年金、企业年金、个人储蓄、商业保险等自愿性、半自愿性社会保障项目,激发市场活力,多元高效地满足人民群众日渐增长的养老保障、医疗保障需要成为政府、学界、业界均重点关注的问题。

10.2.2 社会保障的制度创新

每一个国家有不同的文化传统和不同的经济发展条件,因此每个国家的社会保障是一种制度选择,是在约束条件下的一种适应性选择。在未来,新的社会保障形式是什么还有待于学界的共同努力。

总体而言,伴随着中国特色社会主义进入新时代,中国经济的发展,新的经济形势的形成和新业态从业人员的大量增加,未来的社会保障的发展形态也会有新的变化,这种新的变化提出了基于社会保障的基本理念,以对个体的社会风险的化解为原则,做出相应的制度安排。这种制度安排无论从养老、医疗、工伤、失业等角度,还是从社会福利、社会救助的视角,都会对未来的社会保障提出一种新的制度要求,都要求我们进行制度创新。

制度创新是遵从社会保障的基本模式,从国家、市场、家庭和个人以及社会组织各层面,厘清社会保障的主体责任,形成一个不同责任主体、基于合作的社会保障基本模式,以实现社会保障的合作收益、合作共享。

---

① 胡春燕. 基于信息技术革命的新业态和新模式演化机理及效应[J]. 上海经济研究, 2013, 25(8): 124-130.

1. 新理念与新思维

在新时代、新经济、新需要的条件下，社会保障如何进行制度创新，要求我们有全新的理念和思维，而这种全新的理念和思维是秉承社会保障的基本理念和基本模式。在社会主义新时代，中国社会保障制度须坚持共享发展的理念。

共享发展是习近平总书记提出的"五大发展理念"之一。习近平总书记指出"共享发展"理念，其内涵主要有四个方面："一是共享是全民共享。这是就共享的覆盖面而言的……二是共享是全面共享。这是就共享的内容而言的……三是共享是共建共享。这是就共享的实现途径而言的。……四是共享是渐进共享。这是就共享发展的推进进程而言的……"①全民共享理念规定了每个中国人民都应当从社会保障体系中获得普惠公平的社会保障权益；全面共享理念规定了中国特色社会保障制度的保障项目应当是全方位的，既关注一般性需要，也关注特殊性需要；共建共享理念规定了中国特色社会保障制度体系的实现过程需要个体成为积极主动的行动主体，参与到社会保障体系的建设中来；渐进共享理念规定了中国特色社会保障体系的建设不是一蹴而就的，而是长期的发展过程。

在共享发展理念的基础之上，还有一些问题值得讨论。例如，随着就业日益灵活与自由，社会保障权益应当坚持以职业和工作为基准进行分配，还是以国民身份为基础分配？随着个体对社会风险的化解需求和社会保障水平要求不断提高，我们应当如何提升社会保障制度的水平？面对国家、市场、家庭等社会福利的多元主体，我们应当如何实现不同主体的叠加与效用的最大化？这些问题在不同经济发展条件、不同文化背景下或许均有不同的答案，而探索适应中国国情的答案是新时代下中国社会保障制度发展的基础理论问题。

2. 新参保方式与管理方式

传统的俾斯麦式的社会保障建立在稳定的雇主–雇员关系之上，是建立在大工业生产组织方式下稳定的劳动关系的基础之上的，通过劳资分责的方式构建起现代社会保障体系。但是在新的生产组织方式下，劳动者实际上是无（稳定）雇主的，新业态从一定程度上来讲，是打破了传统的劳动关系、劳资关系、雇佣关系的一种就业形态，它主要表现为自由就业、灵活就业等。

一般而言，过去的就业从某种程度上来说是固化为一个就业岗位，总体是以岗位来就业的，但是现在大量的新业态从业人员是以任务为导向，即存在一个具体的工作任务，通过对工作任务的完成来获得收益。在这种背景下，传统的以雇主为责任主体的社会保障责任机制显然已经不能满足新业态的需求。

---

① 习近平. 习近平谈治国理政：第二卷[M]. 北京：外文出版社，2017：215-216.

如何建设与新业态从业人员需要相匹配的新参保方式与新管理方式，为越来越庞大的新型生产组织方式下的从业者提供坚实可靠的社会保障，使之共享经济发展成果，成为社会保障制度面临的重要挑战。与新业态从业人员需要相匹配的参保方式与管理方式需要具有充足的灵活性与自由性，这首先要求打破社会保障制度参保的户籍地要求，并在此基础上逐步完善社会保障权益的转移接续制度，减少劳动者因工作地转移而造成的社会保障权益损失。

3. 新项目与新保障

新时代的社会救助制度应在坚守底线公平的同时，强调社会救助的激励效应。以优化救助对象结构、优化与相关制度协同为重点，通过对受助对象进行精准识别、精准管理、精准施助和有效激励从而使扶贫与扶志有机结合。

新时代，社会保险制度首先应当基于风险责任的独担、分担和共担机制，建立激励相容的制度安排。最终建立基本制度托底、不同人群叠加、私人计划补充的全景式复合型社会保险制度安排。其次，社会保障制度需针对社会成员的新需求进行新的制度创设，例如通过长期照护保险制度的创设满足失能、半失能老人的社会保障需要；创新职业伤害保险制度，满足新业态从业人员的工伤保障需要。

新时代的社会福利制度，应充分实现经济发展成果的社会共享，建立普惠性福利与特殊性福利相结合的社会福利制度。最终提高每一社会成员的社会适存度。

基于传统的文化，基于中国社会的现象，结合对其他先进国家的学习，中国初步形成了适应中国国情、适应社会主义市场经济要求的社会保障体系。但是面对14亿人口，社会保障事业的建设和推进当然会面临一些难题，如社会保障全国统筹问题、城乡居民基本养老保险与城镇职工基本养老保险待遇差问题。同时伴随着中国社会的进步、经济的发展，未来中国的社会保障事业还会涌现出新的特点与难题。无论是养老、医疗、工伤这些社会保险还是社会救助，以及社会福利的提供，都需要我们进行新的创新，最终形成新的社保。

对于中国这样一个幅员辽阔、人口众多的大国来说，解决这些难题必定是一条荆棘之路，但是正如"福利国家之父"——贝弗里奇所说的：在规划未来的时候既要充分利用过去积累的丰富经验，又不要被这些经验积累过程中形成的部门利益所限制……世界历史上的划时代时刻属于破旧立新的变革，而不是头疼治头、脚痛医脚的改良。[①]设想一下，解决了14亿人口大国的社会保障问题，每一位社会成员都能公平均一地享有社会保障待遇，享受美好的生活，恰恰就是中国社会的巨大进步。当面对14亿人口、地区差异、人群差异、社会经济条件差异的社会保障问题逐步得以解决的时候，中国社会保障制度的优越性将更加显现。

---

① 贝弗里奇. 贝弗里奇报告[M]. 社会保险研究所，译. 北京：中国劳动社会保障出版社，2004：2-3.

10.3 走向更加公平的社会保障

纵观世界各国的社会保障，每个国家社会保障都有它各自的特点，就像世界上没有两片相同的树叶一样，世界上也没有两个国家的社会保障制度完全相同。每个国家的社会保障制度都是基于各国的文化传统、国情和各自的管理模式所形成的一种社会保障。因此，各国的社会保障都存在差异性，而这种差异性则恰恰能满足不同国家人们的社会保障需求。这种差异性从一定程度上来说能够满足不同国家的需求。

但是除了这些差异以外，世界各国的社会保障也有其共性，这种共性是对社会保障基本理念和社会保障基本模式的一种遵从，特别体现在社会保障的公平正义如何实现、互助共济的社会保障原则如何体现、合作共享的社会保障理念如何践行等方面。

其中，公平正义是社会保障制度最核心的理念，不论是互助共济还是合作共享，其都是实现公平正义的手段。从古至今，公平正义一直是人类社会所追求的重要价值。古希腊贤者亚里士多德认为"公正就是给予和维护幸福，或者是政治共同体福利的组成部分"[1]，亚里士多德将正义区分为分配正义、矫正正义、交换正义、司法正义四种正义[2]，其中：①分配正义的实质是"比例平等"，它要求依据参与者各自的价值确定某一标准，在共同体成员之间分配社会公有的财富、职位、荣誉或其他可分之物。②矫正正义旨在维护人们经济交往中的公平，矫正人们之间的相互伤害，对受害者进行补偿。矫正正义的依据是"算数平等"原则。③交换正义产生于人们经济交往的互惠关系。如若矫正正义可视为非自愿交换中的正义，即强制均等的话，那么交换正义就是自愿交换中的正义，即自主的均等。④司法正义则要求公民的言行举止必须遵守法律。[3]

就社会保障制度的运行而言，由亚里士多德定义的四种正义，贯穿于社会保障制度的始终：社会保障制度通过对于社会财富的共享与再分配，给予了每一位公民以美好生活的许诺，这体现了分配正义；社会保障制度设计的一个基本原理在于认为社会成员之间具有相互的责任，例如一个穷人之所以贫穷，并非单单因为他懒惰或愚蠢，而是社会因素的综合叠加导致的，因此社会对于他们负有某些责任，并因此建立了社会救助、社会福利制度，这体现了矫正正义；社会保障制度的设计往往具有一定的激励性，即遵从多缴多得、少缴少得、不缴不得的原则，这种与付出相匹配的获得则体现了交换正义；社会保障制度作为公共物品，其凝结着全社会的财富，因而需要一个合理健全的制度，保障其长久运行，并防止一小部分社会成员为了一己私利，而影响整体社会的福利，这就要求社会保障制度需要实现法制管理，并要求每一位社会成员

---

[1] 亚里士多德.尼各马科伦理学[M]. 北京：中国社会科学出版社，1990：88.
[2] 王乐理. 亚里士多德的正义理论[J]. 浙江学刊，2006(5)：108-113.
[3] 马捷莎，李祥. 亚里士多德正义观及其启示[J]. 学术交流，2006(1)：23-26.

都遵守法律,这体现了司法正义。

但值得注意的是,除去体现社会保障规则的司法正义外,分配正义、矫正正义、交换正义在社会保障制度的实践中可能出现相互排斥的情况:如社会保障进行社会财富再分配的分配正义行为可能会被交换正义的支持者认为其违背了多缴多得、少缴少得、不缴不得的激励原则;而对于某一群体特殊关照的矫正正义则可能被分配正义的支持者认为其得到了过度优待。客观地说,这三种正义就其位阶而言应当是平等的,因此社会保障制度迈向公平的过程必定是不同的国家依据自身的文化传统、经济发展水平等要素对于分配正义、矫正正义、交换正义的实现进行排序的过程。由此,不同国家基于不同的公平正义价值偏好形成了不同的社会保障基础模式。而在其中,司法正义体现国家通过管理范式、管理标准和管理原则的设计,最终为每个个体社会保障需求的满足、社会风险的化解提供支持,从而实现社会保障所追求的公平正义。

通过统一的、共性的理念、管理和原则,基于不同国家的文化传统与实际情况,通过不同的社会保障制度模式,最终实现对于发展成果的共享。这一过程不仅仅是社会保障制度走向更加公平正义的过程,也是人类社会走向一个更加理想的社会的过程。

本 章 回 顾

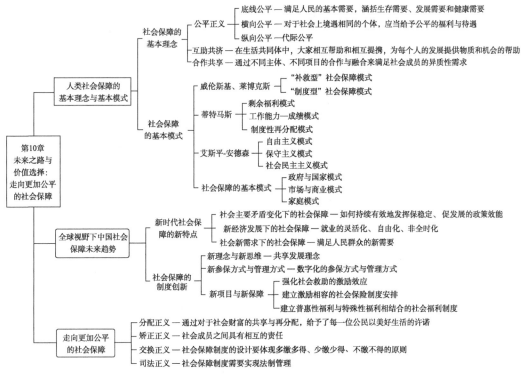

第 10 章思维导图

思 考 题

1. 为什么社会保障需要体现制度公平？
2. 社会保障基本模式划分的主要类型有哪些？
3. 新时代下社会保障有哪些新特点？
4. 如何理解社会保障的未来之路与价值选择？

即 测 即 练

参 考 文 献

[1] 森. 以自由看待发展[M]. 于真，任赜，译. 北京：中国人民大学出版社，2002.
[2] 陈晓律. 英国福利制度的由来与发展[M]. 南京：南京大学出版社，1996.
[3] 邓大松，丁怡. 国际社会保障管理模式比较及对中国的启示[J]. 社会保障研究，2012(6)：3-8.
[4] 邓大松，等. 社会保障概论[M]. 北京：高等教育出版社，2019.
[5] 丁纯，陈飞. 主权债务危机中欧洲社会保障制度的表现、成因与改革——聚焦北欧、莱茵、盎格鲁-撒克逊和地中海模式[J]. 欧洲研究，2012，30(6)：1-19，164.
[6] 丁建定，王伟. 西方国家社会保障制度发展模式研究[J]. 东岳论丛，2021，42(3)：139-145.
[7] 丁建定. 社会保障概论新编[M]. 北京：中国人民大学出版社，2016.
[8] 丁学娜，林闽钢. 职业福利的定位及其发展趋势[J]. 社会保障研究，2013(3)：92-99.
[9] 顾昕. 全球性医疗体制改革的大趋势[J]. 中国社会科学，2005(6)：121-128.
[10] 关信平，郑飞北，肖萌. 社会救助筹资及经费管理模式的国际比较[J]. 社会保障研究，2009(1)：98-110.
[11] 郭灵凤. 疫情下看瑞典新自由主义改革的后果及其代价[J]. 世界社会主义研究，2021，6(9)：68-75，104.
[12] 何文炯，杨一心，王璐莎，等. 中国生育保障制度改革研究[J]. 浙江大学学报（人文社会科学版），2014，44(4)：5-18.
[13] 何文炯. 论社会保障的互助共济性[J]. 社会保障评论，2017，1(1)：43-52.
[14] 何翔舟，金潇. 公共治理理论的发展及其中国定位[J]. 学术月刊，2014(8)：125-134.
[15] 何雪松. 社会工作理论[M]. 上海：上海人民出版社，2007.
[16] 侯文若. 现代社会保障制度[M]. 北京：中国经济出版社，1994.
[17] 华颖. 健康中国建设：战略意义、当前形势与推进关键[J]. 国家行政学院学报，2017(6)：105-111，163.
[18] 贾俊玲. 劳动法与社会保障法学[M]. 北京：中国劳动社会保障出版社，2005.
[19] 金炳彻. 基本收入的学理构思与模型研究[J]. 社会保障评论，2017，1(2)：30-39，87.
[20] 剧锦文. 员工持股计划与国有企业的产权改革[J]. 管理世界，2000(6)：85-92.
[21] 艾斯平-安德森. 福利资本主义的三个世界[M]. 郑秉文，译. 北京：法律出版社，2003：56.
[22] 雷晓康，席恒. 合作收益与公共管理：理论基础及其意义[J]. 中国行政管理，2009(11)：116-121.
[23] 李超雅. 公共治理理论的研究综述[J]. 南京财经大学学报，2015，192(2)：89-94.
[24] 李纪恒. 贫困地区发展论[M]. 北京：中共中央党校出版社，1997.
[25] 李瑶，柏正杰. 美国企业年金制度的经验、教训与启示——以401（K）计划为例[J]. 社会保障研究，2018(6)：103-111.
[26] 李珍. 社会保障理论 [M]. 4版. 北京：中国劳动社会保障出版社，2018.
[27] 蒂特马斯. 社会政策十讲[M]. 江绍康，译. 长春：吉林出版集团有限责任公司，2011：14-15.
[28] 林闽钢. 社会救助通论[M]. 北京：科学出版社，2017.
[29] 林义. 社会保险基金管理[M]. 北京：中国劳动社会保障出版社，2001.
[30] 刘晓梅，闫天宇. 英国福利思想与制度变化的再思考[J]. 社会保障研究，2020(4)：93-101.

[31] 吕学静. 各国失业保险与再就业[M]. 北京：经济管理出版社，2000.

[32] 穆怀中. 社会保障国际比较[M]. 北京：中国劳动社会保障出版社，2014.

[33] 仇雨临. 医疗保险[M]. 北京：中国劳动社会保障出版社，2008.

[34] 仇雨临. 中国医疗保障70年：回顾与解析[J]. 社会保障评论，2019(1)：89-101.

[35] 任正臣. 社会保险学[M]. 北京：社会科学文献出版社，2001.

[36] 孙树菡. 工伤保险[M]. 北京：中国人民大学出版社，2000.

[37] 孙广德，等. 社会保障概论[M]. 北京：中国人民大学出版社，2000.

[38] 孙远太. 社会救助运行机制的功能障碍与改进路径[J]. 中国行政管理，2016(10)：40-44.

[39] 贝弗里奇. 贝弗里奇报告[M]. 社会保险研究所，译. 北京：中国劳动社会保障出版社，2004.

[40] 乌日图. 医疗 工伤 生育保险[M]. 北京：中国劳动社会保障出版社，2001.

[41] 席恒，雷晓康. 合作收益与公共管理：一个分析框架及其应用[J]. 中国行政管理，2009(1)：109-113.

[42] 席恒，田宋. 合作收益视角下的东亚社会保障模式[J]. 山东社会科学，2017(7)：97-102.

[43] 席恒，余澍，李东方. 光荣与梦想：中国共产党社会保障100年回顾[J]. 管理世界，2021(4)：12-24.

[44] 许琳，翟绍果，唐丽娜. 社会保障学[M]. 3版. 北京：清华大学出版社，2018.

[45] 杨荣. 社区慈善：我国慈善事业发展的新方向[J]. 东岳论丛，2015(10)：43-48.

[46] 杨燕绥. 企业年金理论与实务[M]. 北京：中国劳动社会保障出版社，2003.

[47] 张立龙. 福利国家长期照护制度及对中国的启示[J]. 社会保障研究，2015(6)：100-108.

[48] 翟绍果，王昭茜. 公共健康治理的历史逻辑、机制框架与实现策略[J]. 山东社会科学，2018(7)：95-101.

[49] 翟绍果. 从病有所医到健康中国的历史逻辑、机制体系与实现路径[J]. 社会保障评论，2020，4(2)：43-55.

[50] 赵柯，李刚. 资本主义制度再平衡：全民基本收入的理念与实践[J]. 欧洲研究，2019(1)：1-21，156.

[51] 郑功成. 社会保障学——理念、制度、实践与思辨[M]. 北京：商务印书馆，2000.

[52] 郑功成. 社会保障学[M]. 北京：中国劳动社会保障出版社，2005.

[53] 郑功成. 中国社会保障改革与未来发展[J]. 中国人民大学学报，2010，24(5)：2-14.

[54] 中国医学科学院. 中国医改发展报告（2016年）[M]. 北京：中国协和医科大学出版社，2017.

[55] 钟仁耀. 提升长期护理服务质量的主体责任研究[J]. 社会保障评论，2017，1(3)：79-95.

[56] 周明，席恒. 公共管理的理论基础：基于合作收益的分析框架[J]. 理论学刊，2010(6)：86-90，128.

[57] 邹根宝. 社会保障制度——欧盟国家的经验与发展[M]. 上海：上海财经大学出版社，2001.

[58] HENRY A. Social security: international comparisons[M]//ECKSTEIN O.Studies in the economics of income maintenance. Washington DC: Brooking Institute, 1967.

[59] AUERBACH A J, KOTLIKOFF L J. An examination of empirical tests of social security and savings[R]. NBER Working Paper no. 730.

[60] BARRO R J, MACDONALD G M. Social security and consumer spending in an international cross section[J]. Journal of public economics, 1979, 11(3): 275-290.

[61] PHILLIP C. The effects of pension plans on aggregate saving: evidence from a sample survey[R]. NBER Working Paper no. 95, 1965.

[62] ESPING-ANDERSEN G. Social foundations of postindustrial economies[M]. Oxford: Oxford University Press, 1999.

[63] DEAN L, LESNOY S. Social security and private saving: new time series evidence[J]. Journal of political economy, 1982, 90(3): 606-629.

[64] FORSTER M F. Measurement of low income and poverty in a perspective of international comparisons[R]. Occasional Paper No. 14. Paris: OECD, 1994.

[65] FELDSTEIN P J. Health care economics [M]. 6th ed. NewYork: Thomson Delmar Learning, 2005.

[66] The World Bank. Averting old age crises[M]. Oxford: Oxford Press, 1994.

[67] TITMUSS R M. The social division of welfare: some reflections on the search for equity[M]// TITMUSS R M. Essays on the welfare state. Bristol: Policy Press, 2018:17-30.

[68] WILENSKY H L, LEBEAUX C N. Industrial society and social welfare[M]. New York: Free Press, 1958.

教师服务

感谢您选用清华大学出版社的教材！为了更好地服务教学，我们为授课教师提供本书的教学辅助资源，以及本学科重点教材信息。请您扫码获取。

≫ 教辅获取

本书教辅资源，授课教师扫码获取

≫ 样书赠送

公共管理类重点教材，教师扫码获取样书

 清华大学出版社

E-mail: tupfuwu@163.com
电话：010-83470332 / 83470142
地址：北京市海淀区双清路学研大厦 B 座 509
网址：http://www.tup.com.cn/
传真：8610-83470107
邮编：100084